ADMIS → FONCTION PUBLIQUE

2025

15e édition

ÉPREUVES DE SÉLECTION

GENDARME ADJOINT VOLONTAIRE

GAV APJA et GAV EP • Catégorie C

TOUT-EN-UN

POUR RÉUSSIR ÉCRIT ET ORAL

Bernadette Lavaud
Professeure de français, formatrice spécialiste des écrits professionnels et en expression orale pour plusieurs filières dont la sécurité

François Lavedan
Cadre au ministère de l'Intérieur et membre de plusieurs jurys de concours administratifs

Vuibert

Fil d'actualité

https://www.lienmini.fr/221503-01

Découvrez votre fil d'actualité mensuel gratuit et complet pour rester informé.

Flashez le code ci-dessus et accédez chaque mois aux événements marquants dans les domaines politique, économique, culturel, environnemental, et plus encore. Profitez d'une synthèse claire et concise sans avoir à chercher parmi des centaines de sources.

Accessible en ligne et totalement gratuit, ce fil d'actualité vous connecte aux informations essentielles. Ne manquez plus les faits qui comptent : restez informé, simplement et gratuitement !

ISSN : 2114-9305
ISBN : 978-2-311-22007-0

Conception de la couverture et de l'intérieur : Sébastien Jenger
Crédit photographique : Les Paoistes
Composition : Soft Office
Crédits photographiques : © Djiggi Bodgi.com/AdobeStock

Site Internet : http://www.vuibert.fr

SOMMAIRE

PARTIE 1 AVANT DE COMMENCER

Travail réalisé

PARTIE 2 RÉUSSIR LES ÉPREUVES D'ADMISSIBILITÉ

Travail réalisé

RÉUSSIR L'ÉPREUVE DE TEST DE CULTURE GÉNÉRALE

CONNAISSANCES GÉNÉRALES

PARTIE 3 RÉUSSIR LES ÉPREUVES D'ADMISSION

Travail réalisé

RÉUSSIR SA LETTRE DE MOTIVATION

RÉUSSIR L'ÉPREUVE D'ENTRETIEN AVEC LE RÉFÉRENT RECRUTEMENT

POUR ALLER PLUS LOIN

EN 1 CLIC

RESSOURCES NUMÉRIQUES

Pour les télécharger, rendez-vous sur : www.vuibert.fr/site/219432

PARTIE 1

Avant de commencer

VOTRE SÉLECTION, VOTRE MÉTIER

VOTRE SÉLECTION

Les gendarmes adjoints volontaires ne sont pas recrutés sous la forme d'un concours. Pourtant, la sélectivité du recrutement et la pluralité des épreuves sont similaires à celles d'un concours.

1 Comment déposer une candidature ?

L'organisation du recrutement des GAV est très particulière. En effet, il s'agit d'un **recrutement permanent :** vous pouvez déposer un dossier de candidature n'importe quand dans l'année et vous passez vos tests dans les semaines qui suivent !

Les pré-inscriptions aux tests se font directement sur le site suivant : https://www.gendarmerie.interieur.gouv.fr/recrutement. Sur ce site, les candidats peuvent voir la liste des recrutements ouverts, déposer un dossier, en suivre la gestion, etc. En cas d'impossibilité technique, un dépôt classique est toujours possible. Le retrait des dossiers de candidature au concours de gendarme adjoint volontaire et pour vos demandes d'informations complémentaires se fait aussi auprès des brigades de gendarmerie et aux différents centres d'information et de recrutement de la Gendarmerie nationale (CIR)[1]. Les candidats militaires déposeront préalablement leur dossier dans leur unité.

Pour déposer un dossier de candidature, les conditions sont les suivantes :

- avoir au moins 17 ans et moins de 26 ans ;
- être de nationalité française ;
- jouir de ses droits civiques et être de bonne moralité (une enquête de moralité sera effectuée) ;
- être en règle par rapport aux dispositions du service national : avoir satisfait aux obligations du service national ou à la journée défense et citoyenneté (JDC, qui remplace la JAPD), ou bien en avoir été légalement exempté ou dispensé ;
- être reconnu physiquement apte par un médecin servant dans la gendarmerie ;
- ne pas avoir bénéficié d'un congé de reconversion entraînant la cessation définitive de l'état militaire (candidat militaire ou ex-militaire).

1. Composez le 0820 220 221 pour trouver le CIR de votre région. Vous pouvez aussi contacter les « référents au recrutement », des personnels à l'écoute des candidats.

Aucun diplôme n'est exigé (sauf pour le recrutement de gendarme adjoint volontaire destiné à occuper un emploi particulier, où il faut justifier d'une qualification du niveau minimum d'un CAP ou d'une expérience professionnelle en rapport direct avec l'emploi sollicité hormis pour les postes « employé de bureau » ou « télécommunications – Informatique » pour lesquels le niveau minimum requis est le bac).

Dans le cas particulier des sportifs de haut niveau (HN) recensés sur la liste ministérielle, il suffit de faire une demande à la fédération du sport pratiqué. Celle-ci sera ensuite envoyée au ministère de la Jeunesse et des Sports puis au commissariat des sports militaires. Elle doit être acceptée par le Centre national des sports de la défense (CNSD) et par la gendarmerie. La dernière étape consiste à se rendre dans un Centre d'information et de recrutement (CIR) pour créer un dossier. Le postulant GAV HN n'est pas obligé de répondre aux critères d'âge.

2 Qu'en est-il des emplois particuliers (GAV EP) ?

Sur demande et selon votre formation professionnelle, il est possible d'accéder à des postes à compétences spécifiques.

Les conditions de candidatures sont quasiment les mêmes que pour les GAV classiques sauf en ce qui concerne la qualification (voir *supra*).

La liste de ces postes est la suivante :

- **Auto Engins-Blindés (AEB)** : carrossier, carrossier peintre, mécanicien automobile, mécanicien moto, mécanicien nautique.
- **Employé de bureau** : infographiste, secrétaire, secrétaire comptable, secrétaire conducteur, secrétaire vaguemestre.
- **Entretien – Casernement** : agent d'entretien, électricien, frigoriste, horticulteur, maçon, menuisier, peintre bâtiment, plombier.
- **Restauration** : commis de cuisine, cuisinier, employé de restauration.
- **Télécommunications** – Informatique : assistant informaticien, électronicien, électrotechnicien.
- **Transport – Magasinage** : aide moniteur auto-école, conducteur PL, conducteur VL, magasinier.
- **Divers** : agent d'accueil et d'informations, aide dresseur canin, aide moniteur de sport, armurier, coiffeur, dessinateur en bâtiment, imprimeur, manutentionnaire, maréchal-ferrant, musicien, photographe, piroguier, sellier, serrurier, standardiste, technicien d'orchestre.

Le contrat de volontariat est conclu pour une durée de 2 ans, renouvelable une fois pour une période de 3 ans, sans que la durée totale du volontariat dans les armées ne puisse dépasser les 5 ans.

Formation rémunérée de 6 semaines en école gendarmerie (cours militaire) et formation complémentaire en unité : adaptation à l'emploi. Affectation en fin de formation sur le lieu d'emploi déterminé avant le départ en école.

Salaire indicatif 950 € net hébergé + allocation alimentation de 224 € en moyenne (+ 75 % de réduction sur le tarif SNCF).

3 Comment est-on convoqué aux épreuves ?

Une fois que votre dossier de candidature aura été validé, vous recevrez un mail vous convoquant aux épreuves, ainsi qu'une fiche d'information pratique destinée à faciliter l'accès au centre de sélection et un bon unique de transport qui vous permettra d'acquérir gratuitement un billet SCNF aller-retour pour vous rendre au centre de sélection.

La convocation intervient généralement dans le délai d'un mois après le dépôt de la candidature.

Les épreuves de sélection se déroulent sur deux journées et auront lieu dans un des centres régionaux de la gendarmerie.

4 Comment se déroulent-elles ?

Pour les candidats au métier de gendarme adjoint volontaire (GAV APJA), les étapes sont les suivantes :

- les épreuves d'admissibilité : une épreuve de compréhension de textes, une épreuve de français et de culture générale, un test de personnalité. Toutes ces épreuves sont réalisées sur ordinateur et durent au total environ 2 heures ;
- si les tests sont réussis, une rencontre avec un gendarme recruteur pour un entretien et la rédaction d'une lettre de motivation ;
- un entretien complémentaire éventuel avec un officier conseil dans leur centre de sélection ;
- une visite médicale avec un médecin militaire pour évaluer leur condition physique.

Pour les candidats au métier de gendarme adjoint volontaire emploi particulier (GAV EP), les étapes sont les suivantes :

- un test de personnalité réalisé sur ordinateur ;
- une rencontre avec un recruteur pour un entretien et la rédaction d'une lettre de motivation ;
- un entretien complémentaire éventuel avec un officier conseil dans leur centre de sélection ;
- une visite médicale avec un médecin militaire pour évaluer leur condition physique.

Entre 17 et 26 ans, il n'y a pas de limites au nombre de tentatives (à raison d'une fois par an).

VOTRE MÉTIER

Dans le cas des gendarmes adjoints volontaire, le terme de « métier » est quelque peu inadapté dans la mesure où il s'agit d'un contrat à durée limitée de cinq ans. Pour autant, il est important que vous connaissiez les différents aspects de cet emploi.

1 Quel est le statut d'un gendarme adjoint volontaire ?

Un gendarme adjoint volontaire relève du statut militaire propre à la Gendarmerie nationale. Il est sous contrat avec la Gendarmerie nationale, dans la limite de six ans maximum. Le contrat de volontariat est conclu pour une durée initiale de deux ans. Si les deux parties le souhaitent, il est renouvelable une fois pour trois ans et une dernière fois pour un an, sans que la durée du volontariat ne puisse excéder six ans. Le contrat comporte une période probatoire de six mois, pendant laquelle le volontaire peut dénoncer le contrat à tout moment sans avoir besoin de justification particulière. Cette période peut être renouvelée une fois pour raison de santé ou insuffisance de formation.

Compte tenu de cette durée limitée et non reconductible, la finalité de cet emploi est, pour les meilleurs gendarmes adjoints volontaires qui le désirent, d'accéder au statut de sous-officier de gendarmerie.

Dans le cas contraire, si en fin de contrat, le volontaire souhaite arrêter son activité, il peut bénéficier d'un dispositif d'aide au retour à la vie civile. Ces mesures dans le détail sont les suivantes :

- des congés de reconversion avec possibilité de formations en rapport avec le futur emploi, avec prise en charge, tout ou partie ;
- la validation de l'expérience professionnelle acquise en demandant l'obtention d'un diplôme civil correspondant aux compétences professionnelles acquises ;
- le bénéfice, au terme du contrat, des allocations-chômage ;
- le bénéfice des années de service effectuées :
  - en cas de reprise d'activité dans le secteur privé : par l'affiliation rétroactive au régime général de la Sécurité sociale et la validation des services par l'Ircantec,
  - en cas de reprise d'activité dans les armées, la gendarmerie, l'administration publique ou territoriale : par la prise en compte des droits à pension ultérieurs.

Les gendarmes adjoints volontaires sont placés sous l'autorité des gendarmes, qu'ils secondent.

Comme les gendarmes, les gendarmes adjoints volontaires sont soumis à un strict devoir de réserve. Ils ne disposent pas non plus du droit syndical, ni du droit de grève.

Les gendarmes adjoints volontaires bénéficient d'un logement gratuit pour nécessité de service. Contrairement à une idée reçue, il ne s'agit pas véritablement d'un casernement, même si ce terme est parfois employé et si vous pouvez être amené à vivre à proximité immédiate de vos collègues et de leurs familles.

2 En quoi consiste la formation ?

D'une manière générale, les candidats au concours de gendarme adjoint volontaire sont informés de leurs résultats par courrier et dans un délai d'un mois après le passage des épreuves de sélection. Votre candidature peut être :

- agréée : vous avez réussi les épreuves. Vous serez prochainement invité à rejoindre une école de gendarmerie, sous réserve qu'aucun renseignement défavorable vous concernant ne soit recueilli dans l'intervalle et que vous soyez déclaré apte au cours d'une visite médicale passée auprès d'un médecin servant dans la gendarmerie ;
- rejetée : en cas de renseignements défavorables sur la moralité ou d'inaptitude médicale définitive même en cas de réussite aux épreuves.

Il est important de préciser ici qu'après votre réussite au concours vous pouvez attendre un certain moment avant d'être intégré en école.

A. Comment se déroule la visite médicale ?

Si vous êtes reçu au concours, vous serez convoqué à une visite médicale de sélection. Au préalable, vous devrez vous munir de tous les documents médicaux en votre possession (carnet de vaccination, examens radiologiques, carnet de santé). Vous serez examiné par un médecin servant dans la gendarmerie afin d'établir votre aptitude physique. Cette aptitude physique sera notamment déterminée par votre vue avec champ visuel normal, sens lumineux normal et vision binoculaire normale. Le certificat médical établi alors sera le seul à faire foi en ce qui concerne votre aptitude physique. Le médecin peut alors vous déclarer apte ou inapte temporairement (votre départ en école ne sera prononcé qu'à l'occasion d'une nouvelle visite médicale).

Cette aptitude physique sera ainsi notamment déterminée par votre vue (vous devez être « Y4 » : acuité visuelle sans correction tolérée à 6/10 au total pour les deux yeux, soit 3/10 pour chaque œil, ou 4/10 et 2/10, ou 5/10 et 1/10 avec champ visuel normal, sens lumineux normal et vision binoculaire normale).

Le profil médical requis, appelé SIGYCOP, devra être le suivant :

S	I	G	Y	C	O	P
Ceinture scapulaire et membres supérieurs	Ceinture pelvienne et membres inférieurs	État général	Yeux et vision	Sens chromatique	Oreilles et audition	Psychisme
2	2	2	4	3	2	0

La note 0 représente la situation parfaite et la note 5 correspond à des dysfonctionnements.

D'autre part, il est également pratiqué un test urinaire visant notamment à détecter la consommation de produits stupéfiants. Le résultat du test urinaire de détection des stupéfiants doit être négatif, sous peine de non-admission en gendarmerie.

B. Comment se déroule l'intégration en école ?

Le délai d'incorporation est d'environ 4 mois entre le dépôt de la candidature et la convocation en école. Par la suite, dans le cadre du recrutement, vous passerez une visite médicale d'incorporation. Dès votre entrée en école, elle sera réalisée par le médecin militaire de l'école et confirmera ou infirmera les résultats de la visite médicale de sélection.

Le cas échéant, le médecin militaire de l'école peut décider d'envoyer en consultation l'élève-gendarme adjoint volontaire auprès d'un médecin spécialiste des armées pour un avis quant à son aptitude. En cas d'inaptitude constatée, les élèves seront informés de l'annulation de leur contrat pour inaptitude physique préexistant à la signature du contrat.

Il faut également noter que la constatation d'une toxicomanie avérée ou décelée par des examens médicaux est une cause d'inaptitude à l'engagement.

Environ deux mois avant votre admission en école, vous recevrez une notification de décision définitive d'autorisation à l'engagement. Cette notification vous indiquera l'école à rejoindre et la date.

Sept écoles de gendarmerie sont susceptibles d'assurer la formation des gendarmes adjoints volontaires : Châteaulin (29), Chaumont (52), Montluçon (03), Rochefort (17), Beynes (78), Fontainebleau (77) ou à Tulle (19). Dans la mesure du possible, il est tenu compte du lieu de domicile pour le choix géographique de l'école.

C. Comment se déroule la formation ?

Votre formation sera rémunérée (850 euros nets mensuels, avec hébergement).

La formation en école dure treize semaines, sous le régime de l'internat. Cette formation initiale porte sur deux modules :

- un module militaire et professionnel (connaissance de la gendarmerie, techniques professionnelles d'intervention, police judiciaire et procédure pénale, police administrative et police de la route) ;
- un module préparatoire au futur emploi opérationnel.

La formation initiale en école est suivie par une formation complémentaire de douze semaines en unité. Cette formation complémentaire vise à mettre en application les connaissances techniques acquises en école de gendarmerie.

À l'issue de cette formation, les gendarmes adjoints volontaires se voient délivrer un diplôme de gendarme adjoint volontaire APJA (agent de police judiciaire adjoint). Ce diplôme est homologué au niveau V de l'enseignement technologique (il équivaut à un BEP).

La première affectation des gendarmes adjoints volontaires est déterminée en fonction des postes disponibles en métropole et en outre-mer au moment de la fin de leur formation, de leur classement à l'issue de la formation en école et des souhaits exprimés en matière de localisation géographique ou d'emploi. Les gendarmes adjoints volontaires peuvent servir tout aussi bien en brigades territoriales, pelotons de surveillance et d'intervention, qu'en pelotons d'autoroute, de montagne ou groupes à cheval... Autant dans la gendarmerie départementale, maritime, de l'air, des transports aériens, de la gendarmerie de l'armement, ou ultramarine (Guadeloupe, Martinique, Guyane, La Réunion, Polynésie française, Nouvelle-Calédonie, Mayotte). Enfin, autres choix possibles, dans la garde républicaine, la gendarmerie mobile ou intégrer des formations particulières telles qu'écoles, organismes centraux, centres administratifs ou techniques de la gendarmerie. Comme on peut le constater, le choix est vaste.

Après un an d'affectation en unité, il est possible de demander une mutation pour une nouvelle affectation géographique.

D. Et les emplois particuliers ?

La formation des gendarmes adjoints volontaires destinés à occuper un emploi particulier débute par six semaines d'enseignement élémentaire en école. Cet enseignement porte sur l'apprentissage de l'environnement professionnel en gendarmerie, la formation au tir, à l'utilisation des moyens de télécommunication et les techniques d'accueil.

Cette formation est complétée par six semaines de formation complémentaire en unité, afin d'effectuer une adaptation à l'emploi.

En fin de formation, l'affectation s'effectuera sur le lieu d'emploi déterminé avant le départ en école, afin d'occuper le poste pour lequel le candidat a été recruté.

3 Quel est le régime de travail ?

Le régime de travail des gendarmes adjoints volontaires est très variable d'une unité à une autre, en fonction des nécessités opérationnelles du service d'appartenance. D'une manière générale, il faut bien avoir conscience que vous vous destinez à une profession demandant une large disponibilité. Vous pourrez, le cas échéant, travailler la nuit, le week-end ou les jours fériés. De même, les gendarmes mobiles effectuent des missions de plusieurs semaines hors de leur domicile. De manière évidente, ces conditions de travail auront un impact sur votre vie personnelle, familiale et privée.

Sur le plan des congés, les gendarmes adjoints volontaires bénéficient de vingt-cinq jours de permissions de longue durée pendant les douze premiers mois de contrat, puis de quarante-cinq jours par an à compter de la deuxième année de contrat. Par ailleurs, ils bénéficient également de quinze jours de permissions complémentaires qui font l'objet d'une indemnité financière compensatrice s'ils ne peuvent être pris.

4 Quelles sont les perspectives d'évolution professionnelle ?

La logique du contrat de gendarme adjoint volontaire est de permettre aux meilleurs d'accéder au statut de sous-officier de gendarmerie, après la réussite du concours. Après six mois de contrat, un gendarme adjoint volontaire peut déposer une candidature au concours de gendarme (actuellement, 40 % des futurs gendarmes sont issus du corps des gendarmes adjoints volontaires). De même, après un an de contrat, un gendarme adjoint volontaire peut se porter candidat au concours de sous-officier des corps de soutien administratif et technique. Pour ces deux concours, les gendarmes adjoints volontaires peuvent bénéficier d'une préparation spécifique aux épreuves de sélection.

Au sein même du corps des gendarmes adjoints volontaires, il existe plusieurs grades. Le volontariat est souscrit au premier grade de militaire du rang. Par la suite, l'avancement au choix offre la possibilité d'accéder successivement aux grades de brigadier, brigadier-chef, maréchal des logis ou aspirant.

Pour les gendarmes adjoints volontaires en fin de contrat ne souhaitant pas intégrer la gendarmerie ou ne le pouvant pas, il existe un dispositif d'aide à la reconversion et à l'insertion professionnelle :

- après quatre ans de service, possibilité de bénéficier de congés de formation, pris en charge, en tout ou partie, par l'État ;

- après trois ans de service, possibilité de validation de l'expérience professionnelle acquise en gendarmerie en demandant l'obtention d'un diplôme civil correspondant aux compétences professionnelles acquises ;
- bénéfice au terme du contrat des allocations chômage ;
- bénéfice des années de service au titre des pensions de retraite ;
- plus généralement, l'expérience professionnelle acquise en gendarmerie est particulièrement appréciée par les employeurs publics et privés, notamment en matière de sécurité et de sûreté, ou bien pour le recrutement des polices municipales.

5 Quelles sont les missions des gendarmes adjoints volontaires ?

Les gendarmes adjoints volontaires secondent les gendarmes dans la plupart des missions de gendarmerie (patrouille de sécurisation, sécurité routière, enquêtes judiciaires, assistance et secours).

Au sein de la gendarmerie départementale, les gendarmes adjoints volontaires peuvent notamment être affectés à des **fonctions d'accueil**. Leur mission est de recevoir le public et de le renseigner, de prendre des mains courantes (mais ils ne pourront pas prendre de plaintes), de répondre aux appels téléphoniques et de faire la liaison avec les unités sur le terrain.

Les gendarmes adjoints volontaires pourront participer aux **différents types de contrôles routiers** : implantation sur des lieux accidentogènes, répression des infractions au Code de la route, contrôles ciblés sur certains types particuliers de véhicules (cars, camions, deux-roues...), contrôles de vitesse, d'alcoolémie et de détection de consommation de produits stupéfiants. Ils auront également vocation à intervenir lors des accidents corporels et matériels de la circulation.

Les **patrouilles** peuvent être conduites principalement pour sécuriser certains lieux (centre-ville, zones criminogènes, habitations, parkings, commerces et entrepôts pouvant être cambriolés...) et répondre aux appels de « police-secours ». Les appels « police-secours » sont ceux passés sur le 17 ou le 112 afin de solliciter l'intervention de la gendarmerie. Les missions peuvent alors être très variées : différend familial, présence d'individus suspects, mineur en fugue, cambriolage en cours ou découvert *a posteriori*, bagarre à la sortie d'un bar, accident de la route, personne ne répondant plus aux appels de ses proches... Lors de ces missions, les gendarmes adjoints volontaires assisteront les sous-officiers de gendarmerie.

S'agissant des patrouilles de sécurisation de la gendarmerie départementale, il convient de mentionner que les gendarmes adjoints volontaires ne peuvent être affectés au sein des pelotons de surveillance et d'intervention de la gendarmerie (PSIG), qui sont des unités plus particulièrement chargées de la lutte anti-délinquance.

En ce qui concerne les **enquêtes judiciaires**, les gendarmes adjoints volontaires disposant uniquement de la qualité judiciaire d'agent de police judiciaire adjoint (APJA), ils ne pourront réaliser eux-mêmes aucun des actes d'enquêtes (plainte, audition, constations...). En revanche, ils pourront assister les enquêteurs, notamment en leur apportant une aide matérielle (exemple : sécuriser les lieux lors d'une perquisition).

En revanche, dans le cadre du flagrant délit, comme tout citoyen, les gendarmes adjoints volontaires peuvent interpeller l'auteur d'un crime ou d'un délit. Ils devront alors le présenter dans les meilleurs délais à l'officier de police judiciaire de permanence.

Au sein des **gendarmeries spécialisées** (gendarmerie de l'air, gendarmerie des transports aériens, gendarmerie maritime...), les gendarmes adjoints volontaires assisteront les sous-officiers de gendarmerie dans le cadre de leurs missions spécifiques (patrouilles de sécurisation de zones particulières, contrôles spécialisés...).

Les gendarmes adjoints volontaires servant en **gendarmerie mobile** ne sont pas directement engagés lors des dispositifs de maintien de l'ordre. En revanche, ils assureront des missions de garde et de sécurisation des casernes de la gendarmerie mobile, ainsi que des tâches de soutien (administration, entretien du matériel et des véhicules de maintien de l'ordre...).

Les gendarmes adjoints volontaires destinés à occuper un **emploi particulier** effectueront les tâches pour lesquelles ils ont été recrutés (secrétariat, mécanicien automobile, cavalier au sein de la Garde républicaine, gestionnaire en restauration et hôtellerie...).

6 Quelles sont leurs prérogatives judiciaires ?

Un gendarme est agent de police judiciaire adjoint (APJA, comme le prévoit l'article 21 du Code de procédure pénale). Cette qualité leur permet de pouvoir procéder à un relevé d'identité (et non pas un contrôle d'identité) pour établir un procès-verbal de contravention. Pour tous les autres actes judiciaires, les agents de police judiciaire adjoints seront placés sous l'autorité d'un agent de police judiciaire ou d'un officier de police judiciaire.

Par ailleurs, en cas de crime ou de délit flagrants, aucune qualité judiciaire n'est exigée pour en appréhender l'auteur, à la condition de présenter l'individu dans les plus brefs délais à l'officier de police judiciaire territorialement compétent.

7 Quelles sont les dotations en uniforme, en équipement et en armement ?

Pour le service courant, les gendarmes adjoints volontaires portent la même tenue que les sous-officiers de gendarmerie : la tenue bleue composée d'un polo, d'une parka, d'une polaire, d'un pantalon et d'une casquette. La tenue de campagne est également identique : un treillis kaki et des rangers. Lors des cérémonies, les gendarmes adjoints volontaires portent une chemise, un pantalon, des chaussures et un képi. Enfin, ils sont dotés individuellement d'une paire de menottes.

À l'instar des gendarmes, policiers et douaniers, les gendarmes adjoints volontaires sont individuellement dotés d'un pistolet semi-automatique, le Sig Sauer SP2022. Ce dernier est équipé d'un chargeur de 15 cartouches de calibre 9 mm, accompagné d'un autre chargeur identique porté à la ceinture.

Naturellement, l'usage de l'arme doit se faire dans le cadre légal de la légitime défense et chaque gendarme adjoint volontaire a une obligation d'entraînement régulier au tir.

Chaque gendarme adjoint volontaire bénéficie d'un gilet pare-balles individuel.

Après habilitation, les gendarmes adjoints volontaires peuvent être dotés d'un bâton télescopique de défense.

En dotation collective, les gendarmes peuvent être équipés de fusils à pompe, du fusil d'assaut Famas ou de moyens lacrymogènes. À la suite des attentats de novembre 2015, les membres des PSIG sont équipés d'un nouveau pistolet-mitrailleur. Il s'agit du HKG36, de calibre 5,56 mm. Cette arme allemande est capable de percer les gilets pare-balles. Les gendarmes mobiles seront les principaux utilisateurs des moyens lacrymogènes, notamment sous la forme de grenades. Naturellement, l'usage de l'arme doit se faire dans le cadre légal de la légitime défense, et chaque gendarme a une obligation d'entraînement régulier au tir. Chaque gendarme bénéficie d'un gilet pare-balles individuel et de nouveaux porte-plaques capables d'arrêter des tirs de kalachnikov, d'un casque et d'un bouclier balistique. D'autre part, les unités de terrain sont dotées de caméras-piétons.

8 Quel est le niveau de rémunération ?

Le salaire net mensuel d'un gendarme adjoint volontaire à la sortie de l'école est de 1 150 euros nets hébergé et prime d'alimentation incluse.

De manière synthétique, tous les gendarmes adjoints volontaires bénéficient des avantages matériels suivants :

- formation rémunérée ;
- affiliation au régime de sécurité sociale militaire ;
- logement de fonction concédé à titre gratuit ;
- versement d'une allocation alimentaire d'un montant mensuel de 224 euros ;
- possibilité de mobilité dans les affectations ;
- réduction de 75 % sur les tarifs SNCF.

JOURNÉE DE TRAVAIL TYPE

Vous trouverez ci-après un exemple de journée de travail d'un gendarme adjoint volontaire en brigade territoriale.

La grande majorité des gendarmes adjoints volontaires servent au sein de la gendarmerie départementale. Ils sont généralement affectés au sein de brigades territoriales, qui constituent le maillage territorial de base de la gendarmerie nationale et qui exercent les missions les plus variées.

D'autres gendarmes adjoints volontaires peuvent servir dans les unités territoriales des unités spécialisées de la gendarmerie nationale (garde républicaine, gendarmerie maritime, gendarmerie des transports aériens, etc.), ou bien en état-major de la gendarmerie départementale ou de la gendarmerie mobile.

Les gendarmes adjoints volontaires destinés à occuper un emploi particulier (EP) servent uniquement dans le cadre de la mission spécifique pour laquelle ils ont été recrutés : transport, restauration, bureautique, maintenance de véhicules, etc.

S'agissant de la journée-type d'un gendarme adjoint volontaire servant en brigade territoriale, elle est très variée dans la mesure où les missions elles-mêmes sont très diverses.

Il s'agit de répondre sur le terrain aux appels du numéro d'urgence « 17 » dont les raisons peuvent être très différentes (agressions, individus suspects, différends familiaux, accidents de la route, etc.) et également, à tour de rôle, d'assurer l'accueil de la brigade. Il s'agit en outre d'une affectation conduisant à travailler sur des plages horaires variables : journées, nuits, week-ends et jours fériés. C'est une excellente expérience de terrain qui permet de développer rapidement ses savoir-faire professionnels.

Voici le déroulé de la journée :

- **08 h 50 :** habillement en tenue d'uniforme, prise en compte de l'équipement (gilet pare-balles individuel et menottes) et de l'armement (pistolet semi-automatique Sig Sauer et bâton de défense).
- **09 h 00 :** début de service, prise des consignes auprès de l'adjudant-chef commandant la brigade territoriale.
- **09 h 10 - 10 h 30 :** tenue de l'accueil de la brigade (répondre aux appels téléphoniques, renseigner les personnes sur les démarches administratives et judiciaires, orienter vers un gendarme adjoint de police judiciaire un individu souhaitant déposer plainte pour une dégradation volontaire de son véhicule, etc.).
- **10 h 30 - 12 h 00 :** patrouille pédestre sur la place centrale du chef-lieu de canton lors du marché hebdomadaire (sécurisation générale du site, multiples prises de contact avec les commerçants et les citoyens, échange informel avec le maire de la commune, verbalisation des véhicules en stationnement dangereux, etc.).
- **12 h 00 - 12 h 30 :** pause-repas (en conservant l'écoute radio) à la brigade avec deux sous-officiers de l'unité.
- **13 h 30 - 14 h 45 :** appel sur le « 17 » pour un différend familial dans un village voisin. Déplacement sur les lieux. Prise de contact avec les deux protagonistes. Pas de violences à déplorer, ni de volonté de déposer plainte. Les renseignements sont pris afin d'établir un compte rendu d'intervention lors du retour à la brigade.
- **14 h 45 - 16 h 00 :** patrouille sur plusieurs zones résidentielles susceptibles de faire l'objet de cambriolages en journée. Rien à signaler.
- **16 h 00 - 16 h 45 :** implantation en contrôle routier aux abords d'un carrefour accidentogène donnant sur une route nationale. Deux automobilistes verbalisés pour absence d'arrêt à un « Stop ».
- **16 h 45 - 17 h 30 :** sécurisation des abords d'un lycée en raison de plusieurs plaintes déposées par des parents d'élèves pour des faits de trafic de cannabis. Cinq jeunes ont fait l'objet d'un contrôle d'identité. Rien à signaler.
- **17 h 30 - 18 h 15 :** retour à la brigade, accueil téléphonique, rédaction des comptes rendus, remise de l'arme au coffre. Fin de service.

ASPECTS JURIDIQUES DES MISSIONS DES GENDARMES ADJOINTS VOLONTAIRES

1 Définitions utiles

- **Agent de police judiciaire (APJ)** : qualité judiciaire donnant un certain nombre de prérogatives judiciaires, comme celle de pouvoir procéder à un contrôle d'identité, prendre une plainte, auditionner une personne mise en cause dans une affaire judiciaire ou bien encore rédiger un procès-verbal d'interpellation.
- **Coercition** : désigne l'emploi de la force, notamment pour procéder à l'interpellation d'un individu.
- **Commission rogatoire (ou instruction)** : mission donnée par un juge à un autre juge, ou à un officier de police judiciaire (le plus souvent), de procéder, en son nom, à des mesures d'enquête (surveillances, auditions, perquisitions, saisies…).
- **Contravention** : infraction pénale la moins grave, punie d'amende ou de peines complémentaires, comme la suspension du permis de conduire. En fonction de la gravité des faits à sanctionner et des peines qui leur sont applicables, les contraventions sont divisées en cinq classes.
- **Flagrant délit** : délit en train de se commettre ou qui vient d'être commis et constaté par les forces de l'ordre. Cette situation permet de disposer de prérogatives judiciaires étendues, comme celle de pouvoir en interpeller l'auteur.
- **Garde à vue** : pour les besoins d'une enquête, un officier de police judiciaire peut retenir une personne dans les locaux du commissariat ou de la gendarmerie qu'il soupçonne d'avoir commis une infraction. En droit commun, la durée de la garde de la vue est de 24 heures, renouvelables une fois sur autorisation du procureur de la République.
- **Infraction** : action ou comportement interdit par la loi et passible de sanctions pénales. Il existe trois catégories d'infractions, selon leur gravité et les peines encourues : contraventions, délits et crimes.
- **Interpellation** : action de procéder à l'arrestation d'un individu en vue de le présenter à un officier de police judiciaire.
- **Légitime défense** : si une personne riposte à une atteinte immédiate et injustifiée à sa personne, à autrui ou à ses biens, et si les moyens de défense sont proportionnels à la gravité de l'atteinte, elle sera considérée comme en état de légitime défense. Sa responsabilité pénale n'est pas engagée s'agissant des atteintes qu'elle a pu elle-même causer en état de légitime défense.
- **Officier de police judiciaire (OPJ)** : l'officier de police judiciaire (OPJ, régi par l'article 16 du Code de procédure pénale) dispose de prérogatives judiciaires étendues. Il pourra notamment ainsi procéder à des actes en exécution d'une commission rogatoire reçue d'un juge d'instruction, pratiquer une perquisition, rédiger des réquisitions (auprès de banques, d'opérateurs téléphoniques, de personnes qualifiées…) et placer un individu en garde à vue.
- **Parquet (ou ministère public)** : ensemble des magistrats chargés de représenter les intérêts de la société et de veiller au respect de l'ordre public et à l'application de la loi.

- **Perquisition** : mesure d'enquête consistant à rechercher des éléments de preuve d'une infraction, au domicile d'une personne mise en cause ou dans tous lieux où ils peuvent se trouver (bureaux, véhicule...).
- **Procès-verbal (PV)** : dans le cadre d'une enquête, il s'agit de la retranscription écrite d'un fait (perquisition, interpellation, surveillance...) ou d'une audition.
- **Siège** : ensemble des magistrats chargés de juger les infractions commises.

2 Tableau récapitulatif de l'organisation des juridictions pénales

PREMIÈRE INSTANCE	Compétence des juridictions pénales de droit commun **Tribunal de police** : contraventions de cinquième classe passibles d'amendes. Il statue à un juge unique. **Tribunal correctionnel** : délits passibles d'emprisonnement jusqu'à 10 ans et d'autres peines (amendes, peines complémentaires, travail d'intérêt général). **Cour criminelle départementale** : jugement des crimes punis de 15 à 20 ans de réclusion. **Cour d'assises** : crimes (infractions les plus graves) passibles de la réclusion jusqu'à la perpétuité. Compétence des juridictions pénales pour mineurs **Juge des enfants** : prend des mesures de protection à l'égard des mineurs en danger et juge les infractions commises par des mineurs. **Tribunal pour enfants** : délits commis par les mineurs et crimes commis par les mineurs de moins de 16 ans. **Cour d'assises des mineurs** : crimes commis par des mineurs de plus de 16 ans.
APPEL	En droit commun **Cour d'appel** : les jugements du tribunal de police et du tribunal correctionnel seront contestés devant la chambre des appels correctionnels, qui est la formation pénale de la cour d'appel. **Cour d'assises** : les verdicts des cours d'assises peuvent faire l'objet d'un appel devant une nouvelle cour d'assises composée de trois juges professionnels et de douze jurés. Pour les mineurs **Chambre spéciale de la cour d'appel** : statuera sur les appels formés contre les jugements du juge des enfants et du tribunal pour enfants.
CASSATION	**Cour de cassation** : ne rejuge pas l'affaire mais vérifie si les lois ont été correctement appliquées par les tribunaux et les cours d'appel.

3 Le droit d'arrestation

L'article 7 de la Déclaration des droits de l'homme de 1 789 affirme le principe de protection des citoyens contre l'arbitraire, repris dans le préambule de la Constitution du 4 octobre 1958.

Dans des cas prescrits par la loi, un gendarme peut être amené, dans le cadre de l'exécution de ses missions, à priver une personne de sa liberté.

En cas de non-respect de ces règles légales, il s'agit d'une arrestation arbitraire, l'auteur est pénalement responsable de ses actes.

A. La définition du droit d'arrestation

Le droit d'arrestation est la possibilité donnée par la loi d'appréhender une personne soupçonnée d'infraction en ayant recours à la force si besoin est, en vue de sa comparution devant une autorité judiciaire ou administrative, ou à des fins d'incarcération.

B. La base légale : l'article 7 de la Déclaration des droits de l'homme de 1 789

« Nul homme ne peut être accusé, arrêté, ni détenu que dans les cas déterminés par la Loi et selon les formes qu'elle a prescrites. Ceux qui sollicitent, expédient, exécutent ou font exécuter des ordres arbitraires doivent être punis ; mais tout citoyen appelé ou saisi en vertu de la Loi doit obéir à l'instant : il se rend coupable par la résistance. »

C. La sanction d'une arrestation illégale

Article 432-4 du Code pénal : « *Le fait, par une personne dépositaire de l'autorité publique ou chargée d'une mission de service public, agissant dans l'exercice ou à l'occasion de l'exercice de ses fonctions ou de sa mission, d'ordonner ou d'accomplir arbitrairement un acte attentatoire à la liberté individuelle est puni de 7 ans d'emprisonnement et de 100 000 € d'amende.*

Lorsque l'acte attentatoire consiste en une détention ou une rétention d'une durée de plus de sept jours, la peine est portée à 30 ans de réclusion criminelle et à 450 000 € d'amende. »

D. Le droit d'arrestation dans le cadre des enquêtes judiciaires : la flagrance

Proposition de réécriture

Le crime ou le délit flagrant est un crime ou délit en train de se commettre ou qui vient d'être commis. Juste après les faits, la personne soupçonnée est poursuivie par la clameur publique, ou se trouve en possession d'objets se rapportant aux faits.

Article 73 du Code de procédure pénale : « *Dans les cas de crime flagrant ou de délit flagrant puni d'une peine d'emprisonnement, toute personne a qualité pour en appréhender l'auteur et le conduire devant l'officier de police judiciaire le plus proche.* »

4 Le menottage

L'article 803 du Code de procédure pénale dispose : « *Nul ne peut être soumis au port des menottes ou des entraves que s'il est considéré soit comme dangereux pour autrui ou pour lui-même, soit comme susceptible de tenter de prendre la fuite.* »

Cet article consacre le pouvoir d'interprétation du gendarme quant à la dangerosité de la personne interpellée et des risques de fuite. Cela signifie que la décision d'utilisation des menottes relève de la responsabilité personnelle du gendarme : ce pouvoir doit être utilisé avec discernement, en fonction des circonstances.

Sur le plan juridique, la justification de l'emploi du menottage doit trouver une traduction juridique dans le procès-verbal d'interpellation relatant les circonstances de l'intervention des gendarmes. Il est nécessaire de mentionner dans ce procès-verbal le comportement de l'individu (prend la fuite, provocation, rébellion, menaces...) et les éventuels incidents survenus lors du menottage.

Définitions de la fouille à corps et de la palpation de sécurité

Selon l'article 63-7 du Code de procédure pénale, « *lorsqu'il est indispensable pour les nécessités de l'enquête de procéder à une fouille intégrale d'une personne gardée à vue, celle-ci doit être décidée par un officier de police judiciaire et réalisée dans un espace fermé par une personne de même sexe que la personne faisant l'objet de la fouille. La fouille intégrale n'est possible que si la fouille par palpation ou l'utilisation des moyens de détection électronique ne peuvent être réalisées.*

Lorsqu'il est indispensable pour les nécessités de l'enquête de procéder à des investigations corporelles internes sur une personne gardée à vue, celles-ci ne peuvent être réalisées que par un médecin requis à cet effet. »

L'initiative de la fouille dite « à corps » revient donc à l'officier de police judiciaire, qui vise à la recherche d'objets ou d'indices intéressant l'enquête, dans le cadre de l'établissement de la preuve.

En revanche, la palpation de sécurité ne nécessite pas de qualification judiciaire particulière. Elle est praticable par tout gendarme, notamment sur la voie publique lors d'un contrôle d'identité. Son but est de se prémunir de la présence d'objets illicites ou dangereux sur un individu. La palpation de sécurité, effectuée de façon méthodique et méticuleuse, doit être pratiquée par une personne de même sexe au travers des vêtements de l'individu contrôlé.

5 La légitime défense

A. Le cadre légal pour toute personne

Article 122-5 du Code pénal : « *N'est pas pénalement responsable la personne qui, devant une atteinte injustifiée envers elle-même ou autrui, accomplit, dans le même temps, un acte commandé par la nécessité de la légitime défense d'elle-même ou d'autrui, sauf s'il y a disproportion entre les moyens de défense employés et la gravité de l'atteinte.*

N'est pas pénalement responsable la personne qui, pour interrompre l'exécution d'un crime ou d'un délit contre un bien, accomplit un acte de défense, autre qu'un homicide volontaire, lorsque cet acte est strictement nécessaire au but poursuivi dès lors que les moyens employés sont proportionnés à la gravité de l'infraction. »

L'alinéa 1 précise la légitime défense des personnes, l'alinéa 2 la légitime défense des biens.

B. Les conditions de la légitime défense pour toute personne

Les conditions de la légitime défense sont liées à un acte d'agression nécessitant une action de riposte. Toutes les conditions mentionnées ci-après sont cumulatives. Dès lors que l'une d'entre elles n'est pas remplie, l'usage de la force ou des armes n'est pas autorisé.

Un acte d'agression :

- contre soi-même ou autrui : l'agression doit viser l'intégrité physique. Dans le cas de l'usage des armes, l'agression doit mettre en péril cette intégrité physique ;
- actuel : le caractère actuel de l'agression est lié à la posture de l'agresseur ;
- injuste : l'acte d'agression ne doit pas résulter d'une provocation.

Une action de riposte :

- nécessaire : ce caractère induit la notion d'ultime recours. Le gendarme n'a plus d'autre choix que de faire usage de son arme pour préserver sa vie ou celle d'autrui ;
- simultanée : la riposte doit intervenir dans le temps de l'agression, elle doit être immédiate ;
- proportionnée : la proportionnalité de la riposte doit prendre en compte deux paramètres :
  - la nature de l'arme utilisée pour l'agression,
  - les conséquences physiques éventuelles de l'agression.

ZOOM

Mémo de la légitime défense pour toute personne

Atteinte contre soi ou contre autrui

\+

ATTEINTE injustifiée, c'est-à-dire qu'elle n'a pas été provoquée

\+

Actuelle, elle se déroule maintenant

\+

Immédiate : dans le même temps que l'action d'agression

\+

RIPOSTE nécessaire, il faut que l'usage de l'arme soit la SEULE solution

\+

Proportionnée

=

LÉGITIME DÉFENSE

=

IRRESPONSABILITÉ PÉNALE

C. Les cas particuliers de légitime défense pour les forces de l'ordre

À la suite des attentats de novembre 2015, les conditions d'usage des armes par les forces de l'ordre ont été modifiées pour mieux correspondre aux situations rencontrées lors des tueries de masse.

Les fonctionnaires de la Police nationale, les militaires de la Gendarmerie nationale, les militaires déployés sur le territoire national ou encore les agents des douanes ne sont pas pénalement responsables en cas d'usage de leur arme visant à empêcher de nouveaux meurtres ou tentatives de meurtre dans un temps rapproché face à des individus ayant déjà commis plusieurs meurtres ou tentatives de meurtre.

La loi du 28 février 2017 étend également la possibilité d'usage des armes à d'autres cas précis : lorsque, après deux sommations faites à haute voix, ils ne peuvent défendre autrement les lieux qu'ils occupent ou les personnes qui leur sont confiées ; lorsqu'un conducteur ne s'arrête pas à leurs sommations ; lorsque le comportement d'un conducteur ou de ses passagers est de nature à mettre délibérément en danger la vie d'autrui ou d'eux-mêmes.

TÉMOIGNAGES

Xavier, gendarme adjoint volontaire dans une brigade territoriale de la gendarmerie départementale.

Avant de devenir gendarme adjoint volontaire, j'étais en recherche d'emploi dans le domaine commercial. J'aimais avant tout le contact avec la population.

Depuis le début de mon contrat de GAV, je suis affecté au sein d'une brigade territoriale de la gendarmerie départementale. Nous sommes les acteurs essentiels de la sécurité d'un vaste territoire regroupant plusieurs milliers d'habitants. Nous sommes connus de la population et en contact quotidien avec les élus et les acteurs locaux (sous-préfecture, écoles, associations, églises, etc.).

J'apprécie beaucoup les relations avec la population que nous entretenons au cours de nos missions et le fait de porter assistance aux personnes.

Nos missions sont très variées et demandent une certaine polyvalence : accueil à la brigade, sécurisation en patrouille ou lors d'un événement local (bal du 14 juillet, match de football), contrôle routier, réponse à des appels sur le 17 ou le 112... De plus, chaque intervention étant différente, je ne tombe jamais dans la routine.

La formation initiale m'a apporté une connaissance du cadre légal et des méthodes d'interpellation et d'intervention.

Le métier de gendarme est palpitant, il demande aussi une disponibilité amenant à des concessions personnelles, vous confronte à une réalité parfois dure et amère, et peut drainer votre énergie au fil des expériences. C'est en effet sur le terrain que l'on apprend vraiment le métier : apprécier la gravité d'une situation, gérer les tensions, s'adapter, garder la maîtrise de soi... Le travail d'équipe est enrichissant. Chaque collègue m'apporte un plus, surtout les plus expérimentés.

L'avenir après le contrat de GAV ? J'envisage de passer le concours de sous-officier réservé aux gendarmes adjoints volontaires. Ce concours est peut-être plus facile. Il est aussi axé sur l'expérience et les acquis professionnels. Mon expérience de GAV m'a confirmé dans mon envie de poursuivre une carrière dans la Gendarmerie nationale.

Julien, gendarme adjoint volontaire depuis un an

Les différentes épreuves de sélection de gendarme adjoint volontaire ne sont pas forcément très difficiles quand on est bien préparé.

Un grand nombre de candidats redoutent le test de personnalité et l'entretien avec le référent recrutement. Mais, encore une fois, tout cela reste assez simple, à condition de s'en donner les moyens.

Je pense que trois ou quatre mois constituent réellement un délai minimum pour se lancer dans la préparation des épreuves. Pensez vraiment à mener une préparation qui concerne toutes les épreuves : le français et la lecture rapide pour le test de compréhension de textes, les entraînements au test de personnalité et au test de culture générale, la préparation de la lettre de motivation et de l'entretien avec le référent recrutement, ainsi qu'une meilleure connaissance de la Gendarmerie nationale (organisation, métiers, missions d'un gendarme adjoint volontaire). N'oubliez pas non plus de suivre l'actualité, notamment celle qui concerne la Gendarmerie nationale. L'idéal est vraiment de travailler sur la base d'un manuel spécifique à la préparation des épreuves de gendarme adjoint volontaire. Vous y trouverez tous les conseils méthodologiques et les connaissances particulières à avoir.

Personnellement, ce qui m'a paru le plus difficile est de passer, durant la même journée, à la fois le test de personnalité, le test de culture générale, le test de compréhension de textes. La journée est très remplie, et on termine vraiment fatigué. L'important est de rester bien calme au cours des épreuves et pendant les moments entre les épreuves. Ne portez aucune attention aux bruits de couloirs et aux propos de candidats aigris. En effet, à partir du moment où vous avez pris le temps de vous préparer et où vous savez quelles missions vous attendent en tant que gendarme adjoint volontaire, vous n'avez aucune raison de stresser. »

« Nous nous attachons à sélectionner des jeunes gens dynamiques et animés par un bon état d'esprit pour servir en tant que gendarmes adjoints volontaires.

Pauline, capitaine de gendarmerie et membre du jury de sélection de gendarme adjoint volontaire

Nous n'attachons pas vraiment d'importance au fait que tel ou tel candidat ne soit pas titulaire du baccalauréat ou qu'il ait échoué déjà plusieurs fois au concours de sous-officier de gendarmerie.

En revanche, il est absolument essentiel pour le jury que le candidat se soit correctement préparé aux épreuves de sélection. Cette préparation présente un double aspect. En premier lieu, elle concerne les épreuves elles-mêmes. Il doit savoir comprendre parfaitement la langue française et savoir extraire les informations pertinentes d'un texte (épreuve de compréhension de textes), rédiger correctement sa lettre de motivation et avoir des résultats convenables au test de personnalité et au test de culture générale. En second lieu, il est important qu'un candidat sache exprimer ses motivations pour devenir gendarme adjoint volontaire, qu'il connaisse le statut et les missions du GAV, et qu'il comprenne les grandes lignes de l'organisation de la Gendarmerie nationale. »

AUTO-ÉVALUATION

Afin d'organiser vos révisions, nous vous proposons ce QCM de 20 questions portant sur la phase de sélection. Pour chaque question, une seule réponse est possible.

CONNAISSANCES GÉNÉRALES

① Comment s'appelle la cérémonie qui lie le vassal à son seigneur ?
☐ **a.** l'adoubement
☐ **b.** la cérémonie de l'hommage
☐ **c.** la cérémonie féodale

② Quelle est la capitale de l'Australie ?
☐ **a.** Melbourne ☐ **b.** Wellington ☐ **c.** Canberra

③ Le service civique est ouvert à tous les jeunes de 16 à 25 ans :
☐ **a.** Vrai ☐ **b.** Faux

④ Quel est le numéro de téléphone d'urgence du SAMU ?
☐ **a.** 15 ☐ **b.** 17 ☐ **c.** 18

⑤ Le sigle Mo signifie :
☐ **a.** maintien optimal ☐ **b.** mégaoctet ☐ **c.** multi-ordinateur

CONNAISSANCE DE LA LANGUE FRANÇAISE

⑥ Quel est le bon accord dans la phrase suivante ?
.... les conditions météorologiques, nous ne sortirons pas en mer.
☐ **a.** Vu ☐ **b.** Vues ☐ **c.** Vus

⑦ Choisissez l'orthographe correcte.
Il a été hospitalisé pour une........., mais ce n'est pas trop grave.
☐ **a.** échymose ☐ **b.** ecymose ☐ **c.** ecchymose

⑧ Quelle forme du verbe écrouer est correcte ?
☐ **a.** Nous avons écrouer ☐ **b.** Il écrouera ☐ **c.** Nous écroueons

⑨ Quel est le synonyme possible à l'expression « mandat d'amener » ?
☐ **a.** Coercition ☐ **b.** Perquisition ☐ **c.** Ratissage

⑩ Laquelle de ces phrases est correctement orthographiée ?
☐ **a.** Elles sont sensées aller chez leurs parents ce week-end.
☐ **b.** Elles sont censées aller chez leurs parents ce week-end.
☐ **c.** Elles sont senssées aller chez leurs parents ce week-end.

TEST DE PERSONNALITÉ

⑪ **Le test de personnalité est aussi appelé :**

☐ **a.** test psychotechnique.

☐ **b.** test psychométrique.

☐ **c.** test en situation opérationnelle.

⑫ **Le test de personnalité a pour vocation d'évaluer la capacité d'adaptation :**

☐ **a.** Vrai ☐ **b.** Faux

⑬ **Pour répondre aux questions du test de personnalité, il est préférable de répondre en fonction de ce que l'on pense que la gendarmerie attend, plutôt qu'en fonction de sa propre personnalité :**

☐ **a.** Vrai ☐ **b.** Faux

⑭ **Le test de personnalité peut parfois comporter des questions intimes :**

☐ **a.** Vrai ☐ **b.** Faux

⑮ **En fonction des résultats du test de personnalité, il est possible que le candidat soit convoqué à un entretien supplémentaire avec un officier conseil :**

☐ **a.** Vrai ☐ **b.** Faux

ENTRETIEN DE RECRUTEMENT

⑯ **L'oral commence par une présentation personnelle du candidat :**

☐ **a.** Vrai ☐ **b.** Faux

⑰ **Un gendarme adjoint volontaire est fonctionnaire :**

☐ **a.** Vrai ☐ **b.** Faux

⑱ **Le jury peut poser au candidat des questions de mise en situation professionnelle :**

☐ **a.** Vrai ☐ **b.** Faux

⑲ **Le jury peut poser au candidat des questions d'actualité :**

☐ **a.** Vrai ☐ **b.** Faux

⑳ **Un gendarme adjoint volontaire peut décider d'une garde à vue :**

☐ **a.** Vrai ☐ **b.** Faux

Corrigés

Connaissances générales

1 b. 2 c. 3 b. 4 a. 5 b.

Connaissance de la langue française

6 a. 7 c. 8 b. 9 a. 10 b.

Test de personnalité

11 b. 12 a. 13 b. 14 a. 15 a.

Entretien de recrutement

16 a. 17 b. 18 a. 19 a. 20 b.

Tableau d'analyse du score

RÉPONSES CORRECTES	VOUS AVEZ ENTRE 0 ET 5 RÉPONSES CORRECTES	VOUS AVEZ ENTRE 6 ET 12 RÉPONSES CORRECTES	VOUS AVEZ ENTRE 13 ET 20 RÉPONSES CORRECTES
… /20	Votre résultat montre que vous devez travailler à fond toutes les matières. Les fiches de cours et les entraînements vous aideront à mettre toutes les chances de votre côté pour réussir !	Prenez connaissance des fiches proposées. Testez ensuite vos acquis grâce aux différents types d'entraînements.	Bravo ! Consolidez vos connaissances en lisant les fiches de cours et continuez de vous exercer avec les entraînements.

PARTIE 2

Réussir les épreuves d'admissibilité

Réussir l'épreuve de test de culture générale

30 minutes

PLANNING DE RÉVISIONS

À titre indicatif, nous vous proposons un planning de préparation à l'épreuve de culture générale :

	CONTENU DES RÉVISIONS	NOS OUTILS	NOS ASTUCES
Période 1 (1 ou 2 semaines)	Présentation de l'épreuve de test de culture générale	Page 37	Je gère mon temps https://www.lienmini.fr/238620-01
Période 2 (1 ou 2 semaines)	Connaissance de la langue française : vocabulaire, conjugaison et accords grammaticaux	Page 137 à 144	
Période 3 (1 ou 2 semaines)	Histoire, géographie et éducation morale et civique	Pages 40, 43 et 46	
Période 4 (1 ou 2 semaines)	Secourisme	Page 48	
Période 5 (1 ou 2 semaines)	Culture numérique et environnement	Pages 55 et 60	
Période 6 (1 ou 2 semaines)	Sujets n° 1 à 8 de connaissances générales	Pages 99 à 133	
Période 7 (1 ou 2 semaines)	Sujets n° 1 à 8 de connaissance de la langue française	Pages 148 à 181	

MÉTHODOLOGIE ET CONSEILS

1 Présentation de l'épreuve

L'épreuve de culture générale comprend deux questionnaires à choix multiples (QCM) :

- un QCM de 50 questions en histoire, géographie, enseignement moral et civique (EMC), numérique, environnement et secourisme ;
- un QCM de 50 questions de connaissances de la langue française.

Ces deux QCM se déroulent simultanément. Le candidat dispose de 30 minutes pour répondre aux deux questionnaires, soit moins de 20 secondes par question.

L'épreuve de culture générale est réalisée informatiquement, à l'instar des autres épreuves d'admissibilité.

2 Conseils de préparation

Les connaissances en français, en histoire, en géographie, en enseignement moral et civique (EMC) et sur l'environnement sont celles du niveau de la classe de 3e.

Le programme de secourisme est celui du PSC1 (prévention et secours civique de niveau 1).

En ce qui concerne le numérique, il est attendu du candidat qu'il possède une connaissance de base des principaux outils informatiques, de la sécurité informatique et des comportements à adopter en matière de réseaux sociaux. Le programme PIX dispensé au collège est une bonne base de référence. Dans ce manuel, un point spécifique sera également fait en ce qui concerne l'usage privé des réseaux sociaux par un gendarme dans la mesure où des mises en situation professionnelle peuvent être posées au candidat lors de l'épreuve orale avec le jury.

Même si cela ne fait pas explicitement partie du programme de l'épreuve, vous devez avoir une bonne connaissance de l'actualité. Cet aspect de votre préparation est également important pour l'épreuve d'entretien avec le jury. Si Internet a aujourd'hui une importance indéniable, il reste essentiel de lire régulièrement un quotidien (*Le Monde*, *Le Figaro*, *La Croix*…) et un hebdomadaire (*Le Point*, *L'Express*, *JDD*…).

Vous devez maîtriser le contenu des rappels de français et de culture générale figurant dans ce manuel, mais ne vous en contentez pas : lisez le plus possible, repérez vos points faibles (français, histoire, éducation civique…) et cherchez à combler vos lacunes en faisant des fiches, par exemple.

3 Recommandations pour le jour de l'épreuve

Le temps est précieux : vous disposez de moins de 20 secondes par question. Répondez d'abord aux questions dont vous êtes sûr de connaître la réponse et laissez de côté celles qui vous posent un problème. Vous y reviendrez plus tard en fonction du temps qu'il vous reste. En l'absence de certitude, répondez au hasard. Il n'y a pas de notation négative : vous ne perdrez pas de points.

Ne faites aucune rature, n'employez pas de correcteur blanc. Votre réponse risquerait d'être annulée.

Utilisez un stylo noir ou bleu. Prévoyez-en deux de même couleur.

Connaissances générales

TOUT LE COURS

HISTOIRE

1 La Préhistoire

- Le paléolithique est « l'âge de la pierre ancienne » et le néolithique est « l'âge de la pierre nouvelle ».
- Les premiers outils sont apparus il y a un million d'années et le feu il y a 500 000 ans.
- C'est au Moyen-Orient que l'on trouve les traces des premières villes et d'un début de commerce entre les cités.

2 L'Antiquité

La Mésopotamie (région comprise entre le Tigre et l'Euphrate) est le pays où est née l'écriture.

A. L'Égypte

- Les hiéroglyphes des Égyptiens ont été décryptés en 1822 par le savant français Champollion.

Les principales périodes égyptiennes sont :
- l'Ancien Empire, de 2700 à 2190 avant Jésus-Christ ;
- le Moyen Empire de 2160 à 1785 avant Jésus-Christ ;
- le Nouvel Empire de 1580 à 1085 avant Jésus-Christ ;
- la Basse Époque de 1085 au VIe siècle avant Jésus-Christ.

B. La civilisation grecque

Le Ve siècle avant J.-C. fut le siècle de Périclès, grand homme d'État athénien.
- C'est l'apogée des arts et des lettres.
- Des philosophes : Aristote, Socrate, Platon.
- Des mathématiciens : Thalès, Euclide, Pythagore.

Quelques dieux et déesses grecs

- Zeus, dieu du Ciel
- Poséidon, dieu de la Mer
- Héphaïstos, dieu du Feu
- Aphrodite, déesse de la Beauté
- Éros, dieu de l'Amour…

C. La civilisation romaine

- Rome est construite sur sept collines au-dessus du Tibre. Rémus et Romulus ont fondé la ville.
- 52 avant Jésus-Christ, Jules César a vaincu Vercingétorix. Il est mort assassiné en 44 avant Jésus-Christ par Brutus.
- Marc Antoine fut consul et épousa Cléopâtre.
- 27 avant Jésus-Christ, Auguste devint le maître du monde romain.
- Rome fut incendiée par Néron en 64. Et le Vésuve a englouti la ville de Pompéi en 79.

3 Le Moyen Âge

- Clovis, roi des Francs, a régné de 481 à 511. Se sont succédés : Dagobert, Charles Martel, Pépin le Bref, Charlemagne, Hugues Capet, Philippe II, Charles VII, Louis XI.

4 La Renaissance

- Le XVIe siècle est marqué par la victoire de François Ier à Marignan.
- Magellan termine le premier tour du monde en 1522.
- À partir de 1562, les guerres de Religion opposent catholiques et protestants. Elles se termineront en 1598.
- En 1610, Henri IV est assassiné par Ravaillac.

5 L'Ancien Régime

- En 1624, le cardinal de Richelieu devient ministre de Louis XIII.
- En 1643 débute le règne de Louis XIV par la régence d'Anne d'Autriche.
- En 1774 : règne de Louis XVI.

La Révolution française et le premier Empire

- 1789 : prise de la Bastille et Déclaration des droits de l'homme et du citoyen.
- 21 janvier 1793 : exécution de Louis XVI.
- Le Consulat : 1799-1804. Le général Bonaparte dirige seul. Il se proclame empereur des Français.
- 1805 : défaite navale de Trafalgar et victoire d'Austerlitz.

6 Le XIXe siècle

1. Le Premier Empire

- 18 mai 1804 : Napoléon Bonaparte devient empereur des Français.
- 2 décembre 1805 : bataille d'Austerlitz. Napoléon écrase la coalition austro-russe.

- Napoléon est vainqueur des Autrichiens à Wagram en 1809.
- Il abdique le 6 avril 1814 et part en exil pour l'île d'Elbe.
- 18 juin 1815 : déroute de l'armée française à Waterloo.
- 1814-1815 : la première Restauration.
- 1815-1830 : la seconde Restauration.
- 5 mai 1821 : mort de l'empereur à Sainte-Hélène.
- 1830-1848 : la monarchie de Juillet.
- 1848 : proclamation de la IIe République, la Iere République ayant pour dates 1792-1804.

La Commune de Paris est une période d'insurrection : du 18 mars au 28 mai 1871, un soulèvement populaire contre le gouvernement du président Thiers, réprimé dans le sang, sous les yeux des Prussiens assiégeant Paris.

2. Le second Empire : 1852-1870

3. La IIIe République : 1870-1940

7 La Première Guerre mondiale : 1914-1918

- 28 juin 1914 : L'archiduc François-Ferdinand, empereur d'Autriche-Hongrie, est assassiné à Sarajevo, cela marque le début de la Première Guerre mondiale.
- 1915 : début de la guerre des tranchées.
- 1916 : bataille de la Somme (juillet à novembre).
- 1916 : bataille de Verdun : 1 200 000 morts (février à décembre).
- 1917 : bataille du Chemin des Dames (avril à octobre).
- 1918 : l'Allemagne demande l'armistice, qui sera signé à Rethondes le 11 novembre. La France reprend l'Alsace-Lorraine, perdue en 1871.
  - La Révolution russe : février-octobre 1917.
  - Renversement du tsar Nicolas II.
  - Instauration d'un régime communiste par Lénine et Trotski.

8 La Seconde Guerre mondiale : 1939-1945

- 1er septembre 1939 : début du conflit (invasion de la Pologne).
- 10 mai-22 juin 1940 : campagne de France. Reddition française.
- 18 juin 1940 : appel du général de Gaulle.
- 7 décembre 1941 : les Japonais attaquent la base américaine de Pearl Harbour, c'est l'entrée en guerre des États-Unis dans la Seconde Guerre mondiale.
- 1943 : la Résistance s'organise avec Jean Moulin.
- 6 juin 1944 : débarquement des troupes alliées en Normandie.
- Environ 6 millions de juifs sont exterminés par l'Allemagne nazie. C'est la Shoah, ou l'Holocauste.
- 8 mai 1945 : l'Allemagne capitule.

- 6 et 9 août 1945 : bombes atomiques sur Hiroshima et Nagasaki.
- Les Américains obtiennent ainsi la reddition des Japonais sans conditions.

9 La France contemporaine

- Quelques présidents de la IIIe République : Thiers, Mac Mahon, Grévy, Sadi Carnot, Poincaré, Deschanel, Doumergue, Doumer, Lebrun.
- La IVe République : 3 juin 1944-5 octobre 1958.
- La Ve République : depuis le 5 octobre 1958.
- 1962 : fin de la guerre d'Algérie.
- 1965 : De Gaulle est élu président de la République au suffrage universel.
- 1968 : événements de mai.
- 1969 : Georges Pompidou est élu président de la République.
- 1974 : Giscard d'Estaing est élu président de la République.
- 1981 : François Mitterrand est élu président de la République.
- 1988 : réélection de François Mitterrand.
- 1995 et 2002 : élections de Jacques Chirac.
- 7 mai 2007 : élection de Nicolas Sarkozy.
- 6 mai 2012 : élection de François Hollande.
- 14 mai 2017 : élection d'Emmanuel Macron.
- 24 avril 2022 : réélection d'Emmanuel Macron.

GÉOGRAPHIE

Superficie de pays européens :

- France : 550 000 km^2 ;
- Espagne : 500 000 km^2 ;
- Allemagne : 360 000 km^2.

1 Géographie de la France

- La France a une superficie de 550 000 km^2. Elle est le premier pays producteur agricole de l'Union européenne.

Le point culminant de la France est le mont Blanc, 4 807 m (Alpes).
Les Pyrénées françaises : le Vignemale, 3 298 m.
La Loire est le plus long fleuve français avec 1 012 km.
Le Rhin a une longueur de 1 320 km mais il ne coule pas entièrement en France.
La plus grande île française est la Corse avec une superficie de 8 600 km^2.

Les cinq premières villes françaises sont : Paris, Marseille, Lyon, Toulouse, Nice.

La France compte environ 67,3 millions d'habitants en 2020.

Avant la réforme territoriale de 2015, la France comptait 22 régions, elle en compte désormais 13 et 101 départements (mise en application début 2016).

La forêt couvre environ 27 % du territoire.

Les principaux ports de pêche sont : Boulogne, Lorient, Dunkerque.

ZOOM

Les territoires français ultra-marins

Ils sont situés en dehors de l'Europe : 5 sont des départements et régions d'outre-mer (Guadeloupe, Réunion, Guyane, Martinique et Mayotte) et 8 des collectivités ou des territoires d'outre-mer (Polynésie française, Saint-Pierre-et-Miquelon, Wallis-et-Futuna, Saint-Martin, Saint-Barthélemy, Nouvelle-Calédonie, île de Clipperton et Terres australes et antarctiques françaises). Ils ont des statuts variés et sont disséminés en Amérique, en Océanie dans l'océan Indien et en Antarctique.

La population était d'environ 2,2 millions d'habitants au 1er janvier 2020.

L'économie de ces territoires est fortement marquée par l'activité tertiaire, au détriment de l'activité industrielle.

2 Géographie humaine et économique

En novembre 2022, la population mondiale a atteint 8 milliards d'habitants et, selon les prévisions de l'ONU, il y aurait entre 9 et 10 milliards en 2050. L'Inde est devenue le pays le plus peuplé du monde.

Mais la croissance démographique est inégale et reste plus forte dans les pays pauvres, en Afrique et dans certains pays asiatiques.

Actuellement, dans le monde entier, c'est la population la plus âgée qui a la croissance la plus rapide.

L'attractivité des littoraux modifie les zones de peuplements qui deviennent des zones recherchées à cause des nombreuses activités économiques pouvant s'y exercer. De plus, elles deviennent des zones résidentielles et touristiques.

Les pays émergents voient leur population se déplacer massivement vers les centres urbains.

Aujourd'hui, environ 55 % de la population mondiale vit en zone urbanisée.

En 2019, les migrants internationaux (personnes vivant en dehors de leur pays d'origine) représentaient environ 3,5 % de la population mondiale. Ce chiffre ne cesse d'augmenter.

ZOOM

L'eau dans le monde

Les océans recouvrent 71 % de la surface du globe.
Chaque année, plus de 800 000 personnes meurent à cause du manque d'eau potable ou de systèmes d'assainissement défaillants ou inexistants selon les données de l'ONU.
Plus de 3 milliards de personnes n'ont pas accès à l'eau pour leur hygiène.
L'agriculture est le secteur qui consomme le plus d'eau.
Les ports sont des pôles d'activités : le premier port pour son volume global est Shanghai, suivi de Singapour.
L'océan Pacifique est l'océan qui a la plus grande surface, suivi de l'océan Atlantique, l'océan Indien, l'océan Antarctique et l'océan Arctique.
La journée mondiale de l'eau est le 22 mars.

3 L'Afrique de l'Ouest

L'Afrique de l'Ouest est composée de 16 pays : Bénin, Burkina Faso, Côte d'Ivoire, Cap-Vert, Gambie, Ghana, Guinée, Guinée Bissau, Libéria, Mali, Mauritanie, Niger, Nigeria, Sénégal, Sierra Leone et Togo.

Elle regroupe une population d'environ 290 millions d'habitants.

Cette région, dont l'économie est essentiellement basée sur l'agriculture, reste une zone de pauvreté, secouée par des crises alimentaires de grande ampleur.

Un pays toutefois se détache : le Nigeria avec 180 millions d'habitants, il est la première économie du continent, malgré un taux de pauvreté très élevé.

4 Quelques notions sur l'Union européenne

Par sa superficie, l'Union européenne se classe au 7e rang mondial.

Il n'y a pas de capitale officielle, mais plusieurs villes regroupent les institutions : Bruxelles, Strasbourg, Luxembourg, Francfort ou La Haye.

L'espace communautaire présente d'importantes disparités en termes de développement.

L'espace Schengen est un espace de libre circulation à l'intérieur de l'espace européen.

Avec plus de 446 millions d'habitants, c'est la troisième puissance démographique mondiale.

Sa devise est : « Unie dans la diversité ».

L'euro est la monnaie unique.

En 2012, elle reçoit le Prix Nobel de la paix « pour avoir contribué pendant plus de six décennies à promouvoir la paix et la réconciliation, la démocratie et les droits de l'homme en Europe ».

1 Les institutions de la République

La **République française** est fondée sur le respect de la Constitution. Actuellement, nous sommes dans la Ve République depuis 1958.

A. La séparation des pouvoirs

Les pouvoirs sont séparés :

- le pouvoir exécutif fait appliquer les lois ;
- le pouvoir législatif élabore les lois ;
- le pouvoir judiciaire.

Le **président de la République** assume avec le **gouvernement** le pouvoir exécutif. L'élection se fait au suffrage universel direct tous les cinq ans.

Jacques Chirac fut le premier président de la République à effectuer un quinquennat. La limite est fixée à deux mandats consécutifs.

Le **Premier ministre** est nommé par le président de la République.

Le pouvoir législatif est assuré par :

- l'**Assemblée nationale** (elle date du 17 juin 1789), composée de 577 députés, élus pour 5 ans au suffrage universel direct ;
- le **Sénat** composé de 348 sénateurs élus pour un mandat de six ans au suffrage universel indirect par les conseillers municipaux, les maires, les députés… C'est ce que l'on appelle les grands électeurs.

Le pouvoir judiciaire est exercé par les **différents tribunaux** et les **magistrats**.

B. Les collectivités territoriales

L'État français délègue une partie de ses compétences aux collectivités territoriales : c'est ce que l'on appelle la **décentralisation**.

Au 1er janvier 2023, il y avait :

- 34 945 communes ;
- 96 départements en France métropolitaine et 5 d'outre-mer ;
- 13 régions métropolitaines et 5 d'outre-mer.

La **commune** est une collectivité territoriale, c'est la base de l'administration française. Le conseil municipal est élu pour 6 ans au suffrage universel direct. Il y a actuellement une politique de fusion ou de regroupements de communes.

Les **départements** ont été créés en 1789. Ils sont dirigés par un conseil départemental dont les membres sont élus au suffrage universel direct pour une durée de 6 ans.

Les **régions** sont devenues des collectivités territoriales en 1982. La deuxième étape de la réforme territoriale a réduit le nombre de régions métropolitaines de 22 à 13.

Le **préfet** est le représentant de l'État dans le département ou la région.

En 1984, on a créé la **fonction publique territoriale**.

C. L'outre-mer

Le terme de DOM-TOM est désormais obsolète. On parle de territoires ultra-marins se répartissant ainsi : les DROM (départements et régions d'outre-mer) et les COM (collectivités d'outre-mer), plus des statuts spéciaux bénéficiant d'une certaine autonomie.

2 L'Union européenne

A. Historique

En 2022, l'Union européenne comprend 27 pays : Allemagne, Autriche, Belgique, Bulgarie, Chypre, Croatie, Danemark, Espagne, Estonie, Finlande, France, Grèce, Hongrie, Irlande, Italie, Lettonie, Lituanie, Luxembourg, Malte, Pays-Bas, Pologne, Portugal, République tchèque, Roumanie, Slovaquie, Slovénie et Suède.

En 1957, 6 pays fondateurs (Allemagne, Belgique, France, Italie, Luxembourg, Pays-Bas) ont signé le **traité de Rome** qui a créé la Communauté économique européenne (CEE).

En 1985, les **accords de Schengen** sont ratifiés : c'est la libre circulation des personnes.

En 1992, à la signature du **traité de Maastricht**, la CEE devient l'Union européenne (UE).

2002 voit la **mise en place de l'euro** sauf pour le Danemark, le Royaume-Uni et la Suède.

Le 1er janvier 2020, le Royaume-Uni quitte l'UE, suite au Brexit.

B. Principales instances

Les instances de l'UE sont établies dans trois villes : Bruxelles, Luxembourg et Strasbourg.

Le **Parlement européen** adopte les lois et le budget. Pour la période 2019-2024, l'institution compte 705 députés européens.

Le **Conseil de l'Union européenne** a en charge les textes législatifs et sa présidence change tous les six mois.

La **Commission européenne** propose de nouvelles lois et représente l'UE sur la scène internationale.

Le **Conseil européen** est composé des chefs d'État ou des chefs de gouvernement et du président de la Commission européenne ; il représente les États membres et détermine les grandes lignes de la politique de l'Union européenne.

Viennent s'ajouter à ces instances : la Cour de Justice, la Cour des comptes, la Banque centrale, le Comité économique et social et le Comité européen des régions.

3 Les institutions internationales

L'**ONU** (Organisation des Nations unies) a été créée en 1945 avec d'autres institutions spécialisées – une vingtaine – dans un domaine spécifique et reliées à l'ONU : le Fonds monétaire international (FMI), la Banque mondiale (BIRD), l'Organisation internationale du travail (OIT), l'Organisation mondiale de la santé (OMS), l'Organisation des Nations unies pour l'éducation, la science et la culture (UNESCO)...

En 1959, La **Déclaration des droits de l'enfant** est adoptée à Genève.

L'Assemblée générale des Nations unies adoptera en 1989 la **Convention internationale des droits de l'enfant**.

L'Organisation du traité de l'Atlantique nord (**OTAN**, NATO en anglais) est une alliance de certains pays d'Europe et d'Amérique du Nord qui coopèrent en matière de défense et de sécurité.

SECOURISME

Les questions de secourisme posées lors du questionnaire de connaissances générales correspondent au **programme du PSC1** (Prévention et secours civique de niveau 1).

Le PSC1 est dispensé dans les établissements scolaires ou auprès d'associations autorisées (Croix-Rouge française, Croix-Blanche, Fédération française de sauvetage et secourisme, Protection civile, Union des sapeurs-pompiers…).

La formation PSC1 dure une dizaine d'heures. Le programme est le suivant :

- la protection ;
- l'alerte ;
- la victime s'étouffe ;
- la victime saigne abondamment ;
- la victime est inconsciente ;
- la victime ne respire pas ;
- la victime se plaint d'un malaise ;
- la victime se plaint après un traumatisme (plaie, brûlure, atteinte des os et des articulations…).

Les rappels qui suivent demeurent partiels et ne sauraient donc remplacer une formation complète aux différents éléments du programme du PSC1.

1 Protection de la victime et alerte

La protection de la victime et l'alerte sont les deux premiers actes de secours à accomplir.

A. La protection

Dès l'arrivée sur les lieux, il convient d'analyser la scène et de rechercher tous les éléments qui peuvent aider à déterminer la nature de l'intervention des secours (accident, maladie, intoxication…) et les circonstances de survenue. L'ensemble des éléments recherchés est utile pour assurer, si nécessaire, la sécurité de l'intervention et la prise en charge de la ou des victimes.

Cette recherche est complétée en interrogeant la victime si elle est consciente, son entourage ou les témoins.

L'analyse de la situation permet d'identifier des risques évidents (véhicules accidentés, structure instable, situation violente) ou moins évidents (risque électrique, présence de substances toxiques) pour sécuriser la future zone d'intervention et assurer la sécurité des intervenants, de la ou des victimes et des tiers.

Le secouriste focalise son attention sur la victime elle-même et doit :

- observer la situation et se faire une idée générale de son état pour prendre les mesures afin de la garder en vie ;
- apprécier les grandes fonctions vitales, en initiant les gestes de survie adaptés si nécessaire.

B. L'alerte des secours

L'alerte consiste à informer un service d'urgence de la présence d'une ou plusieurs victimes affectées par une ou plusieurs détresses ainsi que de la nature de l'assistance qui leur est apportée.

L'absence d'information d'un service d'urgence peut compromettre la vie ou la santé d'une victime malgré les gestes de premiers secours assurés par un sauveteur. Le rôle du sauveteur dans l'alerte est donc essentiel.

L'alerte doit être transmise, par le sauveteur ou un témoin, par les moyens disponibles les plus appropriés : à l'aide d'un téléphone portable ou à défaut d'un téléphone fixe ou d'une borne d'appel. Elle doit être rapide et précise afin de diminuer au maximum les délais de mise en œuvre de la chaîne de secours et de soins.

L'alerte doit être réalisée après une évaluation rapide de la situation, des risques et une éventuelle mise en sécurité des personnes, auprès d'un numéro d'urgence gratuit :

- le 18, numéro d'appel des sapeurs-pompiers, en charge notamment des secours d'urgence aux personnes, des secours sur accidents, incendies ;
- le 15, numéro d'appel des SAMU, en charge de la réponse médicale, des problèmes urgents de santé et du conseil médical ;
- le 112, numéro d'appel réservé aux appels d'urgence et valide dans l'ensemble de l'Union européenne ;
- le 114, numéro d'appel accessible par SMS, fax, visio et tchat, réservé aux déficients auditifs (réception et orientation des personnes malentendantes vers les autres numéros d'urgence). Ce service peut aussi être utilisé pour les personnes qui souhaitent alerter les secours dans le cadre de violences intrafamiliales et qui ne peuvent pas parler à voix haute.

La procédure de l'alerte consiste à :

- transmettre les informations : le numéro de téléphone ou de la borne à partir duquel l'appel est passé, la nature du problème (maladie, accident, attaque terroriste…), le nombre de victimes en cas de situation à multiples victimes, la localisation la plus précise possible de l'événement) ;
- répondre aux questions posées par les services de secours ;
- appliquer les consignes données ;
- raccrocher, sur les instructions de l'opérateur : les secours peuvent conserver l'appelant au téléphone pour le conseiller ou le guider dans l'exécution de gestes, jusqu'à leur

arrivée. Il est donc essentiel de ne pas raccrocher avant d'avoir été invité à le faire par les services de secours.

Lorsque le sauveteur demande à une autre personne de donner l'alerte, il convient :

- avant l'alerte, de s'assurer qu'elle possède tous les éléments ;
- après l'alerte, de vérifier qu'elle a correctement exécuté l'action.

Si possible, une personne doit être envoyée pour accueillir les secours et organiser leur accès sur le lieu de l'accident, au plus près de la victime.

C. L'alerte aux populations

L'alerte aux populations est une mesure exceptionnelle dont l'efficacité repose sur une connaissance préalable des risques particuliers auxquels les personnes sont exposées.

L'alerte est diffusée par un ensemble d'outils permettant d'alerter la population de la survenance d'une crise grâce aux sirènes, aux médias, aux réseaux sociaux ou encore grâce aux entreprises.

D'autres outils permettent également de diffuser de l'information ou d'alerter la population comme les panneaux à messages variables des communes, des autoroutes...

L'alerte des populations consiste à diffuser un signal destiné à avertir les individus d'un danger imminent ou d'un événement grave, en train de produire ses effets et susceptible de porter atteinte à leur intégrité physique. Il se compose de deux codes distincts :

- le **Signal national d'alerte (SNA)** : variation du signal sur trois cycles successifs d'une durée de 1 minute et 41 secondes ;
- le signal de fin d'alerte : signal continu de 30 secondes.

La diffusion de ces signaux repose sur un réseau d'environ 5 300 sirènes permettant, de jour comme de nuit, d'attirer rapidement l'attention des populations pour les appeler à réagir.

Des essais de ce réseau se déroulent le premier mercredi de chaque mois, à midi. Ils permettent à la population d'être capable d'identifier clairement le signal. Lors de ces essais mensuels, le signal émis est une variation sur un seul cycle de 1 minute et 41 secondes, pour ne pas être confondu avec le SNA.

2 Conscience, respiration et fonction cardiaque

La conscience, la respiration et la fonction cardiaque sont les fonctions vitales sur lesquelles le secouriste devra agir.

A. La conscience : identifier une perte de connaissance

Une perte de connaissance doit être recherchée en quelques secondes, quelle que soit la position de la victime. Elle est caractérisée lorsque la victime ne répond pas et n'obéit pas aux ordres simples. Il convient alors de rechercher la présence ou non d'une respiration.

Si la victime est allongée sur le ventre et qu'elle a perdu connaissance, il convient de la retourner sur le dos. En cas de suspicion de traumatisme du rachis ou dans le doute, le retournement de la victime est effectué, dans la mesure du possible, par deux secouristes en assurant une stabilisation des mouvements du rachis.

B. La respiration : libérer les voies aériennes

La liberté des voies aériennes est un préalable indispensable pour évaluer la respiration. Les voies aériennes de la victime doivent être et rester libres et dégagées, aucun risque d'obstruction ne doit être présent. Si elles sont obstruées, il faut immédiatement assurer une libération de celles-ci.

Après avoir assuré la liberté des voies aériennes, il faut, chez une victime qui a perdu connaissance, rechercher la présence ou l'absence de respiration.

Fréquence respiratoire normale :

- adulte : 12 à 20 mouvements par minute ;
- enfant : 20 à 30 mouvements par minute ;
- nourrisson : 30 à 40 mouvements par minute ;
- nouveau-né : 40 à 60 mouvements par minute.

Qualité de la respiration :

- normale : respiration silencieuse ;
- superficielle : mouvement du thorax et de l'abdomen à peine perceptible (difficile à compter) ;
- difficile : effort respiratoire, contraction des muscles du haut du thorax et du cou, pincement des ailes du nez chez l'enfant et le nourrisson ;
- bruyante : sifflements, ronflements, gargouillements, râles.

C. La fonction cardiaque : recherche le pouls

La recherche d'un pouls n'est pas systématique pour caractériser l'arrêt cardiaque. Toutefois, si elle est effectuée, elle ne doit pas retarder la mise en œuvre des gestes de secours.

Rechercher la présence ou l'absence du pouls carotidien (ou fémoral chez le nourrisson)

Si une recherche de pouls est pratiquée chez une victime ayant perdu connaissance et qui ne respire pas, elle doit être effectuée en même temps que la recherche d'une respiration (et en aucun cas plus de 10 secondes). En cas de doute sur la présence du pouls carotidien ou fémoral, le secouriste considérera qu'il est absent.

Le pouls carotidien peut être recherché chez l'adulte ou l'enfant pour identifier une détresse circulatoire (pouls carotidien perceptible alors que le pouls radial ne l'est pas) et pour compter la fréquence cardiaque si le pouls radial n'est pas perceptible.

Il convient alors de se placer du côté de la carotide qui va être palpée et de maintenir la tête de la victime avec l'autre main sur le front.

Chez l'adulte et l'enfant, le pouls doit être recherché sur la face latérale du cou en le palpant entre la pulpe de 2 ou 3 doigts médians de la main qui tenait le menton de la victime (index, majeur et annulaire) et le plan osseux profond constitué par la colonne cervicale :

- poser l'extrémité des doigts sur la ligne médiane du cou ;
- ramener la main vers soi, la pulpe des doigts restant au contact de la peau du cou ;
- pousser doucement la pulpe des doigts vers la profondeur pour percevoir les battements de la carotide.

Chez le nourrisson, la recherche du pouls se fait au niveau du pli de l'aine. Elle est pratiquée par le secouriste au cours du bilan ou de la surveillance.

- poser la pulpe des doigts au niveau du pli de l'aine, racine de la cuisse ;
- pousser doucement en profondeur et rechercher les battements de l'artère.

Évaluer la circulation

L'évaluation de la circulation permet de rechercher une altération de la circulation, c'est-à-dire l'existence d'une détresse circulatoire.

Cette recherche est pratiquée par le secouriste chez une victime consciente ou ayant perdu connaissance lors du bilan d'urgence vitale. Elle doit être renouvelée lors de la surveillance de la victime.

L'évaluation de la circulation s'effectue en prenant le pouls de la victime, sur une durée d'une minute. Il est recherché au niveau :

- de la face antérieure du poignet, en plaçant l'index, le majeur et éventuellement l'annulaire sur le trajet de l'artère radiale, dans le prolongement du pouce ;
- du cou, en palpant l'artère carotidienne (voir ci-dessus) si le pouls au niveau du poignet est imperceptible ;
- du milieu du pli de l'aine en palpant l'artère fémorale avec deux ou trois doigts si l'on ne peut pas prendre le pouls carotidien (voir ci-dessus).

La recherche du pouls permet de déterminer :

- la fréquence cardiaque, c'est-à-dire le nombre de battements cardiaques par minute ;
- la régularité du pouls et l'absence de pause ;
- l'amplitude ou force du pouls, déterminée par la facilité à le percevoir.

Fréquence cardiaque normale :

- adulte : 60 à 100 battements par minute ;
- enfant : 70 à 140 battements par minute ;
- nourrisson : 100 à 160 battements par minute ;
- nouveau-né : 120 à 160 battements par minute.

3 Malaises et traumatismes dus à un accident

Les accidents domestiques et ceux liés à la circulation sont à l'origine de multiples malaises et traumatismes.

A. Les atteintes traumatiques

Les atteintes traumatiques sont des lésions des os (fractures), des articulations (entorses ou luxations), des organes ou de la peau. Pour une meilleure compréhension, ce dernier type d'atteinte fait l'objet d'un traitement spécifique (voir ci-dessous : B. Les brûlures).

Elles peuvent provoquer immédiatement une douleur vive, une difficulté ou une impossibilité de bouger, éventuellement accompagnées d'un gonflement ou d'une déformation de la zone atteinte.

Lorsque le choc se situe au niveau de la tête, du thorax ou de l'abdomen, une atteinte des organes sous-jacents est toujours possible et peut se révéler secondairement par d'autres signes (perte de connaissance, maux de tête persistants, vomissements, agitation, somnolence, douleur abdominale…).

Lorsque le traumatisme se situe au niveau de la colonne vertébrale (douleur du dos ou de la nuque), une atteinte de la moelle épinière est possible.

Si la victime est consciente et présente immédiatement des signes :

- conseiller fermement de ne pas mobiliser la partie atteinte ;
- faire alerter ou alerter les secours et appliquer leurs consignes ;
- protéger de la chaleur, du froid ou des intempéries ;
- surveiller la victime et lui parler régulièrement.

Si la victime présente une douleur du cou à la suite d'un traumatisme (suspicion de traumatisme du rachis cervical) :

- demander à la victime de ne pas bouger la tête ;
- faire alerter ou alerter les secours et appliquer leurs consignes ;
- si possible stabiliser le rachis cervical dans la position où il se trouve en maintenant sa tête à deux mains ;
- surveiller la victime et lui parler régulièrement ;
- si la victime présente une fracture de membre déplacée, ne pas tenter de la réaligner.

B. Les brûlures

La brûlure est une lésion de la peau, des voies aériennes ou digestives. Elle est qualifiée de :

- brûlure simple, lorsqu'il s'agit de rougeurs de la peau chez l'adulte ou d'une cloque dont la surface est inférieure à celle de la moitié de la paume de la main de la victime ;
- brûlure grave, dès lors que l'on est en présence :
  - d'une ou plusieurs cloques dont la surface totale est supérieure à celle de la moitié de la paume de la main de la victime,
  - d'une destruction plus profonde (aspect blanchâtre ou noirâtre parfois indolore) associée souvent à des cloques et à une rougeur plus ou moins étendue,
  - d'une brûlure dont la localisation est sur le visage ou le cou, les mains, les articulations ou au voisinage des orifices naturels,
  - d'une rougeur étendue (un coup de soleil généralisé par exemple) de la peau chez l'enfant,
  - d'une brûlure d'origine chimique, électrique ou radiologique.

La brûlure peut être provoquée par la chaleur, des substances chimiques, l'électricité, le frottement ou des radiations.

Suivant l'étendue, la profondeur et la localisation, la brûlure peut entraîner :

- un danger immédiat comme une défaillance circulatoire (en cas de brûlure étendue) ou respiratoire (lors d'une brûlure au visage, au cou ou consécutive à l'inhalation de fumée) ;
- une douleur sévère ;

- des conséquences retardées comme l'infection, les séquelles fonctionnelles ou esthétiques.

Le sauveteur doit identifier la gravité et la nature de la brûlure afin d'adopter la conduite à tenir adaptée :

- refroidir immédiatement la surface brûlée avec de l'eau courante tempérée et à faible pression pendant au moins 10 minutes, idéalement 20 minutes. Débuter l'arrosage après 30 minutes n'a pas d'intérêt ;
- en parallèle, et s'ils n'adhèrent pas à la peau, retirer les vêtements et les bijoux sur ou près de la peau brûlée ;
- évaluer la gravité de la brûlure.

Face à une brûlure grave :

- faire alerter ou alerter les secours dès le début de l'arrosage ;
- poursuivre le refroidissement, selon les consignes données ;
- installer en position adaptée, après refroidissement :
  - allongée confortablement (lit, canapé ou à défaut sur le sol),
  - assise en cas de gêne respiratoire ;
- laisser si possible la partie brûlée visible ;
- surveiller continuellement et respecter les consignes données par les secours.

Attention, aucun produit ne doit être appliqué sur une brûlure grave sans avis médical.

Face à une brûlure simple :

- poursuivre le refroidissement jusqu'à disparition de la douleur ;
- ne jamais percer les cloques ;
- protéger la brûlure par un pansement stérile ou un film plastique non adhésif (type film alimentaire) qui maintient l'humidité et épouse facilement la zone brûlée ;
- demander un avis médical ou d'un autre professionnel de santé :
  - pour vérifier la validité de la vaccination antitétanique,
  - s'il s'agit d'un enfant ou d'un nourrisson,
  - en cas d'apparition dans les jours qui suivent de fièvre, d'une zone chaude, rouge, gonflée ou douloureuse.

En présence d'une brûlure par produits chimiques :

- se protéger pour éviter tout contact avec le produit chimique ;
- demander à la victime de se rincer immédiatement et abondamment à l'eau courante tempérée :
  - en cas de projection sur les vêtements ou la peau, l'ensemble du corps de la victime doit être rincé. Ses vêtements imbibés de produit sont ôtés sous l'eau,
  - en cas de projection dans l'œil, l'œil atteint doit être rincé en veillant à ce que l'eau de lavage ne coule pas dans l'autre œil. Faire retirer les lentilles de contact pendant le rinçage,
  - dans tous les cas, veiller à ce que la substance maintenant diluée ne nuise pas au sauveteur ou aux tissus sains de la personne en entrant en contact avec la peau non affectée ou l'œil non blessé ;
- ne jamais faire vomir ou boire, en cas d'ingestion ;

- conserver les informations sur le produit en cause (conditionnement, emballage, fiche de sécurité, etc.) ;
- alerter ou faire alerter les secours ;
- suivre les consignes données par les secours ;
- se laver les mains après avoir réalisé les gestes de secours.

En présence d'une brûlure électrique :

- ne jamais toucher la victime avant la suppression du risque électrique ;
- arroser la zone visiblement brûlée à l'eau courante tempérée ;
- faire alerter ou alerter les secours et appliquer les consignes.

En présence d'une brûlure interne par inhalation de vapeurs chaudes ou caustiques :

- en cas de difficultés respiratoires, placer la victime en position assise.

CULTURE NUMÉRIQUE

1 Connaissances de base

En premier lieu, les candidats doivent être familiers de l'environnement informatique et bureautique :

- savoir utiliser les fonctions de base d'un ordinateur : naviguer sur Internet, envoyer un courrier électronique, enregistrer un document, rédiger un texte à l'aide d'un logiciel de traitement de texte, utiliser un support externe de sauvegarde de données comme une clé USB ou un disque dur externe… ;
- connaître le vocabulaire numérique essentiel : souris, blog, copier-coller, forward, hyperlien, adresse IP, navigateur, réseau social, tchat…

En second lieu, les candidats doivent être conscients des différents dangers liés à l'informatique et à l'usage d'Internet. À ce titre, ils doivent connaître les grands principes généraux en matière de protection et de sécurité informatique.

Le bon usage des réseaux sociaux est également un point important (respect de la légalité et de la confidentialité des informations publiées).

Il est important de souligner ici que cette épreuve n'est pas véritablement une épreuve d'informatique. Il n'est pas attendu des candidats qu'ils possèdent des connaissances très poussées en matière d'environnement numérique et de sécurité informatique. Un simple usage régulier de l'outil informatique et d'Internet, associé à la connaissance de quelques grands principes de sécurité dans ce domaine, suffit à satisfaire pleinement aux attentes du jury dans le cadre de cette épreuve de QCM.

2 Les principes de la sécurité informatique

Un système d'information est un ensemble organisé de ressources qui permet d'élaborer, de traiter, de stocker, d'acheminer, de présenter ou de détruire l'information

La sécurité des systèmes d'information est l'ensemble des moyens techniques, organisationnels, juridiques et humains nécessaires et mis en place pour conserver, rétablir et garantir la sécurité du système d'information.

L'**ANSSI** (Agence nationale de la sécurité des systèmes d'information) est l'autorité nationale en matière de sécurité des systèmes d'information.

Des vulnérabilités ont été trouvées dans tous les principaux systèmes d'exploitation, en premier lieu sur Windows, mais aussi sur Mac OS, différentes versions d'Unix et Linux, et d'autres. La seule manière de réduire la probabilité qu'une vulnérabilité puisse être exploitée est :

- l'application des patchs de sécurité ;
- l'utilisation de pare-feu.

Certains logiciels malveillants, comme les virus, utilisent des vulnérabilités pour infecter un système, se propager sur un réseau, etc.

Un **pare-feu** (firewall ou garde-barrière) est un outil permettant de protéger un ordinateur connecté à un réseau ou à l'Internet. Il protège d'attaques externes (filtrage entrant) et souvent de connexions illégitimes à destination de l'extérieur (filtrage sortant) initiées par des programmes ou des personnes.

Les antivirus sont des logiciels conçus pour identifier, neutraliser et éliminer des logiciels malveillants (dont les virus informatiques ne sont qu'une catégorie).

Un **mot de passe** est un facteur mémoriel d'authentification pour utiliser une ressource ou un service dont l'accès est limité et protégé. Couplé avec le « login », il fait de la connexion de l'utilisateur un espace sécurisé et personnalisé.

Les **périphériques portables**, tels que les clés USB, étant particulièrement exposés à la perte ou au vol, chiffrer une partie ou la totalité de sa clé USB est le moyen le plus fiable de protéger des données sensibles ou confidentielles.

Les secrets de la défense nationale ou industriels constituent une cible majeure pour les services étrangers et les groupements ou les individus isolés ayant pour objectif de déstabiliser l'État ou la société. Cette menace vise tous les domaines d'activité relevant de la défense et de la sécurité nationale : politique, militaire, diplomatique, scientifique, économique, industriel…

La **Commission nationale de l'informatique et des libertés** (CNIL) est une autorité administrative indépendante française, chargée de veiller à ce que l'informatique soit au service du citoyen et ne porte atteinte ni à l'identité humaine, ni aux droits de l'homme, ni à la vie privée, ni aux libertés individuelles ou publiques.

La sécurité des systèmes d'information constitue, de nos jours, un enjeu majeur. Bien que tout le monde s'accorde sur la criticité de cette matière, l'implication et l'engagement de chacun restent encore largement discutables. Pourtant, la sécurité des systèmes d'information est l'affaire de tous et relève bien souvent davantage du bon sens et de comportements adaptés que de problèmes techniques.

ZOOM

Les dix règles essentielles de la sécurité informatique

- Mon mot de passe est confidentiel et personnel.
- Mes données professionnelles sont stockées sur le serveur et sauvegardées dans les répertoires adéquats.
- Mon ordinateur est verrouillé lorsque je m'absente.
- J'évite de connecter des clés USB de personnes tierces et je suis vigilant face aux pièces jointes des courriels.
- Je respecte le niveau de confidentialité des informations et le secret des correspondances.
- Je demeure très vigilant dans l'utilisation d'Internet.
- Je m'assure que mes données sensibles sont protégées.
- Je ne supprime pas les réglages de sécurité de mon ordinateur.
- Je ne fais pas suivre systématiquement les messages reçus sur ma boîte aux lettres électronique.
- Je n'hésite pas à m'adresser à un informaticien en cas de problème sérieux.

3 Précautions à prendre pour l'usage d'Internet et des réseaux sociaux

Chaque utilisateur doit faire preuve d'une très grande vigilance dans la publication des informations afin de ne pas mettre en danger ni son intégrité physique et son image, ni celle de sa famille.

La jurisprudence transpose son interprétation traditionnelle du droit (vie réelle) à l'utilisation faite des réseaux sociaux (vie numérique virtuelle) dans le cadre professionnel comme dans celui de la vie privée.

Une bonne gestion individuelle des paramètres de confidentialité est essentielle afin de restreindre la diffusion des informations partagées sur les réseaux sociaux. Modifiés sans préavis par les plates-formes, ces réglages doivent nécessairement être vérifiés régulièrement pour rester maîtrisés.

Il est possible de solliciter un déréférencement. À cet effet, la CNIL met en ligne les formulaires ad-hoc pour certains moteurs de recherche dont Google, et une fiche pratique pour les autres.

Certains réflexes et quelques bonnes pratiques permettent de limiter les risques.

- Désactivez la géolocalisation sur votre profil Facebook.
- Vérifiez et mettez à jour régulièrement vos paramètres de confidentialité.
- Maîtrisez ce que vous acceptez de montrer.
- Informez-vous, lors de votre inscription, sur les conditions générales d'utilisation que vous acceptez de respecter.

- Soyez attentif à la protection de vos mots de passe et de vos identifiants.
- Limitez l'accès de votre profil Facebook à vos amis « réels ».
- Activez la fonction qui vous alerte en cas de taggage par une personne inconnue.
- Vérifiez les photos, vidéos, personnes… pour ne pas diffuser d'information sensible ou de contenu répréhensible.
- Ne pensez pas qu'on peut rester longtemps anonyme sur le Web.
- L'usage d'un pseudonyme ne protège pas d'éventuelles poursuites.
- Vous restez responsable de vos publications.

ATTENTION

Les dix conseils à suivre pour l'usage des réseaux sociaux

- Bien définir sa stratégie, même pour un usage personnel.
- Se créer une identité numérique qui soit en adéquation avec sa vie réelle.
- Garder à l'esprit que tous les utilisateurs des médias sociaux ne sont pas bienveillants.
- Maîtriser les paramètres de confidentialité et de sécurité.
- N'accepter que des personnes que l'on connaît dans la vie réelle.
- Se poser un maximum de questions sur la nature des informations que l'on souhaite publier.
- Ne pas évoquer ses activités professionnelles.
- Sensibiliser sa famille, notamment ses enfants, ses amis et ses relations aux risques des médias sociaux.
- Observer la même prudence et la même discrétion sur les réseaux sociaux professionnels.
- Ne jamais oublier ses obligations professionnelles et ses responsabilités.

A. Points à connaître impérativement en matière d'usage d'Internet et des réseaux sociaux

Les médias sociaux restent un espace public et non privé.

L'oubli numérique n'existe pas : une information, une photo, une vidéo ou tout document publié sur Internet ne disparaît jamais véritablement.

Les utilisateurs d'Internet et des réseaux sociaux doivent impérativement respecter :

- le devoir de réserve ;
- le secret professionnel ;
- les règles éthiques et du renom de la Gendarmerie nationale ;
- le secret de l'enquête ;

- le droit à l'image (pas de publication de photos ou de vidéos d'une personne sans son réel consentement) ;
- la propriété intellectuelle (respect du droit d'auteur, notamment en matière de musique, de films et de séries télévisées).

B. Les réseaux sociaux et le gendarme

Fondés sur le partage et l'interaction, les réseaux sociaux effacent la notion de distance entre internautes et donne l'illusion d'un anonymat virtuel. La frontière entre vie privée et vie professionnelle peut alors rapidement se réduire. Volontairement ou involontairement, des informations sensibles sont ainsi divulguées et portées à la connaissance d'un large public en se propageant de manière virale sur le Web.

Les réseaux sociaux qui livrent des données personnelles en accès libre constituent, pour les organisations terroristes et les individus ou mouvances hostiles aux forces de l'ordre, une opportunité de collecter des informations sur des cibles potentielles afin de planifier des actions violentes à leur encontre.

Comme le rappelle le Code de déontologie, le gendarme est soumis au secret professionnel et au devoir de réserve. Il est également tenu de donner une bonne image de l'institution. Même dans un cadre privé, il est soumis à ces règles. Celles-ci sont donc également applicables sur les réseaux sociaux.

Outre le Code de déontologie de la Gendarmerie nationale, plusieurs textes de lois rappellent ces règles :

Article 26 de la loi n° 83-634 du 13 juillet 1983 portant droits et obligations des fonctionnaires : « Les fonctionnaires sont tenus au secret professionnel dans le cadre institué par le Code pénal. Les fonctionnaires doivent faire preuve de discrétion professionnelle pour tous les faits, informations ou documents dont ils ont connaissance dans l'exercice ou à l'occasion de l'exercice de leurs fonctions. »

Article 226-13 du Code pénal : « La révélation d'une information à caractère secret par une personne qui en est dépositaire soit par état ou par profession, soit en raison d'une fonction ou d'une mission temporaire, est punie d'un an d'emprisonnement et de 15 000 euros d'amende. »

Loi du 20 avril 2016 relative à la déontologie et aux droits et obligations des fonctionnaires : « Le fonctionnaire exerce ses fonctions avec dignité, impartialité, intégrité et probité. Dans l'exercice de ses fonctions, il est tenu à l'obligation de neutralité et au respect de la laïcité. »

1 Les questions énergétiques

Outre la question de la hausse de leur coût et de la dépendance par rapport à des puissances étrangères (notamment les pays arabes pour le pétrole et la Russie pour le gaz naturel), les questions énergétiques soulèvent de nombreuses problématiques environnementales liées à la pollution et à l'épuisement des ressources naturelles.

A. Les différents types d'énergies

Il existe trois grands types d'énergies :

- les énergies fossiles ;
- l'énergie nucléaire ;
- les énergies renouvelables.

1. Les énergies fossiles

Une énergie fossile est puisée dans le sous-sol. C'est une énergie non renouvelable car les stocks s'épuisent.

Il existe trois énergies fossiles :

- le pétrole ;
- le charbon ;
- le gaz naturel.

La combustion du pétrole et du charbon émet beaucoup de gaz à effet de serre.

2. L'énergie nucléaire

L'énergie nucléaire dépend d'un combustible fissile, l'uranium, dont le minerai est contenu dans le sous-sol de la Terre. Elle permet de produire de l'électricité, dans les centrales nucléaires, appelées centrales électronucléaires, grâce à la chaleur dégagée par la fission d'atomes d'uranium.

Cette énergie pose néanmoins trois problématiques majeures :

- la question des déchets nucléaires, qui sont principalement traités par enfouissement ;
- la sécurité des centrales nucléaires (accidents de Tchernobyl en 1986 et de Fukushima en 2011) ;
- la question de la disponibilité des ressources en uranium.

3. Les énergies renouvelables

Une énergie est dite renouvelable lorsqu'elle provient de sources que la nature renouvelle en permanence. Les énergies renouvelables proviennent de deux grandes sources naturelles :

- le Soleil (à l'origine du cycle de l'eau, des marées, du vent et de la croissance des végétaux) ;
- la Terre (qui dégage de la chaleur).

Les énergies renouvelables sont aussi appelées « énergies propres » ou « énergies vertes ». Outre leur caractère non épuisable, leur avantage majeur est que leur exploitation engendre très peu de déchets et d'émissions polluantes. En revanche, leur pouvoir énergétique est beaucoup plus faible que celui des énergies non renouvelables.

Les énergies renouvelables sont les suivantes :

- **l'énergie hydraulique** (barrages et centrales hydroélectriques) ;
- **l'énergie éolienne** (éoliennes implantées en terre et mer) ;
- **l'énergie solaire** (panneaux photovoltaïques, centrales solaires thermiques...) ;
- **l'énergie biomasse**. Le principe de la biomasse consiste à utiliser l'énergie solaire contenue dans les végétaux et les déchets organiques, et de créer de l'électricité grâce à la combustion de ces éléments. Un autre procédé, la biomasse par méthanisation, convertit cette énergie en biogaz ou en biocarburant, grâce à la fermentation ;
- **l'énergie géothermique**. Elle repose sur le magma présent au centre de la Terre qui réchauffe la croûte terrestre. Le but de la géothermie est d'extraire cette chaleur stockée dans des réservoirs souterrains et de la transformer en électricité et en chauffage. Les particuliers peuvent notamment utiliser pour cela des pompes à chaleur ;
- **l'énergie marine**. Elle peut être utilisée de différentes manières : exploitation des variations de températures (énergie thermique), des courants marins (hydroliennes) et des marées (énergie marémotrice).

B. L'énergie en France

Le pétrole connaît une hausse importante de prix et cette ressource fossile s'épuisera sans doute dans quelques dizaines d'années. Dans le même temps, des pays à forte croissance, comme la Chine et l'Inde, ont des besoins énergétiques importants. Aussi, il est intéressant d'étudier comment la France tente d'assurer son indépendance énergétique. Cette indépendance s'articule autour du choix de la production nucléaire d'énergie et, de façon croissante, par le développement d'énergies nouvelles.

1. Le nucléaire, clé de l'indépendance énergétique française

La France avait en 2023 un taux d'indépendance énergétique de 55,8 %, ce qui la place devant les autres grands pays européens (à titre de comparaison, le taux pour l'Allemagne est de 38,8 %). Ce bon taux s'explique en grande partie par le choix de produire de l'électricité par des centrales nucléaires. Ce choix s'est imposé au cours des années 1970 après les crises pétrolières de 1973 et de 1979.

Cette politique énergétique s'est également imposée en raison de la diminution de la production de charbon, de gaz, mais aussi de pétrole. Aussi, à l'heure actuelle, on peut estimer qu'un peu plus des trois quarts de l'électricité française sont produits par le nucléaire. La France est ainsi le deuxième producteur mondial d'électricité, derrière les États-Unis.

Notre pays dispose actuellement d'un parc de 19 centrales électronucléaires. Celles-ci restent très chères à la construction, mais le prix de revient de l'électricité ainsi produite reste particulièrement bon marché.

Cependant, notamment en raison de préoccupations d'ordre environnemental, la France tente de favoriser le développement d'énergies nouvelles.

2. Le développement des énergies renouvelables

Les énergies renouvelables reposent principalement sur l'exploitation des sols et de la biomasse. Actuellement, ces énergies ne représentent que 19 % de la consommation nationale.

L'accroissement du potentiel technologique permet de rationaliser et d'optimiser la production d'énergie par des facteurs naturels déjà connus depuis l'Antiquité, à l'image du vent ou de la mer. Schématiquement, on peut considérer que les grandes familles d'énergies nouvelles sont issues de la biomasse (gaz naturel, bois, carburants naturels comme l'éthanol...), des courants (énergie marémotrice, par exemple), de la géothermie (pompes à chaleur), du vent (énergie éolienne) et de la récupération (recyclage énergétique).

Cependant, il faut souligner que le coût d'exploitation de ces énergies reste élevé. Aussi ces énergies ne connaîtront de véritable expansion que si le prix du kilowatt reste compétitif par rapport à l'électricité produite par le nucléaire. Néanmoins, l'État français s'engage dans une politique volontariste dans ce domaine, à l'image des transports en commun de certaines grandes villes utilisant des carburants naturels ou bien encore des mesures fiscales en faveur des particuliers optant pour des installations d'énergie solaire.

Il semble évident que les énergies renouvelables connaîtront un fort développement. Mais, si les gisements de pétrole s'épuisent un jour dans le monde, le nucléaire jouera encore longtemps en France un grand rôle dans la production d'énergie.

2 Les changements climatiques et les catastrophes naturelles

En raison des activités humaines, on assiste à une accélération des changements climatiques, dans le sens d'un réchauffement global de planète.

L'une des conséquences majeures du réchauffement climatique est l'augmentation de la fréquence de certaines catastrophes naturelles.

A. Les changements climatiques

Un changement climatique est une augmentation ou une diminution de la température sur une aire géographique donnée observée au cours d'une longue période.

Depuis la fin du XXe siècle, on parle, à l'échelle mondiale, de réchauffement climatique. En effet, il est possible de relever une augmentation des températures moyennes. Selon le consensus scientifique, la principale cause est l'activité humaine, qui entraîne l'augmentation des gaz à effet de serre (dioxyde de carbone, méthane...). Un gaz à effet de serre est un composant gazeux présent dans l'atmosphère terrestre qui absorbe les rayons infrarouges émis par la surface de la Terre.

Ce phénomène de réchauffement climatique entraîne plusieurs conséquences :

- perte de biodiversité, dégradation d'écosystèmes, modification des aires de répartition des êtres vivants (animaux comme humains) ;
- sécheresses, qui occasionnent des difficultés agricoles et des incendies ;
- fonte des glaces (on estime que depuis 1960 l'épaisseur de la banquise arctique a diminué de 40 %) et augmentation du niveau de la mer (ce qui peut menacer, sur le long terme, certains littoraux et archipels, comme les Maldives) ;
- acidification des océans ;

- augmentation de la pluviométrie, ainsi que de la fréquence des tempêtes et ouragans ;
- canicules plus fréquentes ;
- progression des maladies à transmission vectorielle.

Plus le réchauffement climatique sera rapide, plus les effets seront importants. Il importe donc de réduire, à l'échelle planétaire, les émissions de gaz à effet de serre afin de ralentir le réchauffement climatique. Les choix individuels et collectifs (de consommation, de transport…) seront décisifs pour contribuer à cet objectif.

B. Les catastrophes naturelles

Une catastrophe naturelle est un événement résultant d'un phénomène naturel de grande ampleur qui provoque d'importants dégâts humains et matériels. Certaines catastrophes peuvent être amplifiées ou devenir plus fréquentes en raison du réchauffement climatique.

Chaque année, plus d'un million de **tremblements de terre** (ou séismes) ont lieu sur la planète. Leurs conséquences peuvent être dramatiques lorsqu'ils surviennent dans des zones habitées. Les séismes trouvent leur origine dans des pressions s'exerçant de manière permanente sur les roches du sous-sol terrestre. La rupture de ces roches peut occasionner un séisme.

Les **éruptions volcaniques** se manifestent par une sortie de lave et de gaz. Il s'agit du magma. La pression du gaz très chaud fait sortir la lave. Les magmas fluides produisent des coulées de lave ou éruptions effusives. Les magmas visqueux donnent des explosions avec des projections de matériaux ou éruptions explosives.

Un **cyclone** est au départ un phénomène météorologique (une grande zone où l'air atmosphérique est en rotation autour d'un centre de basse pression) qui se termine en tempête. Son stade final porte des noms différents selon les régions du monde : ouragan dans l'Atlantique nord et le Pacifique Nord-Est, typhon en Asie de l'Est et cyclone dans les autres bassins océaniques.

Les **raz-de-marée** (appelés également tsunamis) peuvent avoir plusieurs origines : un séisme, un glissement de terrain sous-marin ou une explosion volcanique. Ces phénomènes provoquent un brusque mouvement d'un très grand volume d'eau, qui se transforme en d'immenses vagues ravageant les côtes.

3 La protection de l'environnement

Un **écosystème** est un milieu dans lequel les êtres vivants ont leur cycle de vie entre eux. Le maintien d'un écosystème dépendra notamment de la gestion des déchets et de l'eau, ainsi que de la préservation de la biodiversité.

A. La gestion des déchets et de l'eau

En l'absence de traitement et de recyclage des déchets, les nuisances sont nombreuses et graves : propagation de maladies, odeurs pestilentielles, émanations de gaz toxiques, pollution de l'air par les fumées des déchets brûlés, propagation de maladies, dégradation du paysage, pollution du sol, des cours d'eau et des nappes souterraines.

Par conséquent, outre les travaux d'installation de réseaux d'assainissement pour les eaux usées, il importe de mettre en place des actions de gestion des déchets :

- limitation des emballages (en France, les emballages représentent 50 % des déchets ménagers) ;
- achats de produits en vrac (sans contenant) ;
- recyclage (papier, plastique, verre, métal...) ;
- compostage des déchets organiques ;
- tri des déchets afin de faciliter leur retraitement ;
- incinération de certains déchets afin de diminuer leur volume et de produire du chauffage urbain.

De même, il est également essentiel de limiter la consommation d'eau et de diminuer tous les gaspillages. L'eau douce sous ses différentes formes (lacs, fleuves, eau souterraine, glaciers et banquise) représente seulement 3 % de l'eau sur la Terre (l'eau de mer occupe les 97 % restants). Selon l'ONU, deux milliards de personnes vivent dans un pays soumis à un fort stress hydrique (taux obtenu en rapportant les besoins en eau aux ressources disponibles).

L'eau douce est principalement utilisée par trois secteurs : l'agriculture (75 %), l'industrie (20 %) et la consommation domestique (5 %). Sa répartition est très inégale selon les régions du monde et, lorsqu'elle ne manque pas, l'eau est souvent polluée, ce qui la rend impropre à la consommation et perturbe le fonctionnement des écosystèmes.

L'accès à l'eau est indispensable à l'agriculture et à l'élevage pour nourrir les populations, ainsi qu'à l'hygiène (prévention et traitement des maladies). En ce qui concerne l'eau potable, la consommation d'eau insalubre est la première cause de mortalité infantile dans le monde.

Ce phénomène risque fort de s'amplifier en raison à la fois du regroupement de la population dans des villes et métropoles, du réchauffement climatique et de l'accroissement de la population mondiale (au cours du XXe siècle, la population mondiale a triplé et les besoins en eau ont été multipliés par 6).

B. La préservation de la biodiversité

La **biodiversité** désigne l'ensemble des êtres vivants, ainsi que les écosystèmes dans lesquels ils vivent. Ce terme comprend également les interactions des espèces entre elles et avec leurs milieux.

La Convention sur la diversité biologique signée lors du sommet de la Terre de Rio de Janeiro (1992) reconnaît pour la première fois l'importance de la conservation de la biodiversité pour l'ensemble de l'humanité.

Un organisme de l'ONU évalue à 1 million le nombre d'espèces végétales et animales menacées de disparition dans les prochaines décennies.

Pour l'Amérique du Nord et l'Europe, les disparitions des espèces d'oiseaux, d'insectes et de poissons d'eau douce sont en augmentation. Les facteurs principaux à l'origine de ce phénomène sont la pêche pratiquée massivement, la pollution industrielle et humaine, ainsi que, plus généralement, toutes activités d'exploitation massive de la terre et des eaux.

De manière générale, à mesure que l'urbanisation, l'activité industrielle, les zones de pêche et d'agriculture progressaient, les territoires naturels s'en trouvaient amoindris.

Par conséquent, privées de leur cadre naturel d'existence, les espèces animales et végétales souffrent et finissent par disparaître. De même, la pêche extensive, la pollution sous toutes ses formes, les maladies, la domination de certaines espèces exotiques (par exemple, le frelon asiatique) et le réchauffement climatique expliquent aussi la disparition de certaines espèces.

Afin de préserver la biodiversité des espaces marins, la pêche devrait ainsi être régulée par des quotas moins élevés et réellement respectés. L'extension urbaine, le tourisme massif dans les mêmes territoires et la consommation effrénée constituent autant de facteurs nocifs sur lesquels les comportements individuels peuvent agir.

50 flashcards pour réviser autrement

http://lienmini.fr/220070-05

ENTRAÎNEMENT

QCM D'HISTOIRE

20 minutes

1 La Préhistoire et l'Antiquité

★★☆

① **Un biface est :**

☐ **a.** une pierre taillée ☐ **b.** une arme ☐ **c.** un morceau de bois

② **Les premières sépultures datent des Néandertaliens.**

☐ **a.** Vrai ☐ **b.** Faux

③ **Un dolmen est :**

☐ **a.** une sépulture ☐ **b.** un temple ☐ **c.** une habitation

④ **La grotte de Lascaux a été découverte :**

☐ **a.** en 1940 ☐ **b.** en 1950 ☐ **c.** en 1963

⑤ **Le néolithique en France se situe :**

☐ **a.** entre – 6000 et – 2300 av. J.-C.
☐ **b.** entre – 4000 et – 2000 av. J.-C.
☐ **c.** entre – 2000 et – 1000 av. J.-C.

⑥ **Le paléolithique est l'époque :**

☐ **a.** de la pierre taillée ☐ **b.** de la pierre polie ☐ **c.** des métaux

⑦ **Alexandre le Grand était :**

☐ **a.** roi de Macédoine ☐ **b.** empereur de Rome ☐ **c.** calife de Bagdad

⑧ **Les esclaves libérés pouvaient devenir citoyens romains.**

☐ **a.** Vrai ☐ **b.** Faux

⑨ **Les Phéniciens ont fondé :**

☐ **a.** Marseille ☐ **b.** Tripoli ☐ **c.** Carthage

⑩ **Pythagore était :**

☐ **a.** un mathématicien ☐ **b.** un empereur romain ☐ **c.** un écrivain

⑪ **Le complexe religieux de Karnak se situe :**

☐ **a.** en Égypte ☐ **b.** en Bretagne ☐ **c.** en Grèce

⑫ **Quel est le monstre de la mythologie grecque qui a une tête de taureau ?**

☐ **a.** Le minotaure ☐ **b.** Le centaure ☐ **c.** Le dragon

⑬ **Parmi ces dieux, quel est celui qui n'est pas grec ?**

☐ **a.** Mercure ☐ **b.** Zeus ☐ **c.** Poséidon

⑭ **Quel est l'homme d'État (grec) qui donna son nom à son siècle ?**

☐ **a.** Périclès ☐ **b.** Alexandre le Grand ☐ **c.** Hérodote

⑮ **Qui était Marc Antoine ?**

☐ **a.** L'époux de Cléopâtre ☐ **b.** Le frère de Cléopâtre ☐ **c.** Un orateur célèbre

⑯ **Dans la Gaule romaine, la capitale politique était :**

☐ **a.** Narbonne ☐ **b.** Lyon ☐ **c.** Nîmes

⑰ **Quel est l'empereur romain qui fit incendier Rome en 64 après Jésus-Christ ?**

☐ **a.** Néron ☐ **b.** Caligula ☐ **c.** Antonin le Pieux

⑱ **Les peintures rupestres sont :**

☐ **a.** des peintures sur du bois
☐ **b.** des peintures sur le sol
☐ **c.** des peintures sur les parois des grottes

⑲ **Un australopithèque est :**

☐ **a.** une espèce d'hominidé disparue
☐ **b.** un indigène d'Australie
☐ **c.** une période de la préhistoire

⑳ **Dans l'Antiquité égyptienne, les scribes étaient :**

☐ **a.** des dessinateurs ☐ **b.** des prêtres ☐ **c.** des fonctionnaires lettrés

Corrigés

1 a.	2 a.	3 a.	4 a.	5 a.	6 a.	7 a.	8 a.	9 c.	10 a.
11 a.	12 a.	13 a.	14 a.	15 a.	16 b.	17 a.	18 c.	19 a.	20 c.

2 Le Moyen Âge

★★☆

① **La guerre de Cent Ans a duré :**

☐ **a.** 100 ans ☐ **b.** 99 ans ☐ **c.** 116 ans

② **Que s'est-il passé en 732 ?**

☐ **a.** Dagobert naît
☐ **b.** Charles Martel arrête les Arabes à Poitiers
☐ **c.** Clovis est vainqueur des Romains à Soissons

③ **Au Moyen Âge, la « dîme » est :**

☐ **a.** un champ laissé en jachère
☐ **b.** un impôt sur les récoltes
☐ **c.** un instrument de musique

④ **Saint Louis est mort à :**

☐ **a.** Tunis ☐ **b.** Rome ☐ **c.** Alexandrie

⑤ **Jeanne d'Arc est née :**

☐ **a.** à Chartres ☐ **b.** à Domrémy ☐ **c.** à Orléans

⑥ **Un trouvère est :**

☐ **a.** un écrivain ☐ **b.** un poète et chanteur ☐ **c.** un soldat

⑦ **Christophe Colomb était :**

☐ **a.** espagnol ☐ **b.** portugais ☐ **c.** italien

⑧ **Vasco de Gama a découvert :**

☐ **a.** le Mexique ☐ **b.** les Indes ☐ **c.** l'Afrique

⑨ **La bataille de Bouvines a eu lieu :**

☐ **a.** en 1214 ☐ **b.** en 1412 ☐ **c.** en 1400

⑩ **Quel conflit a eu lieu au Moyen Âge ?**

☐ **a.** La guerre de Trente Ans ☐ **b.** La guerre de Cent Ans ☐ **c.** Les guerres de Religion

⑪ **Qui a mis fin aux guerres de Religion ?**

☐ **a.** Catherine de Médicis ☐ **b.** Henri IV ☐ **c.** Sully

⑫ **La bataille de Bouvines a été remportée par :**

☐ **a.** Philippe II Auguste ☐ **b.** Saint Louis ☐ **c.** Charlemagne

⑬ **Marco Polo était :**

☐ **a.** un navigateur ☐ **b.** un peintre ☐ **c.** un roi

⑭ **Qui était le père de Charlemagne ?**

☐ **a.** Pépin le Bref ☐ **b.** Louis le Pieux ☐ **c.** Dagobert

⑮ **Gutenberg a imprimé la première bible ?**

☐ **a.** Vrai ☐ **b.** Faux

⑯ **Quel est le roi de France plus connu sous le nom de Saint Louis ?**

☐ **a.** Louis XVIII ☐ **b.** Louis IX ☐ **c.** Louis VII

⑰ **Qui a baptisé Clovis à Reims ?**

☐ **a.** Le pape ☐ **b.** Saint Rémi ☐ **c.** L'évêque de Paris

⑱ **Azincourt est une défaite des Français contre les Anglais :**

☐ **a.** Vrai ☐ **b.** Faux

⑲ **Philippe ii Auguste a été roi de France de 1180 à 1223 :**

☐ **a.** Vrai ☐ **b.** Faux

⑳ **Comment s'appelle le seigneur qui dépend d'un seigneur plus puissant ?**

☐ **a.** Un suzerain ☐ **b.** Un vassal ☐ **c.** Un seigneur local

Corrigés

1 c.	2 b.	3 b.	4 a.	5 b.	6 b.	7 c.	8 b.	9 a.	10 b.
11 b.	12 a.	13 a.	14 a.	15 b.	16 b.	17 b.	18 a.	19 a.	20 b.

3 La Renaissance et l'Ancien Régime ★★★

① **Qui était le « chevalier sans peur et sans reproche » ?**

☐ **a.** François Ier ☐ **b.** Bayard ☐ **c.** D'Artagnan

② **Le cardinal Mazarin a été le « Premier ministre » de :**

☐ **a.** Louis XIII ☐ **b.** Henri IV ☐ **c.** Philippe ii Auguste

③ **Que s'est-il passé en 1572 ?**

☐ **a.** Le massacre de la Saint-Barthélemy

☐ **b.** L'assassinat du duc de Guise

☐ **c.** L'assassinat de l'amiral de Coligny

④ **Qui était Ambroise Paré ?**

☐ **a.** Un peintre de la Renaissance

☐ **b.** un mathématicien du XVIe siècle

☐ **c.** un chirurgien du XVIe siècle

⑤ **Comment s'appelle la période qui sépare les deux abdications de Napoléon Bonaparte ?**

☐ **a.** l'exil ☐ **b.** la marche sur Paris ☐ **c.** les Cent-Jours

⑥ **Le navigateur Jacques Cartier a exploré :**

☐ **a.** le Canada ☐ **b.** la Louisiane ☐ **c.** la Martinique

⑦ **Jean-Baptiste Colbert a été :**

☐ **a.** contrôleur des Finances

☐ **b.** ministre de la Guerre sous Louis XIV

☐ **c.** architecte de Louis XIV

⑧ **Le premier président des États-Unis d'Amérique a été :**

☐ **a.** Abraham Lincoln ☐ **b.** George Washington ☐ **c.** Thomas Jefferson

⑨ **C'est Henri IV qui a signé l'édit de Nantes, qui accorde des droits aux protestants.**

☐ **a.** Vrai ☐ **b.** Faux

⑩ **Pendant la Révolution française, les cahiers rédigés par le peuple s'appelaient :**

☐ **a.** les cahiers de réclamations

☐ **b.** les cahiers de revendications

☐ **c.** les cahiers de doléances

⑪ **Qui a fondé l'Académie française en 1635 ?**

☐ **a.** Marie de Médicis ☐ **b.** Richelieu ☐ **c.** Louis XIV

⑫ **François Ier a été sacré roi de France :**

☐ **a.** dans la cathédrale de Reims

☐ **b.** à Amiens

☐ **c.** à Rambouillet

⑬ **Quel territoire la France perd-elle en 1763 ?**

☐ **a.** le Canada ☐ **b.** la Louisiane ☐ **c.** les Antilles

⑭ **Qui a composé *La Marseillaise* ?**

☐ **a.** Beaumarchais ☐ **b.** Rouget de Lisle ☐ **c.** Robespierre

⑮ **La proclamation de la Iere République en France a eu lieu en :**

☐ **a.** 1792 ☐ **b.** 1793 ☐ **c.** 1945

⑯ **La Déclaration des droits de l'homme et du citoyen a été votée en :**

☐ **a.** 1 789 ☐ **b.** 1793 ☐ **c.** 1845

⑰ **Le roi François 1er a fait construire le château de Chambord.**

☐ **a.** Vrai ☐ **b.** Faux

⑱ **Le cardinal de Richelieu a été le principal ministre :**

☐ **a.** de Louis XIV ☐ **b.** d'Henri IV ☐ **c.** de Louis XIII

⑲ **Quelle grande école fut fondée sous le règne de Louis XV ?**

☐ **a.** L'institut d'études politiques de Paris

☐ **b.** l'École polytechnique

☐ **c.** l'École des ponts et chaussées

⑳ **Comment appelle-t-on le XVIIIe siècle en France ?**

☐ **a.** le siècle d'or ☐ **b.** le grand siècle ☐ **c.** le siècle des Lumières

Corrigés

1 b. 2 a. 3 a. 4 c. 5 c. 6 a. 7 a. 8 b. 9 a. 10 c.
11 b. 12 a. 13 a. 14 b. 15 a. 16 a. 17 a. 18 c. 19 c. 20 c.

4 Le XIXe siècle, la Première Guerre mondiale, la Seconde Guerre mondiale et la France contemporaine

★★☆

① En quelle année les femmes ont-elles eu le droit de vote en France ?

☐ **a.** 1945 ☐ **b.** 1944 ☐ **c.** 1950

② Qui était le président de la République française pendant la Première Guerre mondiale ?

☐ **a.** Georges Clemenceau ☐ **b.** Raymond Poincaré ☐ **c.** Albert Lebrun

③ En 1911, Marie Curie a obtenu le prix Nobel pour ses recherches sur :

☐ **a.** les radiations ☐ **b.** la radioactivité ☐ **c.** le radium

④ L'inauguration du métro à Paris a eu lieu :

☐ **a.** en 1900 ☐ **b.** en 1902 ☐ **c.** en 1945

⑤ L'armistice du 11 novembre 1918 a été signé :

☐ **a.** à Versailles ☐ **b.** à Rethondes ☐ **c.** à Vincennes

⑥ Qui était le président des États-Unis lors du scandale du Watergate ?

☐ **a.** Lyndon B. Johnson ☐ **b.** Richard Nixon ☐ **c.** John F. Kennedy

⑦ Que s'est-il passé le 18 juin 1940 ?

☐ **a.** Philippe Pétain devient le chef de l'État français.

☐ **b.** La IVe République est proclamée.

☐ **c.** Le général de Gaulle fait un discours à la radio de Londres.

⑧ La décolonisation de l'Afrique occidentale et équatoriale a été préparée par la loi-cadre de :

☐ **a.** Gaston Deferre ☐ **b.** Michel Debré ☐ **c.** Guy Mollet

⑨ Qui n'a pas été Premier ministre de De Gaulle ?

☐ **a.** Michel Debré ☐ **b.** Valérie-Anne Giscard d'Estaing ☐ **c.** Georges Pompidou

⑩ Comment s'appelait la police politique dans l'ex-RDA ?

☐ **a.** la Pide ☐ **b.** le KGB ☐ **c.** la Stasi

⑪ Le Front populaire a gouverné la France à partir de :

☐ **a.** 1938 ☐ **b.** 1936 ☐ **c.** 1945

⑫ Qui a été Premier ministre de François Mitterrand de 1981 à 1984 ?

☐ **a.** Pierre Mauroy ☐ **b.** Pierre Bérégovoy ☐ **c.** Michel Rocard

⑬ **Qui était le chef du Conseil général de la Résistance ?**

☐ **a.** Jean Jaurès ☐ **b.** Jean Moulin ☐ **c.** Vincent Auriol

⑭ **Quel ministre français a fait adopter la loi sur la réduction du temps de travail à 35 heures ?**

☐ **a.** Élisabeth Guigou ☐ **b.** Édith Cresson ☐ **c.** Martine Aubry

⑮ **L'État d'Israël a été créé en :**

☐ **a.** 1945 ☐ **b.** 1948 ☐ **c.** 1950

⑯ **En France, les événements de mai 1968 ont commencé par :**

☐ **a.** une grève des routiers ☐ **b.** un mouvement étudiant ☐ **c.** une crise politique

⑰ **Quel président américain a mis fin à la guerre du Vietnam ?**

☐ **a.** George Bush ☐ **b.** Ronald Reagan ☐ **c.** Richard Nixon

⑱ **Donald Trump a été élu 45ème président des États-Unis en :**

☐ **a.** novembre 2016 ☐ **b.** novembre 2012 ☐ **c.** novembre 2020

⑲ **Quelle fut la durée du mur de Berlin ?**

☐ **a.** 28 ans ☐ **b.** 25 ans ☐ **c.** 11 ans

⑳ **Le chef du Commonwealth est :**

☐ **a.** le souverain anglais ☐ **b.** le Premier ministre anglais ☐ **c.** le chef de la diplomatie

Corrigés

1 b.	2 b.	3 c.	4 a.	5 b.	6 b.	7 c.	8 a.	9 b.	10 c.
11 b.	12 a.	13 b.	14 c.	15 b.	16 b.	17 c.	18 a.	19 a.	20 a.

QCM DE GÉOGRAPHIE

20 minutes

1 Géographie de la France

★★☆

① **Parmi ces villes, quelle est la plus importante située dans les Alpes ?**

☐ **a.** Chambéry ☐ **b.** Grenoble ☐ **c.** Gap

② **Le volcan situé sur l'île de la Réunion, le piton de la Fournaise, n'est plus actif.**

☐ **a.** Vrai ☐ **b.** Faux

③ **La Nouvelle-Calédonie est située :**

☐ **a.** en Asie ☐ **b.** en Afrique ☐ **c.** en Océanie

④ **L'île de la Réunion est :**

☐ **a.** une région et un département d'outre-mer

☐ **b.** un territoire français

☐ **c.** un territoire indépendant

⑤ **La Guyane se situe :**

☐ **a.** en Amérique latine ☐ **b.** en Amérique centrale ☐ **c.** en terre australe

⑥ **Quel est le point culminant du Massif central ?**

☐ **a.** le Puy Mary ☐ **b.** le Puy de Sancy ☐ **c.** le Plomb du Cantal

⑦ **Quel type de végétation trouve-t-on en Provence ?**

☐ **a.** la garrigue ☐ **b.** la taïga ☐ **c.** la steppe

⑧ **Quel lac est situé dans les Vosges ?**

☐ **a.** le lac Pavin ☐ **b.** le lac du Bourget ☐ **c.** le lac de Gérardmer

⑨ **La région Grand Est comporte dix départements.**

☐ **a.** Vrai ☐ **b.** Faux

⑩ **Le plus haut sommet des Pyrénées françaises est le mont :**

☐ **a.** Canigou ☐ **b.** Vignemale ☐ **c.** le pic du Midi de Bigorre

⑪ **Le couloir rhodanien est situé entre :**

☐ **a.** les Alpes et le Jura

☐ **b.** le Massif central et les Alpes

☐ **c.** les Alpes et les Vosges

⑫ **La ville la plus importante du département des Côtes-d'Armor est :**

☐ **a.** Dinan ☐ **b.** Lannion ☐ **c.** Saint Brieuc

⑬ **Wallis-et-Futuna est situé :**

☐ **a.** au nord-est de la Nouvelle-Calédonie

☐ **b.** au nord de l'île de la Réunion

☐ **c.** dans les Antilles

⑭ **La Guyane présente un climat de type :**

☐ **a.** tropical sec ☐ **b.** tropical humide ☐ **c.** équatorial humide

⑮ **Quel est le département qui n'est pas situé dans la Région Provence-Alpes-Côte d'Azur ?**

☐ **a.** le Gard ☐ **b.** le Var ☐ **c.** les Bouches-du-Rhône

⑯ **Les Antilles sont un archipel situé :**

☐ **a.** à l'entrée du golfe de Panama

☐ **b.** au large de la Floride

☐ **c.** au large du Venezuela

⑰ **Quel est le massif montagneux de formation récente ?**

☐ **a.** les Vosges ☐ **b.** le Jura ☐ **c.** le Massif central

⑱ **Quelle est la ville située dans le département des Ardennes ?**

☐ **a.** Charleville-Mézières ☐ **b.** Lille ☐ **c.** Valenciennes

⑲ **Une de ces régions ne borde pas la Loire. Laquelle ?**

☐ **a.** l'Anjou ☐ **b.** la Normandie ☐ **c.** la Touraine

⑳ **À côté de quelle île se situe Mayotte ?**

☐ **a.** la Martinique ☐ **b.** les Maldives ☐ **c.** Madagascar

Corrigés

1 b.	2 b.	3 c.	4 a.	5 a.	6 b.	7 a.	8 c.	9 a.	10 b.
11 b.	12 c.	13 a.	14 c.	15 a.	16 c.	17 b.	18 a.	19 b.	20 c.

2 Géographie humaine et économique

★★☆

① **La plus grande partie de la forêt amazonienne se situe :**

☐ **a.** au Pérou ☐ **b.** en Colombie ☐ **c.** au Brésil

② **Le lac Baïkal se trouve :**

☐ **a.** en Russie ☐ **b.** au Japon ☐ **c.** au Canada

③ **L'Inde a obtenu son indépendance en :**

☐ **a.** 1945 ☐ **b.** 1947 ☐ **c.** 1950

④ **Les îles Samoa sont indépendantes.**

☐ **a.** Vrai ☐ **b.** Faux

⑤ **Quelle est la première puissance agricole européenne ?**

☐ **a.** L'Espagne ☐ **b.** L'Allemagne ☐ **c.** La France

⑥ **Quelle est la principale culture du sud-est de la France ?**

☐ **a.** les céréales ☐ **b.** la vigne ☐ **c.** les fruits

⑦ **Le statut de DOM (aujourd'hui DROM « département et région d'Outre-mer ») a été créé en :**

☐ **a.** 1946 ☐ **b.** 1954 ☐ **c.** 1962

⑧ **La capitale de la Nouvelle-Zélande est :**

☐ **a.** Sydney ☐ **b.** Melbourne ☐ **c.** Wellington

⑨ **Le Gange coule :**

☐ **a.** en Russie ☐ **b.** au Pakistan ☐ **c.** en Inde

⑩ **La population du Japon en 2024 est d'environ :**

☐ **a.** 125 millions d'habitants ☐ **b.** 150 millions d'habitants ☐ **c.** 80 millions d'habitants

⑪ **Le taux de natalité (naissances pour 1 000 habitants), en France métropolitaine, en 2024, est de :**

☐ **a.** 8,4 ☐ **b.** 9,2 ☐ **c.** 10

⑫ **L'île de Saint-Martin aux Antilles est partagée entre la France et les Pays-Bas.**

☐ **a.** Vrai ☐ **b.** Faux

⑬ **Parmi ces États, lequel n'est pas un Pays balte ?**

☐ **a.** l'Estonie ☐ **b.** la Lituanie ☐ **c.** la Pologne

⑭ **Budapest est la capitale de :**

☐ **a.** la Bulgarie ☐ **b.** la Hongrie ☐ **c.** la Slovaquie

⑮ **La FNSEA est :**

☐ **a.** une coopérative agricole ☐ **b.** un syndicat agricole ☐ **c.** un parti politique français

⑯ **Le mur de Berlin a été érigé en :**

☐ **a.** 1989 ☐ **b.** 1961 ☐ **c.** 1945

⑰ **La première région industrielle française est :**

☐ **a.** Rhône-Alpes ☐ **b.** l'Île-de-France ☐ **c.** la Lorraine

⑱ **Quelle est la principale activité de l'agglomération toulousaine ?**

☐ **a.** la chimie

☐ **b.** la construction aéronautique

☐ **c.** le textile

⑲ **La libre circulation des hommes dans certains pays de l'Union européenne est organisée dans le cadre :**

☐ **a.** des accords de Schengen ☐ **b.** des accords de Paris ☐ **c.** des accords d'Amsterdam

⑳ **Quelle est la ville d'Europe la plus peuplée ?**

☐ **a.** Berlin ☐ **b.** Paris ☐ **c.** Londres

Corrigés

1 c.	2 a.	3 b.	4 a.	5 c.	6 b.	7 a.	8 c.	9 c.	10 a.
11 b.	12 a.	13 c.	14 b.	15 b.	16 b.	17 b.	18 b.	19 a.	20 c.

3 Géographie mondiale

★★☆

① **La ville la plus peuplée de Chine est :**

☐ **a.** Chongqing ☐ **b.** Shanghai ☐ **c.** Hong Kong

② **Le détroit du Bosphore se situe :**

☐ **a.** en Grèce ☐ **b.** en Turquie ☐ **c.** en Égypte

③ **La ville d'Alexandrie se trouve :**

☐ **a.** en Égypte ☐ **b.** au Liban ☐ **c.** en Syrie

④ **La capitale du Costa Rica est :**

☐ **a.** Managua ☐ **b.** San José ☐ **c.** Santiago

⑤ **La plus haute montagne d'Amérique latine est :**

☐ **a.** l'Aconcagua ☐ **b.** le mont Fuji ☐ **c.** l'Everest

⑥ **L'Alaska fait partie des États-Unis d'Amérique.**

☐ **a.** Vrai ☐ **b.** Faux

⑦ **L'île de Sumatra appartient à :**

☐ **a.** l'Indonésie ☐ **b.** la Malaisie ☐ **c.** la Thaïlande

⑧ **La Paz, capitale de la Bolivie, est située à plus de 3 600 mètres d'altitude.**

☐ **a.** Vrai ☐ **b.** Faux

⑨ **Toronto est la plus grande ville du Canada.**

☐ **a.** Vrai ☐ **b.** Faux

⑩ **La Papouasie-Nouvelle-Guinée est :**

☐ **a.** un État indépendant

☐ **b.** un territoire appartenant à l'Indonésie

☐ **c.** un territoire appartenant aux Philippines

⑪ **La capitale de la Jordanie est :**

☐ **a.** Amman ☐ **b.** Bagdad ☐ **c.** Beyrouth

⑫ **Le mont des Oliviers se situe :**

☐ **a.** à Jérusalem ☐ **b.** au Caire ☐ **c.** à Tunis

⑬ **Le Nil se jette :**

☐ **a.** dans la Méditerranée ☐ **b.** dans l'océan Indien ☐ **c.** dans l'océan Atlantique

⑭ **Quel est le pays qui compte le plus d'îles au monde ?**

☐ **a.** les Philippines ☐ **b.** l'Indonésie ☐ **c.** la Finlande

⑮ **La Cornouailles est un plateau situé :**

☐ **a.** en Écosse ☐ **b.** au pays de Galles ☐ **c.** en Angleterre

⑯ **Quelle est la capitale de la Moldavie ?**

☐ **a.** Skopje ☐ **b.** Bucarest ☐ **c.** Chisinau

⑰ **Rome est arrosé par :**

☐ **a.** le Tibre ☐ **b.** l'Arno ☐ **c.** le Pô

⑱ **La plus grande et la plus peuplée des îles japonaises est :**

☐ **a.** Honshu ☐ **b.** Hokkaido ☐ **c.** Kyushu

⑲ **Quel est le fleuve qui passe à Porto ?**

☐ **a.** le Douro ☐ **b.** le Tage ☐ **c.** le Guadalquivir

⑳ **Quel est le fleuve qui traverse Madrid ?**

☐ **a.** L'Ebre ☐ **b.** Le Tage ☐ **c.** Le Manzanares

Corrigés

1 a. 2 b. 3 a. 4 b. 5 a. 6 a. 7 a. 8 a. 9 a. 10 a.
11 a. 12 a. 13 a. 14 b. 15 c. 16 c. 17 a. 18 a. 19 a. 20 c.

QCM ★★★

① **La Banque centrale européenne a son siège à :**
☐ **a.** Francfort ☐ **b.** Bruxelles ☐ **c.** Berlin

② **Le Conseil européen a été créé :**
☐ **a.** en 1960 ☐ **b.** en 1974 ☐ **c.** en 2000

③ **Le traité de Lisbonne est entré en vigueur :**
☐ **a.** le 1er décembre 2009 ☐ **b.** le 1er décembre 2010 ☐ **c.** le 1er décembre 2008

④ **Pour former un groupe politique au Parlement européen, le nombre minimal de députés requis est de :**
☐ **a.** 30 ☐ **b.** 23 ☐ **c.** 24

⑤ **À quelle date fut créé le Conseil constitutionnel français ?**
☐ **a.** le 4 octobre 1958 ☐ **b.** le 24 octobre 1946 ☐ **c.** le 16 juillet 1971

⑥ **Le protocole de Kyoto, sur les changements climatiques, est entré en vigueur :**
☐ **a.** en 2005 ☐ **b.** en 2000 ☐ **c.** en 1980

⑦ **Le pouvoir législatif en France est composé de deux organes, l'Assemblée nationale et le Sénat.**
☐ **a.** Vrai ☐ **b.** Faux

⑧ **Pour voter en France, il faut avoir 21 ans.**
☐ **a.** Vrai ☐ **b.** Faux

⑨ **Les sénateurs français sont élus :**
☐ **a.** au suffrage universel indirect
☐ **b.** au suffrage universel direct
☐ **c.** sur nomination du Premier ministre

⑩ **Le siège de la Banque mondiale se trouve à :**
☐ **a.** Genève ☐ **b.** Washington ☐ **c.** Bruxelles

⑪ **La Cour pénale internationale siège à :**
☐ **a.** La Haye ☐ **b.** Bruxelles ☐ **c.** Francfort

⑫ **La devise de l'Union européenne est :**
☐ **a.** « Unis dans les différences »
☐ **b.** « Unis dans la diversité »
☐ **c.** « Unis dans les mêmes principes »

⑬ **Depuis quand les députés européens sont-ils élus au suffrage universel direct ?**

☐ **a.** 1978 ☐ **b.** 1979 ☐ **c.** 2000

⑭ **Qui a succédé à Christine Lagarde au poste de directrice générale du Fonds monétaire international (FMI), en 2019 ?**

☐ **a.** Kristalina Georgieva

☐ **b.** Dominique Strauss- Kahn

☐ **c.** Anne Krueger

⑮ **Le Conseil des prud'hommes :**

☐ **a.** traite des litiges liés au droit du travail

☐ **b.** traite des litiges avec la Sécurité sociale

☐ **c.** traite des litiges avec l'administration

⑯ **La Ve République a débuté en :**

☐ **a.** 1958 ☐ **b.** 1945 ☐ **c.** en 1951

⑰ **La Sécurité sociale a été créée en :**

☐ **a.** 1945 ☐ **b.** 1948 ☐ **c.** 1951

⑱ **L'Onu a été créée en :**

☐ **a.** 1945 ☐ **b.** 1950 ☐ **c.** 1954

⑲ **Quelle juridiction juge les crimes en France ?**

☐ **a.** la cour d'assises

☐ **b.** la Cour de cassation

☐ **c.** le tribunal de grande instance

⑳ **L'Organisation mondiale du commerce (OMC) a été fondée en :**

☐ **a.** 1995 ☐ **b.** 1990 ☐ **c.** 2000

Corrigés

❶ a. ❷ b. ❸ a. ❹ b. ❺ a. ❻ a. ❼ a. ❽ b. ❾ a. ❿ b.
⓫ a. ⓬ b. ⓭ b. ⓮ a. ⓯ a. ⓰ a. ⓱ a. ⓲ a. ⓳ a. ⓴ a.

QCM DE SECOURISME

7 minutes

1 Protection de la victime et alerte

★★☆

① **Comment sécuriser une zone de danger en cas d'accident de la route ?**

☐ **a.** En délimitant clairement et largement la zone de danger de façon visible

☐ **b.** En déplaçant les véhicules et les victimes

☐ **c.** En faisant arrêter tout le trafic automobile

② **Le numéro de téléphone d'urgence du SAMU est le :**

☐ **a.** 15 ☐ **b.** 17 ☐ **c.** 18

③ **Le numéro d'urgence des sapeurs-pompiers est le :**

☐ **a.** 15 ☐ **b.** 17 ☐ **c.** 18

④ **Le numéro européen d'urgence est le :**

☐ **a.** 110 ☐ **b.** 111 ☐ **c.** 112

⑤ **En donnant par téléphone portable l'alerte à propos d'un accident sur autoroute, laquelle de ces précisions n'est pas indispensable ?**

☐ **a.** Le numéro de l'autoroute ☐ **b.** Le sens de circulation

☐ **c.** Le point kilométrique ☐ **d.** L'immatriculation du véhicule

⑥ **Lequel de ces signaux ne correspond pas au code du signal d'alerte du Système d'alerte et d'information des populations (SAIP) diffusé par les sirènes ?**

☐ **a.** Le Signal national d'alerte (SNA), variation du signal sur trois cycles successifs

☐ **b.** Les premières notes de la Marseillaise

☐ **c.** Le signal de fin d'alerte, signal continu

⑦ **En cas de panne ou d'accident, quel équipement de sécurité doit être porté avant de quitter le véhicule ?**

☐ **a.** Une lampe frontale

☐ **b.** Un cône de Lubeck

☐ **c.** Le gilet de haute visibilité (« gilet jaune »)

⑧ **Pourquoi l'alerte auprès des services de secours doit-elle être précise ?**

☐ **a.** Pour ne pas engager votre responsabilité juridique

☐ **b.** Pour permettre aux services de secours d'apporter les moyens adaptés aux victimes dans le délai le plus court

☐ **c.** Pour être certain que l'appel correspond à une vraie mission, et non pas un canular

⑨ **Hors autoroute ou endroit dangereux, en cas de panne ou d'accident, où doit être placé le triangle de pré-signalisation ?**

☐ **a.** À une distance d'environ 30 m de la panne ou de l'accident, ou avant un virage, ou un sommet de côte.

☐ **b.** À une distance d'environ 400 m de la panne ou de l'accident, ou avant un virage, ou un sommet de côte.

☐ **c.** À une distance d'environ 800 m de la panne ou de l'accident, ou avant un virage, ou un sommet de côte.

☐ **d.** Le triangle de pré-signalisation n'est pas nécessaire hors autoroute ou endroit dangereux

⑩ **Quelles sont les conditions pour réaliser le dégagement d'urgence d'une victime en présence d'un danger réel, immédiat et non contrôlable ?**

☐ **a.** La victime doit pouvoir donner son consentement à son dégagement d'urgence et le faire par écrit

☐ **b.** La victime doit être visible, facile à atteindre et rien ne doit gêner son dégagement. Il faut être sûr de pouvoir réaliser le dégagement de la victime

☐ **c.** Le dégagement d'urgence a été demandé préalablement par les services de secours

⑪ **Laquelle de ces informations n'est pas nécessaire aux services de secours ?**

☐ **a.** Le numéro de téléphone à partir duquel l'appel est émis

☐ **b.** La nature de la situation

☐ **c.** La localisation la plus précise

☐ **d.** L'identité de la victime

⑫ **Le déplacement de la victime doit être :**

☐ **a.** systématique ☐ **b.** exceptionnel

☐ **c.** interdit ☐ **d.** recommandé

⑬ **Quel est l'objectif du Signal d'alerte et d'information des populations (SAIP) ?**

☐ **a.** Avertir la population d'un danger imminent ou qu'un événement grave est en train de se produire

☐ **b.** Former aux premiers secours

☐ **c.** Informer sur les droits civiques

☐ **d.** Prévenir les maladies graves

⑭ **Lors d'un appel avec les services de secours, devez-vous attendre que votre correspondant vous autorise à raccrocher ?**

☐ **a.** Oui ☐ **b.** Non

⑮ **Le 17 est le numéro d'appel :**

☐ **a.** des sapeurs-pompiers ☐ **b.** du SAMU

☐ **c.** réservé aux sourds et malentendants ☐ **d.** de la police

⑯ **Que signifie PSC1 ?**

☐ **a.** Prévention secours civique de niveau 1

☐ **b.** Prévision de situation catastrophique de niveau 1

☐ **c.** Protection de la sécurité civile de niveau 1

⑰ **Que signifie SNA ?**

☐ **a.** Signal national d'alerte ☐ **b.** Service numérique d'alerte

☐ **c.** Système national d'appel

⑱ **Dans quel cas puis-je effectuer un dégagement d'urgence ?**

☐ **a.** Danger réel, vital, imminent et non contrôlable.

☐ **b.** Danger non vital, réel, imminent et non contrôlable.

☐ **c.** Danger vital, réel, imminent et contrôlable.

⑲ **Le service de secours pourra guider la personne qui appelle dans la mise en œuvre des gestes de premiers secours :**

☐ **a.** Vrai ☐ **b.** Faux

⑳ **Il est inutile d'appeler les secours si l'on ne connaît pas les gestes de premiers secours :**

☐ **a.** Vrai ☐ **b.** Faux

Corrigés

1 a.	2 a.	3 c.	4 c.	5 d.	6 b.	7 c.	8 b.	9 a.	10 b.
11 d.	12 b.	13 a.	14 a.	15 d.	16 a.	17 a.	18 a.	19 a.	20 b.

2 Conscience, respiration et fonction cardiaque

★★☆

① **Lequel des signes suivants ne fait normalement pas partie d'une hypothermie ?**

☐ **a.** Des frissons

☐ **b.** Une peau pâle, froide et sèche

☐ **c.** Des troubles de la conscience (désorientation, confusion, agitation, inconscience)

☐ **d.** Une température comprise entre 35 et 37 degrés

② **Comment vérifier la respiration d'une victime ?**

☐ **a.** Regarder si le ventre et la poitrine se soulèvent et sentir de l'air à l'expiration

☐ **b.** Lui parler

☐ **c.** Lui prendre le pouls

☐ **d.** Regarder si sa bouche peut s'ouvrir

③ **Qu'est-ce qu'une perte de connaissance ?**

☐ **a.** C'est lorsque la victime ne sait pas où elle se trouve
☐ **b.** C'est lorsque la victime ne sait plus comment elle s'appelle
☐ **c.** C'est lorsque la victime ne répond pas et ne réagit pas, mais respire

④ **Qu'est-ce qu'un DAE ?**

☐ **a.** Département d'aide et d'évacuation
☐ **b.** Défibrillateur automatisé externe
☐ **c.** Dispositif d'assistance externe
☐ **d.** Dispositif d'analyse et d'expiration

⑤ **Si la victime ne répond pas, ne réagit pas et respire, il faut :**

☐ **a.** pratiquer un massage cardiaque
☐ **b.** ne rien faire
☐ **c.** la positionner en position latérale de sécurité (PLS)
☐ **d.** pratiquer une réanimation cardio-pulmonaire (RCP)

⑥ **Pourquoi faut-il pratiquer immédiatement une réanimation cardio-pulmonaire sur une victime en arrêt cardiaque ?**

☐ **a.** Car les secours ne se déplaceront pas systématiquement
☐ **b.** Car les lésions du cerveau surviennent dès les premières minutes
☐ **c.** Car la victime l'a demandé

⑦ **Laquelle de ces manières ne permet pas d'évaluer l'état de conscience d'une victime ?**

☐ **a.** Lui poser des questions simples (« comment ça va ? », « vous m'entendez ? »)
☐ **b.** Lui demander de se lever
☐ **c.** Lui secouer doucement les épaules
☐ **d.** Lui prendre la main en lui demandant d'exécuter un geste simple (« serrez-moi la main »)

⑧ **À quelle situation correspond la définition suivante : « Le mouvement de l'air entre l'extérieur et les poumons est brutalement empêché » ?**

☐ **a.** Arrêt cardiaque ☐ **b.** Inconscience
☐ **c.** Obstruction des voies aériennes ☐ **d.** Mort

⑨ **Si la victime ne peut plus parler et/ou fait un signe « oui » de la tête et elle ne peut pas crier s'il s'agit d'un enfant, aucun son n'est audible, elle garde la bouche ouverte, elle ne peut pas tousser, elle ne peut pas respirer, elle s'agite, alors l'obstruction des voies aériennes est :**

☐ **a.** totale ☐ **b.** partielle

⑩ **Peut-on faire des compressions abdominales pour une intervention sur un nourrisson ?**

☐ **a.** Oui ☐ **b.** Non

⑪ **En cas d'obstruction des voies aériennes par un corps étranger, si le corps étranger n'est pas expulsé, que dois-je faire ?**

☐ **a.** J'arrête car ça ne sert plus à rien

☐ **b.** Je demande à la victime de le retirer elle-même

☐ **c.** Je continue les techniques de désobstruction jusqu'à la venue des secours

⑫ **Pour une femme enceinte, de quel côté dois-je faire la PLS ?**

☐ **a.** Droit

☐ **b.** Gauche

☐ **c.** N'importe lequel de deux côtés

⑬ **Avec quelle partie de la main se fait le massage cardiaque ?**

☐ **a.** Paume ☐ **b.** Talon

☐ **c.** Poing ☐ **d.** Extrémité des doigts

⑭ **Le massage cardiaque se fait avec une main pour l'adulte :**

☐ **a.** Vrai ☐ **b.** Faux

⑮ **Si je masse sur un plan dur, mon massage cardiaque n'est pas efficace :**

☐ **a.** Vrai ☐ **b.** Faux

⑯ **Je dois réaliser le massage cardiaque de la manière suivante, pour un adulte :**

☐ **a.** 30 compressions thoraciques et 2 insufflations

☐ **b.** 30 compressions abdominales et 2 insufflations

☐ **c.** 30 compressions thoraciques et 2 insufflations précédées de 5 insufflations

⑰ **À combien est le rythme du massage cardiaque ?**

☐ **a.** 100/min ☐ **b.** 110/min ☐ **c.** 120/min

⑱ **En cas de détresse respiratoire, le bouche-à-nez est moins efficace :**

☐ **a.** Vrai ☐ **b.** Faux

⑲ **Lors des insufflations, je dois souffler tout l'air de mes poumons pour le donner à la victime :**

☐ **a.** Vrai ☐ **b.** Faux

⑳ **Si je ne peux pas faire les insufflations, le massage cardiaque ne sert à rien :**

☐ **a.** Vrai ☐ **b.** Faux

Corrigés

1 d. **2** a. **3** c. **4** b. **5** c. **6** b. **7** b. **8** c. **9** a. **10** b.
11 c. **12** b. **13** b. **14** b. **15** b. **16** a. **17** a. **18** b. **19** b. **20** b.

3 Malaises et traumatismes dus à un accident ★★★

① **Pour une victime allongée, pour laquelle on suspecte un traumatisme crânien et/ou du rachis, il est nécessaire de maintenir la tête et le cou en position neutre. Pour cela :**

☐ **a.** on immobilise la tête en exerçant une légère traction

☐ **b.** on immobilise la tête en s'interdisant toute traction

☐ **c.** on n'exerce une traction que le temps de replacer la tête dans l'axe du tronc

② **Le secouriste doit transmettre aux secours médicalisés une description précise des caractéristiques de la brûlure, c'est-à-dire :**

☐ **a.** mécanisme, aspect, localisation

☐ **b.** aspect, douleur, étendue, localisation

☐ **c.** couleur, forme, étendue, profondeur

☐ **d.** gravité, douleur, cause

③ **Quelle est l'affirmation exacte concernant une victime d'une plaie au thorax ?**

☐ **a.** La position assise permet de faciliter la respiration

☐ **b.** Il ne faut jamais protéger la plaie par une compresse

☐ **c.** Il ne faut pas obturer la plaie

☐ **d.** En général, la victime se sent mieux si elle est tournée du côté blessé

④ **Une victime est allongée sur le ventre, j'utilise une technique de retournement en urgence sur le dos afin :**

☐ **a.** de vérifier sa conscience

☐ **b.** d'assurer la libération efficace des voies aériennes et de contrôler la respiration

☐ **c.** de réaliser un bilan approfondi

☐ **d.** aucune des réponses précédentes ne convient

⑤ **Pour préserver un membre ou une autre partie du corps sectionné, vous aurez besoin au minimum :**

☐ **a.** d'un sac plastique avec des glaçons

☐ **b.** d'un sac plastique, d'un linge stérile et de glaçons

☐ **c.** de deux sacs plastiques et de glaçons

☐ **d.** de deux sacs plastiques, d'un linge stérile et de glaçons

⑥ **En cas d'hémorragie avec corps étranger, il faut privilégier la réalisation :**

☐ **a.** d'un point de compression à distance

☐ **b.** d'un garrot

☐ **c.** d'une compression manuelle de part et d'autre de l'objet en rapprochant les berges de la plaie

☐ **d.** d'un pansement

⑦ **Quel comportement ne pas adopter en présence d'une victime qui ne répond pas et ne réagit pas, mais respire ?**

☐ **a.** La placer en position stable sur le côté ou position latérale de sécurité

☐ **b.** Alerter les secours

☐ **c.** Surveiller la respiration de la victime jusqu'à l'arrivée des secours

☐ **d.** Pratiquer un massage cardiaque

⑧ **Comment arrêter une hémorragie ?**

☐ **a.** En appuyant fortement sur l'endroit qui saigne avec les doigts ou avec la paume de la main en mettant un tissu propre sur la plaie

☐ **b.** En attendant que le sang finisse de s'écouler, car l'hémorragie s'arrêtera d'elle-même

☐ **c.** En mettant en pansement

☐ **d.** En plaçant la victime sur le côté droit

⑨ **Si la victime vomit ou crache, doit-on conserver ces substances ?**

☐ **a.** Oui, les secours pourront faire des analyses

☐ **b.** Non, ce n'est pas important pour les secours et cela peut être dangereux pour eux

⑩ **Qu'est-ce qu'un saignement abondant ?**

☐ **a.** Une perte de sang prolongée et abondante

☐ **b.** Une perte de sang qui s'arrête spontanément

☐ **c.** Une perte de sang sans importance

⑪ **Lors d'un saignement abondant, le fait d'allonger la victime est :**

☐ **a.** nécessaire

☐ **b.** interdit

☐ **c.** à l'appréciation du secourisme

☐ **d.** conditionné par la demande préalable de la victime

⑫ **Lors d'un saignement abondant, le fait de donner à boire à la victime est :**

☐ **a.** nécessaire

☐ **b.** interdit

☐ **c.** à l'appréciation du secourisme

☐ **d.** conditionné par la demande préalable de la victime

⑬ **Pour une victime avec un membre traumatisé, de quel côté dois-je faire la PLS ?**

☐ **a.** Du côté atteint

☐ **b.** Du côté non atteint

☐ **c.** N'importe lequel des deux côtés

⑭ **Si la victime présente des signes de vie, est-ce que je dois la mettre en PLS ?**

☐ **a.** Oui ☐ **b.** Non ☐ **c.** Uniquement si la victime me le demande

⑮ **Quelle est la position de repos ?**

☐ **a.** Assise ☐ **b.** Demi-assise ☐ **c.** Allongée ☐ **d.** Debout

⑯ **Je peux donner des médicaments à une victime qui fait un malaise et qui me le demande :**

☐ **a.** Vrai ☐ **b.** Faux

⑰ **Je peux donner du sucre (en morceaux de préférence) à une victime qui fait un malaise et qui me le demande :**

☐ **a.** Vrai ☐ **b.** Faux

⑱ **Que faut-il vérifier si je suis en présence d'une victime avec une plaie grave ?**

☐ **a.** La présence d'un corps étranger ☐ **b.** La forme de la plaie
☐ **c.** Son groupe sanguin ☐ **d.** Ses antécédents

⑲ **Quelle est la position d'attente pour une plaie au thorax ?**

☐ **a.** Assise ☐ **b.** Demi-assise ☐ **c.** Allongée ☐ **d.** Debout

⑳ **Quelle est la position d'attente pour une plaie à l'abdomen ?**

☐ **a.** Assise ☐ **b.** Demi-assise ☐ **c.** Allongée ☐ **d.** Jambes fléchies

Corrigés

❶ b. ❷ b. ❸ a. ❹ b. ❺ d. ❻ a. ❼ d. ❽ a. ❾ a. ❿ a.
⓫ a. ⓬ b. ⓭ a. ⓮ a. ⓯ c. ⓰ a. ⓱ a. ⓲ a. ⓳ a. ⓴ d.

QCM DE CULTURE NUMÉRIQUE

7 minutes

1 Connaissances de base

★★☆

① **Un logiciel libre est :**

☐ **a.** gratuit ☐ **b.** piraté ☐ **c.** payant ☐ **d.** interdit

② **La touche F10 est une touche de :**

☐ **a.** texte ☐ **b.** chiffre ☐ **c.** dessin ☐ **d.** fonction

③ **La longue barre horizontale en bas du clavier sert à :**

☐ **a.** valider ☐ **b.** marquer un espace
☐ **c.** éteindre l'ordinateur ☐ **d.** allumer l'ordinateur

④ **Sur un ordinateur portable, quel équipement peut ne pas exister ?**

☐ **a.** L'écran ☐ **b.** La souris
☐ **c.** L'alimentation ☐ **d.** Le microprocesseur

⑤ **Après le démarrage de l'ordinateur, les fonctions, dossiers et logiciels affichés en fond d'écran sont appelés :**

☐ **a.** le swap ☐ **b.** l'Ethernet ☐ **c.** le bureau ☐ **d.** le mobile

⑥ **Un dossier supprimé sur un ordinateur ira :**

☐ **a.** dans la matrice ☐ **b.** dans la corbeille
☐ **c.** dans le logiciel ☐ **d.** dans la carte mère

⑦ **Le raccourci avec les touches « Ctrl » et « C » permet de :**

☐ **a.** supprimer ☐ **b.** coller ☐ **c.** copier ☐ **d.** transférer

⑧ **Le logiciel Word est un logiciel :**

☐ **a.** de traitement de texte ☐ **b.** de dessin
☐ **c.** de tableur ☐ **d.** de jeu

⑨ **Google Chrome, Firefox et Internet Explorer sont des :**

☐ **a.** ordinateurs ☐ **b.** navigateurs
☐ **c.** virus ☐ **d.** imprimantes

⑩ **Le terme français pour un « mail » est :**

☐ **a.** un moniteur ☐ **b.** un modérateur
☐ **c.** un courriel ☐ **d.** un dispositif mobile

⑪ **Quel est le périphérique amovible de stockage permettant de transférer ou de récupérer très facilement des données sur un appareil comportant un port adapté ?**

☐ **a.** Une clé USB ☐ **b.** Un cube TICE
☐ **c.** Un hardware ☐ **d.** Un MOOC

⑫ **À quoi sert un « cookie » ?**

☐ **a.** Il permet de collecter et conserver les données de session des internautes
☐ **b.** Il permet d'évaluer le trafic d'un site Web au cours d'un mois
☐ **c.** Il permet de conserver les commentaires des internautes

⑬ **Qu'est-ce que le « cloud » ?**

☐ **a.** Une plate-forme de rencontres en ligne
☐ **b.** Une activité des moteurs de recherche
☐ **c.** Un espace de stockage en ligne
☐ **d.** Une réglementation de protection des données

⑭ **Qu'est-ce qu'un fichier « .avi » ?**

☐ **a.** Un format de fichiers vidéo ☐ **b.** Un format de fichiers d'image
☐ **c.** Un format de fichiers sons ☐ **d.** Un fichier sécurisé

⑮ **Que signifie le sigle www ?**

☐ **a.** War Wide Wanadoo ☐ **b.** World Wide Web ☐ **c.** World Wild White

⑯ **Parmi ces entreprises, laquelle fait partie des GAFAM ?**

☐ **a.** Amazon ☐ **b.** General Electrics ☐ **c.** Alibaba

⑰ **Quel est le nom du plus petit élément graphique d'une image visualisée à l'écran d'un ordinateur ?**

☐ **a.** Le point ☐ **b.** Le pixel ☐ **c.** Le pitch

⑱ **Qu'est-ce que « Ubuntu » ?**

☐ **a.** Un système d'exploitation basé sur Linux ☐ **b.** Un langage informatique
☐ **c.** Un explorateur Internet ☐ **d.** Une marque de smartphone

⑲ **Qu'est-ce que le « Wifi » ?**

- ☐ **a.** Une norme pour le son numérique haute définition
- ☐ **b.** Un réseau câblé
- ☐ **c.** Un réseau sans fil
- ☐ **d.** Un réseau social

⑳ **Lequel de ces dispositifs ne permet pas la sauvegarde de données ?**

- ☐ **a.** Un scanner
- ☐ **b.** Une clé USB
- ☐ **c.** Un disque dur externe

Corrigés

1 a.	2 d.	3 b.	4 b.	5 c.	6 b.	7 c.	8 a.	9 b.	10 c.
11 a.	12 a.	13 c.	14 a.	15 b.	16 a.	17 b.	18 a.	19 c.	20 a.

2 Les principes de la sécurité informatique ★★★

① **Un cheval de Troie est :**

- ☐ **a.** un ordinateur très puissant
- ☐ **b.** un nouveau type de souris
- ☐ **c.** un logiciel malveillant
- ☐ **d.** un jeu informatique

② **Un mot de passe devrait idéalement être modifié pour chaque site Internet :**

- ☐ **a.** Vrai
- ☐ **b.** Faux

③ **De manière générale, les smartphones sont bien sécurisés :**

- ☐ **a.** Vrai
- ☐ **b.** Faux

④ **Un hacker est :**

- ☐ **a.** un pirate informatique
- ☐ **b.** un logiciel spécialisé
- ☐ **c.** un clavier virtuel

⑤ **La conservation des données personnelles informatiques d'un utilisateur implique de sa part :**

- ☐ **a.** des piratages
- ☐ **b.** des forwards
- ☐ **c.** des sauvegardes

⑥ **Une connexion est sécurisée par :**

- ☐ **a.** réciprocité de la confiance entre utilisateurs
- ☐ **b.** login et mot de passe
- ☐ **c.** échanges de courriels
- ☐ **d.** amitiés sur les réseaux sociaux

⑦ **Le darknet suppose :**

- ☐ **a.** de s'identifier par son propre nom
- ☐ **b.** de rester anonyme
- ☐ **c.** de communiquer avec les gouvernements

⑧ **Pour être fiable, un ordinateur doit faire l'objet de mises à jour :**

☐ **a.** régulières ☐ **b.** interdites

☐ **c.** annuelles ☐ **d.** uniquement s'il est revendu

⑨ **Formater une clé USB conduira à :**

☐ **a.** supprimer les données

☐ **b.** la détruire

☐ **c.** rendre impossible sa réutilisation

⑩ **Il est possible de se connecter de manière filaire à Internet *via* :**

☐ **a.** un port Ethernet ☐ **b.** un port VGA ☐ **c.** une prise jack

⑪ **Que fait un « ransomware » (rançongiciel) ?**

☐ **a.** Il se diffuse auprès de tous vos contacts

☐ **b.** Il bloque l'accès à vos fichiers et dossiers

☐ **c.** Il efface toutes les données personnelles sur un ordinateur

⑫ **Qu'est-ce que l'ANSSI ?**

☐ **a.** Une agence à compétence nationale en matière de sécurité des systèmes d'information

☐ **b.** Une agence nationale en matière de sécurité incendie informatique

☐ **c.** Une association nationale de protection et de défense des ingénieurs informatiques

⑬ **Que signifie l'acronyme « CNIL » ?**

☐ **a.** Commission numérique de l'informatique et des libertés

☐ **b.** Commission nationale de l'informatique et des lois

☐ **c.** Commission nationale de l'informatique et des libertés

⑭ **Qu'est-ce que « Wannacry » ?**

☐ **a.** Le nom d'un groupe de hackers

☐ **b.** Une plate-forme de données de formation basée sur l'intelligence artificielle

☐ **c.** Une vaste attaque informatique

⑮ **Le pishing est :**

☐ **a.** une démarche commerciale

☐ **b.** une technique d'escroquerie visant à récupérer des données confidentielles

☐ **c.** un regroupement de sites de même nature

⑯ **Chiffrement est synonyme de :**

☐ **a.** caractère public de données ☐ **b.** cryptage ☐ **c.** piratage

⑰ **Tous les ordinateurs naviguant sur Internet peuvent être identifiés par :**

☐ **a.** leur marque ☐ **b.** leur système d'exploitation

☐ **c.** l'adresse mail de son propriétaire ☐ **d.** leur adresse IP

⑱ **Qu'est-ce qu'un login ?**

☐ **a.** Une procédure d'enregistrement d'un utilisateur

☐ **b.** Un gestionnaire de mots de passe

☐ **c.** Un logiciel de cryptographie

⑲ **Le synonyme de cheval de Troie informatique est :**

☐ **a.** Trojan ☐ **b.** Mejan ☐ **c.** Bijam ☐ **d.** Mejam

⑳ **Les règles de sécurité informatique s'appliquent également aux tablettes et aux smartphones :**

☐ **a.** Vra ☐ **b.** Faux

Corrigés

1 c.	2 a.	3 b.	4 a.	5 c.	6 b.	7 b.	8 a.	9 a.	10 a.
11 b.	12 a.	13 c.	14 a.	15 b.	16	17 d.	18 a.	19 a.	20 a.

3 Précautions à prendre pour l'usage d'Internet et des réseaux sociaux

★★☆

① **Les réseaux sociaux relèvent strictement de la vie privée pour un gendarme :**

☐ **a.** Vrai ☐ **b.** Faux

② **Il est recommandé sur Facebook de privilégier une forme d'anonymat :**

☐ **a.** Vrai ☐ **b.** Faux

③ **L'autorité administrative indépendante dont la mission est notamment de veiller au respect des libertés individuelles en matière d'informatique est :**

☐ **a.** le Défenseur des droits ☐ **b.** la CNIL

☐ **c.** l'AMF ☐ **d.** l'ARCEP

④ **Un utilisateur de réseaux sociaux doit être vigilant quant à ses :**

☐ **a.** paramètres de confidentialité ☐ **b.** paramètres de jeu

☐ **c.** paramètres d'affichage ☐ **d.** paramètres monétaires

⑤ **Instagram est un réseau social basé essentiellement sur la mise en ligne de :**

☐ **a.** textes ☐ **b.** poésies ☐ **c.** photos

⑥ **La figure emblématique de Facebook est :**

☐ **a.** Steve Jobs ☐ **b.** Bill Gates

☐ **c.** Mark Zuckerberg ☐ **d.** Jeff Bezos

⑦ **TikTok est un réseau social et de partage de vidéos d'origine :**

☐ **a.** russe ☐ **b.** américaine ☐ **c.** chinoise ☐ **d.** israélienne

⑧ **Une fausse information parue sur Internet est un :**

☐ **a.** hoax ☐ **b.** virus ☐ **c.** mark

⑨ **Il est recommandé pour un gendarme d'avoir une photo de profil sur les réseaux sociaux en tenue d'uniforme :**

☐ **a.** Vrai ☐ **b.** Faux

⑩ **Twitter est un réseau social basé essentiellement sur la publication de :**

☐ **a.** photographies ☐ **b.** textes brefs
☐ **c.** dessins ☐ **d.** vidéos

⑪ **Un lien hypertexte renvoie vers une page Internet :**

☐ **a.** Vrai ☐ **b.** Faux

⑫ **Une newsletter est :**

☐ **a.** un logiciel informatique
☐ **b.** une adresse électronique
☐ **c.** une lettre d'information reçue par messagerie électronique
☐ **d.** un système de cryptage

⑬ **Le signe arobase est utilisé systématiquement :**

☐ **a.** pour le dessin ☐ **b.** pour un calcul informatique
☐ **c.** pour une adresse mail ☐ **d.** pour un traitement de texte

⑭ **Julian Assange est lié à :**

☐ **a.** Wikipédia ☐ **b.** WikiLeaks ☐ **c.** Microsoft ☐ **d.** Apple

⑮ **AZERTY est :**

☐ **a.** un jeu informatique ☐ **b.** un virus
☐ **c.** l'ordre des lettres du clavier ☐ **d.** un malware

⑯ **Une personne très amatrice de nouvelles technologies est :**

☐ **a.** un hipster ☐ **b.** un geek ☐ **c.** un spam ☐ **d.** un square

⑰ **Un espace de discussion instantané sur Internet est un :**

☐ **a.** spam ☐ **b.** cloud ☐ **c.** chat ☐ **d.** ring

⑱ **La critique de sa hiérarchie par un gendarme sur les réseaux sociaux est :**

☐ **a.** autorisée ☐ **b.** interdite

⑲ **Un hashtag a pour but :**

☐ **a.** de faciliter le référencement à partir d'un mot-clé
☐ **b.** de mémoriser un dossier
☐ **c.** d'indiquer une adresse électronique
☐ **d.** de transférer un fichier

⑳ **Le réseau social TikTok est basé sur :**

☐ **a.** des images ☐ **b.** des vidéos
☐ **c.** des dessins animés ☐ **d.** de la musique

Corrigés

1 b.	2 a.	3 b.	4 a.	5 c.	6 c.	7 c.	8 a.	9 b.	10 b.
11 a.	12 c.	13 c.	14 b.	15 c.	16 b.	17 c.	18 b.	19 a.	20 b.

QCM D'ENVIRONNEMENT

7 minutes

1 Les questions énergétiques

★☆☆

① **Le kérosène est un carburant d'origine :**

☐ **a.** renouvelable ☐ **b.** fossile ☐ **c.** animale

② **En France, la majorité de l'électricité est produite par :**

☐ **a.** le solaire ☐ **b.** l'éolien ☐ **c.** les centrales nucléaires

③ **Le pétrole est une énergie :**

☐ **a.** fossile ☐ **b.** verte ☐ **c.** renouvelable

④ **Les moteurs diesel sont des moteurs :**

☐ **a.** électriques ☐ **b.** thermiques ☐ **c.** à explosion

⑤ **La biomasse est fondée sur :**

☐ **a.** le vent ☐ **b.** les matières végétales et animales ☐ **c.** le soleil

⑥ **La biomasse est issue de :**

☐ **a.** la combustion et la méthanisation
☐ **b.** l'énergie hydraulique
☐ **c.** la force motrice

⑦ **Dans les transports, la forme d'énergie la plus utilisée est d'origine :**

☐ **a.** renouvelable ☐ **b.** fossile ☐ **c.** électrique

⑧ **Le diester est un carburant qui trouve son origine dans :**

☐ **a.** les graisses animales ☐ **b.** le pétrole ☐ **c.** l'huile végétale

⑨ **Un bateau à voile se déplace grâce à l'énergie :**

☐ **a.** fossile ☐ **b.** éolienne ☐ **c.** musculaire

⑩ **La géothermie est une énergie renouvelable :**

☐ **a.** Vrai ☐ **b.** Faux

⑪ **L'électricité produite par les centrales nucléaires est une énergie renouvelable :**

☐ **a.** Vrai ☐ **b.** Faux

⑫ **L'électricité produite par les panneaux solaires est une énergie renouvelable :**

☐ **a.** Vrai ☐ **b.** Faux

⑬ **L'énergie libérée par la fission des atomes est :**

☐ **a.** l'énergie nucléaire ☐ **b.** l'énergie lumineuse ☐ **c.** l'énergie atomique

⑭ **Une cellule photovoltaïque convertit le rayonnement du soleil en :**

☐ **a.** chaleur ☐ **b.** froid ☐ **c.** électricité

⑮ **Trouvez l'intrus :**

☐ **a.** Géothermie ☐ **b.** Fossile ☐ **c.** Éolienne

⑯ **Le charbon est une énergie :**

☐ **a.** électrique ☐ **b.** renouvelable ☐ **c.** fossile

⑰ **En France, quel est le secteur qui consomme le plus d'énergie ?**

☐ **a.** L'industrie ☐ **b.** L'agriculture
☐ **c.** Les transports ☐ **d.** L'habitat

⑱ **Quelle plante permet de faire du biocarburant ?**

☐ **a.** Le blé ☐ **b.** Le colza ☐ **c.** La lavande

⑲ **Un véhicule hybride peut fonctionner :**

☐ **a.** avec de l'essence
☐ **b.** avec de l'électricité
☐ **c.** avec de l'essence et de l'électricité

⑳ **L'énergie du soleil peut apporter de l'énergie sous forme :**

☐ **a.** de chaleur
☐ **b.** d'électricité
☐ **c.** de chaleur et d'électricité

Corrigés

❶ b. ❷ c. ❸ a. ❹ b. ❺ b. ❻ a. ❼ b. ❽ c. ❾ b. ❿ a.
⓫ b. ⓬ a. ⓭ a. ⓮ c. ⓯ b. ⓰ c. ⓱ d. ⓲ b. ⓳ c. ⓴ c.

2 Les changements climatiques et les catastrophes naturelles ★★☆

① Le climat de la planète a-t-il changé au cours du xxe siècle ?

☐ **a.** Oui, la température de l'air à la surface de la planète s'est élevée

☐ **b.** Non, la température de l'air à la surface de la planète est restée stable

☐ **c.** On ne sait pas

② Que sont les « gaz à effet de serre » ?

☐ **a.** Les gaz utilisés dans les serres agricoles

☐ **b.** Les gaz qui captent les rayons du soleil et qui empêchent ces derniers d'atteindre la surface de la Terre

☐ **c.** Les gaz dans l'atmosphère ayant la propriété d'empêcher la chaleur, que la Terre reçoit du Soleil, de repartir trop vite vers l'espace

③ Le changement climatique actuel est un phénomène correspondant à l'augmentation de la température moyenne des océans uniquement :

☐ **a.** Vrai ☐ **b.** Faux

④ Les coulées de lave des volcans proviennent :

☐ **a.** de magmas visqueux

☐ **b.** de magmas fluides

☐ **c.** à la fois de magmas fluides et de magmas visqueux

⑤ Selon le consensus scientifique, quelle est la principale cause du réchauffement du climat de la planète ?

☐ **a.** Le Soleil

☐ **b.** L'augmentation des quantités de gaz à effet de serre (GES)

☐ **c.** L'évaporation de l'eau

⑥ Les principales zones à risques volcaniques en France sont :

☐ **a.** les Antilles ☐ **b.** le Massif central ☐ **c.** la Bretagne

⑦ Un séisme est produit par la rupture de roche en profondeur. Le point de rupture se nomme :

☐ **a.** épicentre ☐ **b.** noyau ☐ **c.** faille

⑧ Les climats varient naturellement à l'échelle des temps géologiques entre période glaciaire et réchauffement de la planète :

☐ **a.** Vrai ☐ **b.** Faux

⑨ Au cours des dernières décennies, les glaciers de montagne ont eu tendance à :

☐ **a.** s'étendre ☐ **b.** diminuer ☐ **c.** rester stables

⑩ Un amas de glaces flottantes formant un immense banc est :

☐ **a.** une moraine ☐ **b.** un glacier ☐ **c.** une banquise

⑪ **Le changement climatique actuel se serait produit à l'identique même sans aucun être humain présent sur Terre :**

☐ **a.** Vrai ☐ **b.** Faux

⑫ **Les explosions volcaniques avec projections de matériaux proviennent :**

☐ **a.** de magmas visqueux

☐ **b.** de magmas fluides

☐ **c.** à la fois de magmas fluides et de magmas visqueux

⑬ **Le méthane est un gaz :**

☐ **a.** inerte ☐ **b.** à effet de serre ☐ **c.** rare

⑭ **Qu'est-ce qu'un risque naturel ?**

☐ **a.** Un phénomène naturel représentant un danger pour les hommes

☐ **b.** Un phénomène humain représentant un danger pour les hommes

☐ **c.** Un phénomène humain représentant un danger pour la nature

⑮ **Un tsunami est :**

☐ **a.** une crue ☐ **b.** un raz-de-marée ☐ **c.** un ouragan

⑯ **Il est possible d'observer des hivers plus froids malgré le changement global du climat actuel :**

☐ **a.** Vrai ☐ **b.** Faux

⑰ **Par quoi est provoqué un tsunami ?**

☐ **a.** Un séisme sous-marin

☐ **b.** Deux plaques tectoniques qui se rencontrent

☐ **c.** Un séisme terrestre

⑱ **Séisme est synonyme de :**

☐ **a.** crue ☐ **b.** tremblement de terre ☐ **c.** ouragan

⑲ **Lequel de ces phénomènes naturels a une origine atmosphérique ?**

☐ **a.** Un séisme ☐ **b.** Un cyclone ☐ **c.** Un glissement de terrain

⑳ **L'effet de serre est un phénomène naturel sans lequel la température moyenne à la surface de la Terre serait bien inférieure à 0 °C :**

☐ **a.** Vrai ☐ **b.** Faux

Corrigés

❶ a. ❷ c. ❸ b. ❹ b. ❺ b. ❻ a. ❼ a. ❽ a. ❾ b. ❿ c.
⓫ b. ⓬ a. ⓭ b. ⓮ a. ⓯ b. ⓰ a. ⓱ a. ⓲ b. ⓳ b. ⓴ a.

3 La protection de l'environnement ★★☆

① **Un milieu dans lequel les êtres vivants ont leur cycle de vie et des relations entre eux est :**

☐ **a.** une biomasse ☐ **b.** un écosystème ☐ **c.** une entropie

② **Quel pourcentage représente l'eau douce sur le total d'eau disponible sur Terre ?**

☐ **a.** 3 % ☐ **b.** 10 % ☐ **c.** 30 %

③ **Le compostage est effectué avec des déchets :**

☐ **a.** organiques ☐ **b.** industriels ☐ **c.** médicaux

④ **Le recyclage du papier permet d'économiser principalement :**

☐ **a.** de l'électricité ☐ **b.** de l'eau ☐ **c.** du charbon

⑤ **La biodiversité concerne :**

☐ **a.** les espèces animales
☐ **b.** les espèces végétales
☐ **c.** les espèces animales et les espèces végétales

⑥ **La biodiversité a tendance à :**

☐ **a.** rester stable ☐ **b.** s'appauvrir ☐ **c.** augmenter

⑦ **La biodiversité peut également être menacée par la sélection naturelle entre espèces :**

☐ **a.** Vrai ☐ **b.** Faux

⑧ **Combien de fois peut-on recycler une feuille de papier ?**

☐ **a.** 5 fois ☐ **b.** 15 fois ☐ **c.** 50 fois

⑨ **Quelle est la matière première du papier ?**

☐ **a.** Le coton ☐ **b.** Le lin ☐ **c.** Le bois

⑩ **Le plastique est issu :**

☐ **a.** du charbon ☐ **b.** du pétrole ☐ **c.** de la houille

⑪ **Un matériau plastique peut se recycler indéfiniment :**

☐ **a.** Vrai ☐ **b.** Faux

⑫ **L'incinération des déchets peut permettre de produire du chauffage :**

☐ **a.** Vrai ☐ **b.** Faux

⑬ **Une espèce est :**

☐ **a.** un groupe d'individus qui se ressemblent
☐ **b.** une population dont les individus se reproduisent entre eux
☐ **c.** une population pouvant se mélanger génétiquement avec d'autres

⑭ **L'aridité est synonyme :**

☐ **a.** de sécheresse ☐ **b.** d'hydratation ☐ **c.** de croissance

⑮ **Le verre est un déchet biodégradable :**

☐ **a.** Vrai ☐ **b.** Faux

⑯ **La masse totale des êtres vivants, animaux, champignons, bactéries et végétaux d'un écosystème est :**

☐ **a.** l'entropie ☐ **b.** l'écosystème ☐ **c.** la biomasse

⑰ **Le taux obtenu en rapportant les besoins en eau aux ressources disponibles permet d'indiquer :**

☐ **a.** la pluviométrie ☐ **b.** l'hydrologie ☐ **c.** le stress hydrique

⑱ **La consommation d'eau insalubre est :**

☐ **a.** la première cause de mortalité infantile dans le monde

☐ **b.** la deuxième cause de mortalité infantile dans le monde

☐ **c.** la troisième cause de mortalité infantile dans le monde

⑲ **En France, les emballages représentent :**

☐ **a.** 30 % des déchets ménagers

☐ **b.** 40 % des déchets ménagers

☐ **c.** 50 % des déchets ménagers

⑳ **Un vêtement en matière polaire est élaboré à partir :**

☐ **a.** de coton ☐ **b.** de plastique ☐ **c.** de plantes nordiques

Corrigés

1 b.	2 a.	3 a.	4 b.	5 c.	6 b.	7 a.	8 b.	9 c.	10 b.
11 b.	12 a.	13 b.	14 a.	15 b.	16 c.	17 c.	18 a.	19 c.	20 b.

SUJETS BLANCS CORRIGÉS

SUJET N° 1 ★★★ CONNAISSANCES GÉNÉRALES — 15 minutes

1 Questions

① **Que commémore-t-on le 8 mai ?**

☐ **a.** La victoire de la Seconde Guerre mondiale en 1945
☐ **b.** L'armistice de la Première Guerre mondiale en 1918
☐ **c.** La fin de la guerre d'Algérie en 1962

② **La première Constitution de la France date de :**

☐ **a.** 1958 ☐ **b.** 1 789 ☐ **c.** 1791

③ **Le roi Louis XVI a été guillotiné en :**

☐ **a.** 1 789 ☐ **b.** 1793 ☐ **c.** 1870

④ **L'Assemblée nationale exerce seule le pouvoir législatif :**

☐ **a.** Vrai ☐ **b.** Faux

⑤ **En 2024, nous sommes sous le régime de la :**

☐ **a.** Ve République ☐ **b.** VIe République ☐ **c.** IVe République

⑥ ***La Marseillaise* est devenue officiellement l'hymne national de la France :**

☐ **a.** en 1 789 ☐ **b.** en 1791 ☐ **c.** en 1879

⑦ **Que représente la couleur blanche dans le drapeau français ?**

☐ **a.** Le symbole de la liberté
☐ **b.** La monarchie
☐ **c.** La ville de Paris

⑧ **Qu'est-ce qu'un référendum ?**

☐ **a.** Un vote qui permet de consulter directement le peuple
☐ **b.** Un vote des sénateurs
☐ **c.** Un décret pris en Conseil d'État

⑨ **Jacques Delors a été président du Sénat :**

☐ **a.** Vrai ☐ **b.** Faux

⑩ **Qu'est-ce que le programme Erasmus ?**

☐ **a.** Un échange d'étudiants et d'enseignants dans le monde entier
☐ **b.** Un diplôme universitaire
☐ **c.** Un système d'inscriptions en ligne pour les étudiants français

⑪ Le désert de Gobi se trouve :

- ☐ **a.** Dans le nord de la Chine ☐ **b.** Au sud de l'Algérie ☐ **c.** En Égypte

⑫ Quel est le plus vaste estuaire de l'Europe ?

- ☐ **a.** La Rance ☐ **b.** La Loire ☐ **c.** La Gironde

⑬ Qu'est-ce qui caractérise le phénomène climatique appelé El Niño ?

- ☐ **a.** Des températures anormalement élevées
- ☐ **b.** Une période de mousson en Inde
- ☐ **c.** Un refroidissement du Gulf Stream

⑭ Quelle est la capitale de la Suisse ?

- ☐ **a.** Genève ☐ **b.** Lausanne ☐ **c.** Berne

⑮ Où est situé Wallis-et-Futuna ?

- ☐ **a.** Dans les Caraïbes ☐ **b.** Dans le Pacifique sud ☐ **c.** Au large du Canada

⑯ Quelle est la proportion de la population française vivant en zone rurale en 2023 ?

- ☐ **a.** Environ 32 % ☐ **b.** Environ 18 % ☐ **c.** Environ 50 %

⑰ Mayotte est devenue un département français.

- ☐ **a.** Vrai ☐ **b.** Faux

⑱ Quel est le premier bassin d'emploi dans l'aéronautique ?

- ☐ **a.** La région Île-de-France
- ☐ **b.** La région Occitanie
- ☐ **c.** La région Auvergne-Rhône-Alpes

⑲ Où se trouve la Banque centrale européenne ?

- ☐ **a.** En Allemagne ☐ **b.** En Suisse ☐ **c.** Aux Pays-Bas

⑳ La région Hauts-de-France est la nouvelle dénomination des anciennes régions Nord-Pas-de-Calais et Picardie :

- ☐ **a.** Vrai ☐ **b.** Faux

㉑ Pendant la Seconde Guerre mondiale, qu'appelait-on l'Axe ?

- ☐ **a.** La coalition entre l'Allemagne, l'Italie et leurs alliés
- ☐ **b.** Le pacte germano-soviétique
- ☐ **c.** Le soutien des États-Unis

㉒ La population des territoires ultramarins français s'élève à environ en 2023 :

- ☐ **a.** 4 millions d'habitants
- ☐ **b.** 2,830 000 millions d'habitants
- ☐ **c.** 3,100 000 millions d'habitants

㉓ La Russie devient un État fédéral et prend le nom d'URSS en :

- ☐ **a.** 1917
- ☐ **b.** 1922
- ☐ **c.** 1933

24 **Qu'est-ce que le Goulag ?**

☐ **a.** La police politique de l'URSS
☐ **b.** Les services secrets de l'URSS
☐ **c.** Des camps de travail forcé pour dissidents en URSS

25 **Les dates de la bataille de Verdun pendant la Première Guerre mondiale sont :**

☐ **a.** De février 1916 à décembre 1916
☐ **b.** D'août 1914 à décembre 1914
☐ **c.** De juillet à novembre 1918

26 **Lors de la Première Guerre mondiale, la France a perdu 1,4 million de soldats.**

☐ **a.** Vrai ☐ **b.** Faux

27 **Qui était Winston Churchill ?**

☐ **a.** Un homme d'État britannique
☐ **b.** Un écrivain américain
☐ **c.** Un président des États-Unis

28 **Qu'appelle-t-on les Trente Glorieuses ?**

☐ **a.** Une période de paix au XXe siècle
☐ **b.** Une période de croissance économique en France et en Europe
☐ **c.** Une période de décolonisation en Afrique de l'Ouest

29 **Le premier choc pétrolier débute en 1973 :**

☐ **a.** Vrai ☐ **b.** Faux

30 **Qu'a-t-on appelé le « rideau de fer » ?**

☐ **a.** La frontière entre l'URSS et la Finlande
☐ **b.** La séparation entre l'Europe occidentale et la zone d'influence soviétique
☐ **c.** Le mur entre le Mexique et les États-Unis

31 **Qu'est-ce qu'un fichier exécutable ?**

☐ **a.** Un fichier qui contient uniquement du texte
☐ **b.** Un fichier qui contient des instructions qu'un ordinateur peut exécuter
☐ **c.** Un fichier qui ne peut être ouvert que par un logiciel spécifique

32 **Quelle est la fonction principale d'un tableur comme Microsoft Excel ?**

☐ **a.** Effectuer des calculs et organiser des données en tableaux
☐ **b.** Créer des présentations visuelles
☐ **c.** Éditer des documents textuels

33 **Que signifie l'acronyme "URL" ?**

☐ **a.** Uniform Resource Locator
☐ **b.** Unified Resource Language
☐ **c.** Universal Retrieval Link

34 Qu'est-ce qu'un mot de passe fort?

☐ **a.** Un mot de passe qui contient uniquement des lettres

☐ **b.** Un mot de passe très long, même s'il ne contient que des chiffres

☐ **c.** Un mot de passe composé de lettres majuscules et minuscules, de chiffres et de caractères spéciaux

35 Que faut-il faire pour protéger son ordinateur contre les virus ?

☐ **a.** Éviter d'utiliser Internet

☐ **b.** Installer et mettre à jour régulièrement un logiciel antivirus

☐ **c.** Ne jamais ouvrir de fichiers texte

36 Quel est le rôle des cookies sur un site web ?

☐ **a.** Suivre et stocker des informations sur les activités de navigation de l'utilisateur

☐ **b.** Améliorer la vitesse de chargement du site web

☐ **c.** Bloquer les publicités indésirables

37 Que signifie le terme *phishing* ?

☐ **a.** Une technique utilisée pour tromper les utilisateurs et obtenir des informations confidentielles

☐ **b.** Un type de logiciel antivirus

☐ **c.** Une méthode de compression de fichiers

38 Que doit-on faire pour sécuriser ses comptes en ligne ?

☐ **a.** Utiliser le même mot de passe pour tous les comptes

☐ **b.** Activer l'authentification à deux facteurs

☐ **c.** Partager son mot de passe uniquement avec des amis proches

39 Que devez-vous faire en premier lieu en arrivant sur les lieux d'un accident

☐ **a.** Appeler immédiatement les secours

☐ **b.** Commencer à administrer les premiers soins

☐ **c.** Sécuriser la zone pour éviter d'autres accidents

40 Quel est le rythme recommandé pour effectuer des compressions thoraciques lors d'une réanimation cardio-pulmonaire chez un adulte ?

☐ **a.** 60 compressions par minute

☐ **b.** 100 à 120 compressions par minute

☐ **c.** 140 à 160 compressions par minute

41 En cas de brûlure thermique, que faut-il faire immédiatement ?

☐ **a.** Appliquer une pommade sur la brûlure

☐ **b.** Passer la zone brûlée sous l'eau froide pendant au moins 10 minutes

☐ **c.** Recouvrir la brûlure avec un tissu sec et propre

42 Lors d'une obstruction des voies aériennes chez un adulte conscient, que faut-il faire si la personne ne peut ni parler, ni tousser, ni respirer ?

☐ **a.** Pratiquer des claques dans le dos suivies de compressions abdominales (manœuvre de Heimlich)

☐ **b.** Attendre que la personne reprenne son souffle

☐ **c.** Donner à boire à la personne pour dégager la gorge

43 Quelle est la position correcte à adopter pour une personne inconsciente qui respire ?

☐ **a.** La position assise avec le dos droit

☐ **b.** La position sur le dos, les jambes surélevées

☐ **c.** La position latérale de sécurité (PLS)

44 Que faire en cas de saignement abondant ?

☐ **a.** Exercer une pression directe sur la plaie avec un tissu propre

☐ **b.** Mettre de la glace sur la plaie

☐ **c.** Donner un verre d'eau à la victime

45 Comment réagir en cas de suspicion d'arrêt cardiaque ?

☐ **a.** Appeler les secours et commencer immédiatement la réanimation cardio-pulmonaire

☐ **b.** Attendre l'arrivée des secours sans rien faire

☐ **c.** Administrer un médicament que la personne pourrait avoir

46 Quel est le principal gaz responsable de l'effet de serre ?

☐ **a.** Le dioxyde de carbone (CO_2) ☐ **b.** L'oxygène (O_2) ☐ **c.** L'azote (N_2)

47 Quelle est la principale cause de la déforestation ?

☐ **a.** La plantation d'arbres pour reboiser les forêts

☐ **b.** L'agriculture intensive et l'exploitation forestière

☐ **c.** La conservation des parcs nationaux

48 Que signifie le terme « biodiversité » ?

☐ **a.** La variété des espèces vivantes dans un environnement donné

☐ **b.** La pollution des océans ☐ **c.** La diversité des climats sur Terre

49 Quel est l'impact principal de la surpêche sur les océans ?

☐ **a.** La diminution des populations de poissons et la perturbation des écosystèmes marins

☐ **b.** L'augmentation de la pollution plastique

☐ **c.** La réduction des marées

50 Quelle est l'énergie renouvelable qui utilise le vent pour produire de l'électricité ?

☐ **a.** L'énergie solaire ☐ **b.** L'énergie éolienne ☐ **c.** L'énergie hydraulique

2 Corrigés

1	a.	2	c.	3	b.	4	b.	5	a.	6	c.	7	b.	8	a.	9	b.	10	a.
11	a.	12	c.	13	a.	14	c.	15	b.	16	a.	17	a.	18	b.	19	a.	20	a.
21	a.	22	b.	23	b.	24	c.	25	a.	26	a.	27	a.	28	b.	29	a.	30	b.
31	b.	32	a.	33	a.	34	c.	35	b.	36	a.	37	a.	38	b.	39	c.	40	b.
41	b.	42	a.	43	c.	44	a.	45	a.	46	a.	47	b.	48	a.	49	a.	50	b.

1 Questions

① **Le panthéon dans la Rome antique était :**

☐ **a.** un lieu dédié aux dieux
☐ **b.** un lieu de réunion des notables romains
☐ **c.** un amphithéâtre

② **Quelle l'île est divisée entre la France et les Pays-Bas ?**

☐ **a.** Saint-Martin ☐ **b.** Saint Barthélemy ☐ **c.** La Dominique

③ **Le mandat présidentiel français est passé de 7 ans à 5 ans en :**

☐ **a.** 2002 ☐ **b.** 2000 ☐ **c.** 1999

④ **Si la victime :**
- parle ou crie (s'il s'agit d'un enfant) et peut répondre « Oui, je m'étouffe ! » ou bien « J'ai avalé de travers ! »,
- tousse vigoureusement,
- respire avec parfois un bruit surajouté,
alors l'obstruction des voies aériennes est :

☐ **a.** partielle ☐ **b.** totale

⑤ **De manière familière, la bécane désigne :**

☐ **a.** un informaticien ☐ **b.** une société informatique
☐ **c.** un ordinateur ☐ **d.** un clavier

⑥ **Qu'est-ce que la Torah ?**

☐ **a.** Un livre sacré égyptien
☐ **b.** Le livre sacré des Tibétains
☐ **c.** Le livre contenant l'enseignement divin de la tradition juive

⑦ **En 2022, la population mondiale s'élève à :**

☐ **a.** 8 milliards d'individus ☐ **b.** 6 milliards d'individus ☐ **c.** 5,5 milliards d'individus

⑧ **En cas de vacance du pouvoir présidentiel, qui serait en capacité d'assurer l'intérim ?**

☐ **a.** Le premier ministre
☐ **b.** Le président du Sénat
☐ **c.** Le président de l'Assemblée nationale

⑨ **Une erreur de programmation est :**

☐ **a.** un bog ☐ **b.** un bug
☐ **c.** un brouteur ☐ **d.** un binaire

⑩ **Comment appelle-t-on les gros déchets comme les réfrigérateurs, les cuisinières et les téléviseurs ?**

☐ **a.** Des monstres ☐ **b.** Des engins ☐ **c.** Des encombrants

⑪ **Quelle est la maladie qui, entre 1347 et 1352, a fait le plus de victimes ?**

☐ **a.** La grippe ☐ **b.** La lèpre ☐ **c.** La peste noire

⑫ **Le canal de Suez se trouve :**

☐ **a.** en Amérique centrale ☐ **b.** en Égypte ☐ **c.** en Israël

⑬ **Combien de députés compte l'Assemblée nationale ?**

☐ **a.** 577 ☐ **b.** 600 ☐ **c.** 355

⑭ **Que signifie le sigle PLS ?**

☐ **a.** Prescription licite secondaire

☐ **b.** Position latérale de sécurité

☐ **c.** Position libre de secours

⑮ **Un poste de travail isolé du réseau et dédié à l'analyse des supports amovibles afin de déterminer s'ils peuvent être utilisés sur ledit réseau est appelé :**

☐ **a.** une station blanche ☐ **b.** une station verte

☐ **c.** une station rouge ☐ **d.** une station grise

⑯ **Combien y avait-il d'ordres dans la société du Moyen Âge ?**

☐ **a.** Deux ☐ **b.** Quatre ☐ **c.** Trois

⑰ **Quel est le plus long fleuve d'Europe ?**

☐ **a.** La Volga ☐ **b.** Le Danube ☐ **c.** Le Rhin

⑱ **Le préfet est :**

☐ **a.** un élu départemental ☐ **b.** un haut fonctionnaire ☐ **c.** un ancien parlementaire

⑲ **Chez le nourrisson, le bouche-à-bouche et nez est :**

☐ **a.** recommandé

☐ **b.** interdit

☐ **c.** soumis à l'autorisation des parents

⑳ **Le verrouillage de son poste de travail lorsque l'on part en pause est :**

☐ **a.** interdit ☐ **b.** conseillé

㉑ **Quelle est la date de la prise de la Bastille ?**

☐ **a.** 14 juillet 1789 ☐ **b.** 14 juillet 1793 ☐ **c.** 4 août 1789

㉒ **Le Benelux regroupe trois pays d'Europe occidentale :**

☐ **a.** Vrai ☐ **b.** Faux

㉓ **En quelle année la fonction publique territoriale a-t-elle été créée ?**

☐ **a.** 1936 ☐ **b.** 1984 ☐ **c.** 1945

㉔ **Je dois faire vomir une victime qui a ingéré des produits chimiques ?**

☐ **a.** Oui

☐ **b.** Non

☐ **c.** Uniquement si la victime le demande

㉕ **En moyenne, combien de kilogrammes d'ordures ménagères un Français jette-t-il par an ?**

☐ **a.** 100 kg ☐ **b.** 500 kg ☐ **c.** 1 000 kg

㉖ **La bataille de Trafalgar a été remportée par Napoléon :**

☐ **a.** Vrai ☐ **b.** Faux

㉗ **Où se trouve Cap Canaveral ?**

☐ **a.** En Guyane ☐ **b.** Au Canada ☐ **c.** En Floride

㉘ **Quel pays en Europe compte le plus grand nombre de communes ?**

☐ **a.** La France ☐ **b.** L'Allemagne ☐ **c.** L'Italie

㉙ **Un fichier MP3 est un fichier contenant :**

☐ **a.** du texte ☐ **b.** de la musique

☐ **c.** de la vidéo ☐ **d.** un tableur

㉚ **Il est possible de dessaler l'eau de mer :**

☐ **a.** Vrai ☐ **b.** Faux

㉛ **Que s'est-il passé le 26 avril 1986 ?**

☐ **a.** L'effondrement de l'URSS

☐ **b.** La chute du mur de Berlin

☐ **c.** La catastrophe nucléaire de Tchernobyl

㉜ **La Corse est constituée de deux départements :**

☐ **a.** Vrai ☐ **b.** Faux

㉝ **Combien de députés européens siègeront pendant la période 2024-2029 ?**

☐ **a.** 705 ☐ **b.** 720 ☐ **c.** 700

㉞ **Je dois allonger une victime qui se plaint de mal respirer après une brûlure par inhalation ?**

☐ **a.** Oui ☐ **b.** Non

☐ **c.** Uniquement si la victime le demande

㉟ **La numérisation d'un document papier s'effectue grâce à :**

☐ **a.** une souris ☐ **b.** un scanner

☐ **c.** une clé USB ☐ **d.** un disque dur externe

㊱ **Quel philosophe n'a pas vécu au XVIIIe siècle ?**

☐ **a.** Voltaire ☐ **b.** Rousseau ☐ **c.** Descartes

㊲ **Quelle ville n'est pas une capitale ?**

☐ **a.** Shanghai ☐ **b.** Ottawa ☐ **c.** Canberra

㊳ **Depuis 2019, qui préside la Commission européenne ?**

☐ **a.** Emmanuel Macron ☐ **b.** Ursula von der Leyen ☐ **c.** Jean-Claude Juncker

㊴ **Lors de l'utilisation d'un moteur de recherche, quels signes permettent de faire une recherche sur les pages qui contiennent exactement l'expression de la requête ?**

☐ **a.** Des parenthèses ☐ **b.** Des guillemets

☐ **c.** Des hashtags ☐ **d.** Des apostrophes

㊵ **L'eau souterraine est captée au moyen de :**

☐ **a.** forages ☐ **b.** barrages ☐ **c.** déviations

41 Qui a lancé les premières Journées du patrimoine en 1984 ?

☐ **a.** Frédéric Mitterrand ☐ **b.** Jack Lang ☐ **c.** Françoise Giroud

42 Quelle est la capitale du Nigeria ?

☐ **a.** Abuja ☐ **b.** Luanda ☐ **c.** Harare

43 L'UNESCO a pour mission d'instaurer la paix par la coopération internationale en matière d'éducation, de science et de culture :

☐ **a.** Vrai ☐ **b.** Faux

44 Lorsqu'une victime est inconsciente au sol et respire, il faut :

☐ **a.** la mettre confortablement en position assise
☐ **b.** l'allonger sur le côté
☐ **c.** l'allonger sur le dos

45 À quoi sert la navigation privée ?

☐ **a.** À rendre confidentielle la navigation
☐ **b.** À ne pas payer de forfait Internet
☐ **c.** À communiquer entre plusieurs ordinateurs d'un même lieu
☐ **d.** À aller sur un site de rencontres

46 Qui a créé la Cour des comptes ?

☐ **a.** Le général de Gaulle ☐ **b.** Napoléon Ier ☐ **c.** Louis XIV

47 Le fleuve Mississippi a pour affluent :

☐ **a.** Le Missouri ☐ **b.** Le Colorado ☐ **c.** Le Columbia

48 L'OTAN est :

☐ **a.** une alliance de pays européens
☐ **b.** une alliance de pays européens et d'Amérique du Nord
☐ **c.** une alliance 49

49 Puis-je bouger une victime d'un traumatisme ?

☐ **a.** Oui ☐ **b.** Non

50 L'énergie nucléaire dépend de l'approvisionnement en :

☐ **a.** aluminium ☐ **b.** uranium ☐ **c.** tungstène

2 Corrigés

1	a.	2	a.	3	b.	4	a.	5	c.	6	c.	7	a.	8	b.	9	b.	10	c.
11	c.	12	b.	13	a.	14	b.	15	a.	16	c.	17	a.	18	b.	19	a.	20	b.
21	a.	22	a.	23	b.	24	b.	25	b.	26	b.	27	c.	28	a.	29	b.	30	a.
31	c.	32	a.	33	a.	34	b.	35	b.	36	c.	37	a.	38	b.	39	b.	40	a.
41	b.	42	a.	43	b.	44	b.	45	a.	46	b.	47	a.	48	b.	49	b.	50	b.

1 Questions

① **La nuit des Longs Couteaux, assassinats perpétrés au sein même du parti nazi, a eu lieu :**

☐ **a.** en 1934 ☐ **b.** en 1933 ☐ **c.** en 1936

② **Quel est le plus grand port du monde en volume de marchandises depuis 2020 ?**

☐ **a.** Shanghai ☐ **b.** Singapour ☐ **c.** Rotterdam

③ **Qui désigne le Premier ministre ?**

☐ **a.** Le président du Sénat

☐ **b.** Le président de la République

☐ **c.** Le président du Conseil constitutionnel

④ **Lors d'une compression locale, faut-il appuyer sur la plaie directement ?**

☐ **a.** Oui, je ne perds pas de temps et j'appuie sans regarder la plaie

☐ **b.** Oui, mais je me protège les mains et je regarde si un corps étranger est présent

☐ **c.** Non, en aucun cas

⑤ **Une connexion Wifi s'effectue :**

☐ **a.** avec fil ☐ **b.** sans fil ☐ **c.** avec un modem

⑥ **Lequel de ces trois ancêtres de l'homme peignait les parois des grottes ?**

☐ **a.** L'Homo habilis ☐ **b.** L'Homo sapiens ☐ **c.** L'Homo erectus

⑦ **Mascate est la capitale ?**

☐ **a.** du Qatar ☐ **b.** de Oman ☐ **c.** de l'Iran

⑧ **La loi pour l'égalité des droits et des chances des personnes handicapées a été adoptée :**

☐ **a.** en 2005 ☐ **b.** en 2010 ☐ **c.** en 2020

⑨ **Un FAI est :**

☐ **a.** un forum associatif Internet

☐ **b.** un fichier automatisé informatique

☐ **c.** un fournisseur d'accès Internet

⑩ **Quelle part représentent les emballages parmi nos déchets ?**

☐ **a.** 25 % ☐ **b.** 35 % ☐ **c.** 50 %

⑪ **Quel événement a eu lieu le 19 juillet 1900 ?**

☐ **a.** L'inauguration du métro de Paris

☐ **b.** La cérémonie d'ouverture des jeux Olympiques à Paris

☐ **c.** Le vote de la loi de séparation de l'Église et de l'État en France

⑫ **Que représentent les treize bandes du drapeau américain ?**

☐ **a.** Les treize États fondateurs

☐ **b.** Les treize premiers présidents

☐ **c.** Les treize premiers articles de la Constitution américaine

⑬ **La Marseillaise a été décrétée hymne national le 14 juillet 1795 :**

☐ **a.** Vrai ☐ **b.** Faux

⑭ **Si je saigne du nez après un choc à la tête, que dois-je faire ?**

☐ **a.** Mettre la tête en arrière pour arrêter le saignement

☐ **b.** Ne rien faire ce n'est pas grave

☐ **c.** Comprimer ma narine et pencher ma tête en avant

⑮ **Parmi ces différents modes de stockage, lequel est celui qui offre la plus grande capacité ?**

☐ **a.** une disquette ☐ **b.** un DVD

☐ **c.** une clé USB ☐ **d.** un disque dur

⑯ **Quelle écriture était en forme de coins ?**

☐ **a.** L'écriture cunéiforme ☐ **b.** Les hiéroglyphes ☐ **c.** Les pictogrammes

⑰ **Parmi ces pays, lequel ne se situe pas en Afrique de l'Ouest (définition de l'ONU) ?**

☐ **a.** La Gambie ☐ **b.** La Guinée-Bissau ☐ **c.** Le Cameroun

⑱ **Quel nom donne-t-on à l'Assemblée nationale ?**

☐ **a.** Le palais Bourbon ☐ **b.** Le palais du Luxembourg ☐ **c.** Matignon

⑲ **Une personne adulte fait un arrêt cardiaque et je suis seul(e) ; comment dois-je procéder ?**

☐ **a.** Je laisse la victime, je passe l'alerte et je vais chercher le DAE qui se trouve au stade à 50 m

☐ **b.** Je ne laisse surtout pas la victime sans surveillance et je passe l'alerte

☐ **c.** Je commence la réanimation cardio-pulmonaire, le DAE n'est pas utile

⑳ **Un fichier « zip » est un fichier :**

☐ **a.** corrompu ☐ **b.** compressé

☐ **c.** complexe ☐ **d.** combiné

㉑ **Où se trouve le Parthénon ?**

☐ **a.** À Rome ☐ **b.** À Naples ☐ **c.** À Athènes

㉒ **La population des territoires ultramarins français s'élève à environ (chiffres 2021) :**

☐ **a.** 4 millions d'habitants ☐ **b.** 2,7 millions d'habitants ☐ **c.** 3 millions d'habitants

㉓ **Le maire est :**

☐ **a.** élu par le conseil municipal

☐ **b.** élu directement par tous les citoyens de la commune

☐ **c.** choisi par le préfet

24 Le garrot doit être situé :

☐ **a.** en amont de la plaie qui saigne
☐ **b.** en aval de la plaie qui saigne
☐ **c.** en amont ou en aval de la plaie qui saigne

25 Combien de fois peut-on recycler le verre ?

☐ **a.** 1 fois ☐ **b.** 100 fois ☐ **c.** À l'infini

26 Christophe Colomb était au service du roi espagnol Ferdinand d'Aragon :

☐ **a.** Vrai ☐ **b.** Faux

27 La cordillère des Andes ne traverse pas quel pays ?

☐ **a.** Le Brésil ☐ **b.** La Bolivie ☐ **c.** Le Chili

28 Les départements ont été créés en :

☐ **a.** 1793 ☐ **b.** 1790 ☐ **c.** 1945

29 Que désigne le champ « Cci : » dans un courrier électronique ?

☐ **a.** Il désigne le destinataire principal du courriel
☐ **b.** Il désigne les personnes mises en copie de l'envoi du courriel au destinataire principal
☐ **c.** Il désigne des destinataires invisibles de l'ensemble des autres destinataires

30 L'énergie marémotrice repose sur :

☐ **a.** le vent ☐ **b.** les marées ☐ **c.** la pression hydraulique

31 Le compas a été inventé par un mathématicien :

☐ **a.** grec ☐ **b.** romain ☐ **c.** perse

32 Quel lac ne se situe pas en Amérique du Nord ?

☐ **a.** Huron ☐ **b.** Ontario ☐ **c.** Victoria

33 Combien y a-t-il de députés européens après le retrait du Royaume-Uni ?

☐ **a.** 750 ☐ **b.** 705 ☐ **c.** 800

34 Le secouriste parle à la victime :

☐ **a.** en lui disant la vérité et en utilisant un langage simple
☐ **b.** en lui cachant la vérité pour la rassurer
☐ **c.** comme s'il s'adressait à un secouriste, même si elle ne comprend pas

35 L'ouverture des données est :

☐ **a.** le big data ☐ **b.** le méga data
☐ **c.** le lock data ☐ **d.** l'open data

36 Combien de pays ont adopté l'euro le 1er janvier 1999 ?

☐ **a.** 15 ☐ **b.** 17 ☐ **c.** 11

37 La langue norvégienne est d'origine germanique :

☐ **a.** Vrai ☐ **b.** Faux

38 La Convention européenne des droits de l'homme et des libertés fondamentales a été signée à Rome :

☐ **a.** en 1950 ☐ **b.** en 1953 ☐ **c.** en 1981

39 Finaliser un achat sur un site marchand implique un protocole :

☐ **a.** HTTP ☐ **b.** HTTPS
☐ **c.** URL ☐ **d.** PPS

40 L'éthanol est :

☐ **a.** un engrais ☐ **b.** un minerai ☐ **c.** un biocarburant

41 Le mur de Berlin est tombé :

☐ **a.** le 9 novembre 1987 ☐ **b.** le 9 novembre 1988 ☐ **c.** le 9 novembre 1989

42 Par sa superficie, le Canada est le deuxième plus grand pays au monde :

☐ **a.** Vrai ☐ **b.** Faux

43 L'OCDE est un organisme international qui aide au développement de meilleures politiques socio-économiques dans le monde.

☐ **a.** Vrai ☐ **b.** Faux

44 Les informations concernant une victime :

☐ **a.** peuvent être divulguées uniquement à la famille du secouriste
☐ **b.** doivent être divulguées à la presse
☐ **c.** ne doivent pas être divulguées à d'autres personnes sauf aux secours qui la prennent en charge

45 Par quel moyen deux appareils électroniques peuvent-ils communiquer ?

☐ **a.** URL ☐ **b.** Bluetooth
☐ **c.** INPS ☐ **d.** Link

46 Le Colisée est un monument situé :

☐ **a.** à Athènes ☐ **b.** à Rome ☐ **c.** à Florence

47 Avec lequel de ces pays le Brésil a-t-il une frontière ?

☐ **a.** La Colombie ☐ **b.** Le Chili ☐ **c.** Le Mexique

48 Les casques bleus sont ?

☐ **a.** une force de maintien de la paix de l'ONU
☐ **b.** une force armée de l'OTAN
☐ **c.** le corps des Marines des Etats -Unis

49 Les membres supérieurs sont :

☐ **a.** les épaules, bras, coudes, avant-bras, poignets et mains
☐ **b.** les cuisses, genoux, jambes, chevilles et pieds
☐ **c.** la tête, les bras et le thorax
☐ **d.** la tête et le cou

50 Comment appelle-t-on la zone de calme située au centre d'un cyclone ?

☐ **a.** Le nez ☐ **b.** La bouche ☐ **c.** L'œil

2 Corrigés

1 a.	2 a.	3 b.	4 b.	5 b.	6 b.	7 b.	8 a.	9 c.	10 c.
11 a.	12 a.	13 a.	14 c.	15 d.	16 a.	17 c.	18 a.	19 a.	20 b.
21 c.	22 b.	23 a.	24 a.	25 c.	26 a.	27 a.	28 b.	29 c.	30 b.
31 c.	32 c.	33 b.	34 a.	35 d.	36 c.	37 a.	38 a.	39 b.	40 c.
41 c.	42 a.	43 a.	44 c.	45 b.	46 b.	47 a.	48 a.	49 a.	50 c.

1 Questions

① **Comment appelle-t-on un grand domaine agricole romain ?**

☐ **a.** Villa ☐ **b.** Insulae ☐ **c.** Domus

② **La Louisiane a appartenu aux Français :**

☐ **a.** Vrai ☐ **b.** Faux

③ **Qui désigne le président du Conseil constitutionnel ?**

☐ **a.** Le Premier ministre ☐ **b.** Le président de la République ☐ **c.** Les sénateurs

④ **En cas de piqûre d'insecte, qu'est-ce qui peut limiter la douleur et le gonflement ?**

☐ **a.** Une application de froid

☐ **b.** Placer la zone atteinte dans de l'eau chaude car le venin est généralement détruit par la chaleur

☐ **c.** Un pansement serré

☐ **d.** Un peu de patience

⑤ **Quel est le nom de la prise permettant de relier un casque à un ordinateur ?**

☐ **a.** Sam ☐ **b.** Bill

☐ **c.** Dave ☐ **d.** Jack

⑥ **Marie Curie est surtout connue pour sa découverte :**

☐ **a.** du radium ☐ **b.** de la liquéfaction de l'oxygène ☐ **c.** du vaccin contre le tétanos

⑦ **En 2022, quel est le pays le plus riche de l'Afrique de l'Ouest ?**

☐ **a.** Le Nigeria ☐ **b.** Le Sénégal ☐ **c.** Le Ghana

⑧ **Quelle est la date de la séparation de l'Église et de l'État ?**

☐ **a.** 9 décembre 1900 ☐ **b.** 9 décembre 1905 ☐ **c.** 9 décembre 1915

⑨ **Quel est le nom de l'extension des fichiers créés grâce au logiciel de traitement de texte Microsoft Word ?**

☐ **a.** .doc ☐ **b.** .xls

☐ **c.** .ppt ☐ **d.** .gif

⑩ **Comment s'appelle l'action qui consiste à donner une nouvelle vie aux déchets ?**

☐ **a.** La rénovation ☐ **b.** Le recyclage ☐ **c.** La restauration

⑪ **Qui était la mère de Louis XIV ?**

☐ **a.** Anne d'Autriche ☐ **b.** Marie de Médicis ☐ **c.** Louise de Savoie

⑫ **De quel pays Accra est-elle la capitale ?**

☐ **a.** Ghana ☐ **b.** Burkina Faso ☐ **c.** Sierra Leone

⑬ **Le bulletin B3 du casier judiciaire peut être demandé par un employeur**

☐ **a.** Oui ☐ **b.** Non

⑭ **Le massage cardiaque s'effectue au niveau :**

☐ **a.** du sternum ☐ **b.** de l'abdomen

☐ **c.** des côtes ☐ **d.** du cou

⑮ Quel est le nom de l'extension des fichiers créés grâce au logiciel de présentation Microsoft PowerPoint ?

☐ **a.** .doc ☐ **b.** .xls

☐ **c.** .ppt ☐ **d.** .gif

⑯ La Turquie a-t-elle intégré l'Union européenne ?

☐ **a.** Oui

☐ **b.** Non

☐ **c.** Adhésion en cours de négociation

⑰ Le Cap-Vert est l'un des pays les moins peuplés d'Afrique.

☐ **a.** Vrai ☐ **b.** Faux

⑱ Un ancien président de la République peut être membre de droit à vie du Conseil constitutionnel ?

☐ **a.** Faux ☐ **b.** Vrai

⑲ Le tronc est composé :

☐ **a.** de la tête, du cou, du thorax, de l'abdomen et du bassin

☐ **b.** de la tête, du cou, des membres supérieurs, du thorax, de l'abdomen et du bassin

☐ **c.** du thorax, de l'abdomen et du bassin

☐ **d.** uniquement de l'abdomen.

⑳ Les courriers publicitaires envoyés massivement sur des adresses de messagerie Internet sont :

☐ **a.** des spams ☐ **b.** des flams ☐ **c.** des djmans

㉑ Lequel de ces pays ne possède pas d'armée en 2020 ?

☐ **a.** Le Laos ☐ **b.** Le Sénégal ☐ **c.** Le Panama

㉒ Quel pays a la plus grande espérance de vie à la naissance ?

☐ **a.** La Suisse ☐ **b.** Les États-Unis ☐ **c.** Le Japon

㉓ Où siège la Convention européenne des droits de l'homme et des libertés fondamentales ?

☐ **a.** Bruxelles ☐ **b.** Strasbourg ☐ **c.** Paris

㉔ Les membres inférieurs sont :

☐ **a.** les épaules, bras, coudes, avant-bras, poignets et mains

☐ **b.** les cuisses, genoux, jambes, chevilles et pieds

☐ **c.** l'abdomen, le bassin, les cuisses, genoux, jambes, chevilles et pieds

☐ **d.** les jambes et pied

㉕ La biomasse est une énergie renouvelable :

☐ **a.** Toujours ☐ **b.** Dans certains cas ☐ **c.** Jamais

㉖ Comment s'appelle l'actuel roi d'Espagne ?

☐ **a.** Juan Carlos Ier ☐ **b.** Felipe VI ☐ **c.** Alphonse XIII

㉗ Quelle est la ville la plus peuplée des États-Unis ?

☐ **a.** Los Angeles ☐ **b.** New York ☐ **c.** Chicago

㉘ Quand a été fondé le Comité international olympique ?

☐ **a.** 1900 ☐ **b.** 1894 ☐ **c.** 1945

㉙ Une webcam, une souris et une clé USB sont :

☐ **a.** des analogiques ☐ **b.** des périphériques ☐ **c.** des satellites

㉚ La magnitude d'un séisme est mesurée sur l'échelle :

☐ **a.** de Ford ☐ **b.** de Richter ☐ **c.** de Barrendt

㉛ Pour quelle raison le pharaon Toutânkhamon est-il devenu célèbre ?

☐ **a.** Il a été le premier pharaon d'Égypte

☐ **b.** Il est mort noyé

☐ **c.** Pour la richesse exceptionnelle de sa sépulture

㉜ La France est la deuxième puissance maritime mondiale derrière les États-Unis :

☐ **a.** Vrai ☐ **b.** Faux

㉝ La déclaration de Rio en juin 1992 concernait les droits et les responsabilités des pays dans le domaine de l'environnement ?

☐ **a.** Vrai ☐ **b.** Faux

㉞ La recherche du pouls chez un nourrisson se fait au niveau :

☐ **a.** du poignet (radial) ☐ **b.** du cou (carotidien)

☐ **c.** du bras (huméral) ☐ **d.** du pli de l'aine (fémoral)

㉟ Qu'est-ce qu'une carte SD ?

☐ **a.** Un logiciel ☐ **b.** Une carte graphique

☐ **c.** Un support de stockage ☐ **d.** Une carte sécurisée

㊱ Le Cap-Vert a obtenu son indépendance en :

☐ **a.** 1975 ☐ **b.** 1978 ☐ **c.** 2000

㊲ Qui était António De Oliveira Salazar ?

☐ **a.** Un homme politique espagnol

☐ **b.** un chef d'État argentin

☐ **c.** un chef d'État portugais

㊳ Est-ce que la Cour internationale de justice a compétence pour traiter des demandes de particuliers ?

☐ **a.** Oui ☐ **b.** Non

㊴ Le « R » de DVD-R signifie que le DVD est :

☐ **a.** rare ☐ **b.** reformaté

☐ **c.** enregistrable plusieurs fois ☐ **d.** récent

40 Qu'est-ce que la résilience ?

☐ **a.** La capacité d'une société à éviter une catastrophe

☐ **b.** La capacité d'une société à se relever d'une catastrophe

☐ **c.** La capacité d'une société à prévenir une catastrophe

41 La constitution de la Ve République a été adoptée le :

☐ **a.** 4 octobre 1958 ☐ **b.** 4 septembre 1870 ☐ **c.** 4 janvier 1859

42 La principale activité économique de l'Union européenne réside dans le secteur :

☐ **a.** agricole ☐ **b.** tertiaire ☐ **c.** industriel

43 À quel organisme l'ONU a-t-il succédé ?

☐ **a.** À la Société des pays

☐ **b.** À la Société des Nations

☐ **c.** Au Comité international des Nations

44 La recherche du pouls carotidien se fait avec :

☐ **a.** 2 doigts sous le menton et 2 ou 3 sur la face latérale du cou (index, majeur, annulaire)

☐ **b.** une main sur le ventre et 2 ou 3 sur la face latérale du cou (index, majeur, annulaire)

☐ **c.** une main sur le front et 2 ou 3 sur la face latérale du cou (index, majeur, annulaire)

45 Les octets, kilo-octets, mégaoctets, gigaoctets et téraoctets sont :

☐ **a.** des types d'ordinateurs

☐ **b.** des formats informatiques

☐ **c.** des unités de mesure pour indiquer des capacités de mémoire de données informatiques

☐ **d.** des virus informatiques

46 Le cardinal Mazarin a succédé à Richelieu :

☐ **a.** Vrai ☐ **b.** Faux

47 Où se trouve la statue de la Liberté ?

☐ **a.** Dans la ville de Washington ☐ **b.** À Saint-Louis Missouri ☐ **c.** Dans le port de New York

48 Qui a succédé à Christine Lagarde à la tête du Fonds monétaire international (FMI) en septembre 2019 ?

☐ **a.** Mario Centero ☐ **b.** Nadia Calvino ☐ **c.** Kristalina Georgieva

49 La tête de la victime assise n'est pas dans l'axe du tronc. Il faut donc :

☐ **a.** la remettre dans l'axe délicatement et exercer une légère traction pour délester le rachis du poids de sa tête

☐ **b.** ne pas la remettre dans l'axe

☐ **c.** la remettre dans l'axe même si une résistance au déplacement est perçue

50 La pollution de l'eau douce a pour origine :

☐ **a.** l'irrigation massive ☐ **b.** les pesticides ☐ **c.** les stations d'épuration

2 Corrigés

1 a.	2 a.	3 b.	4 a.	5 d.	6 a.	7 a.	8 b.	9 a.	10 b.
11 a.	12 a.	13 b.	14 a.	15 c.	16 b.	17 b.	18 b.	19 c.	20 a.
21 c.	22 c.	23 b.	24 b.	25 a.	26 b.	27 b.	28 b.	29 b.	30 b.
31 c.	32 a.	33 a.	34 d.	35 c.	36 a.	37 c.	38 b.	39 c.	40 b.
41 a.	42 c.	43 b.	44 c.	45 c.	46 a.	47 c.	48 c.	49 a.	50 b.

SUJET N° 5
★★★

CONNAISSANCES GÉNÉRALES

15 minutes

1 Questions

① **Médine est la deuxième ville sainte après La Mecque :**

☐ **a.** Vrai ☐ **b.** Faux

② **Lequel de ces pays est le plus peuplé ?**

☐ **a.** Le Liberia ☐ **b.** Le Mali ☐ **c.** La Côte d'Ivoire

③ **L'âge de la majorité a été abaissé de 21 à 18 ans par :**

☐ **a.** Valéry Giscard d'Estaing
☐ **b.** Charles de Gaulle
☐ **c.** François Mitterrand

④ **À quel moment est testée la sirène du système d'alerte aux populations ?**

☐ **a.** Chaque lundi à 17 heures
☐ **b.** Le premier mercredi de chaque mois à 12 heures
☐ **c.** Le premier vendredi de chaque mois à 12 heures
☐ **d.** Chaque lundi à 12 heures

⑤ **Le temps de réponse d'un serveur est le :**

☐ **a.** Pong ☐ **b.** Pung ☐ **c.** Pang ☐ **d.** Ping

⑥ **Qu'est-ce que la gabelle ?**

☐ **a.** Un impôt royal sur le sel
☐ **b.** Un impôt au profit de l'Église catholique
☐ **c.** Un impôt sur les premiers fruits récoltés

⑦ **La population de Paris est de (chiffre 2021) :**

☐ **a.** environ 2 millions d'habitants
☐ **b.** environ 800 000 habitants
☐ **c.** environ 1 million d'habitants

⑧ **Qui a fait voter les lois sur les 35 heures ?**

☐ **a.** Michel Rocard ☐ **b.** Martine Aubry ☐ **c.** Yvette Roudy

⑨ **Qu'est-ce qu'« Instagram » ?**

☐ **a.** Un réseau social ☐ **b.** Un moteur de recherche
☐ **c.** Un site de jeux en ligne ☐ **d.** Un système d'exploitation

⑩ **Comment s'appelle le préfet qui, en 1883, a imposé l'usage des récipients spéciaux pour les déchets ?**

☐ **a.** Édouard Benne ☐ **b.** Charles Corbeille ☐ **c.** Eugène Poubelle

⑪ **Recep Tayyip Erdogan a mené la guerre d'indépendance de la Turquie :**

☐ **a.** Vrai ☐ **b.** Faux

⑫ **La plus longue frontière entre l'Union européenne et un autre pays est celle qui la sépare :**

☐ **a.** de la Norvège ☐ **b.** de la Russie ☐ **c.** de la Finlande

⑬ **Depuis 2015, combien la France compte-t-elle de régions métropolitaines ?**

☐ **a.** 13 ☐ **b.** 15 ☐ **c.** 12

⑭ **L'utilisation d'un défibrillateur automatisé (DAE) sur une victime qui n'est pas en arrêt cardiaque présente-t-elle un risque ?**

☐ **a.** Oui, car cela peut lui causer des problèmes cardiaques

☐ **b.** Non, car le défibrillateur se déclenche uniquement quand la victime est en arrêt cardiaque

⑮ **Quel terme désigne l'adresse d'un site Internet ?**

☐ **a.** Adresse IMG ☐ **b.** Adresse URL ☐ **c.** Adresse IP

⑯ **La première femme à accéder au poste de Premier ministre en 1992 fut :**

☐ **a.** Édith Cresson ☐ **b.** Élisabeth Guigou ☐ **c.** Simone Veil

⑰ **En 1985, 5 pays de la CEE décident de créer un territoire sans frontières intérieures.**

☐ **a.** Vrai ☐ **b.** Faux

⑱ **Quelle convention régit la situation des réfugiés ?**

☐ **a.** La Convention de 1951 ☐ **b.** La convention de 1961 ☐ **c.** La convention de 1980

⑲ **Un garrot est indiqué lorsque :**

☐ **a.** la compression directe est inefficace

☐ **b.** je n'ai pas de gants de protection individuelle

☐ **c.** je m'apprête à retirer un corps étranger de la plaie

☐ **d.** la victime est trop faible pour comprimer elle-même la plaie

⑳ **Le terme « download » désigne :**

☐ **a.** le piratage ☐ **b.** le téléchargement

☐ **c.** la navigation ☐ **d.** le visionnage

㉑ **Quelle population occupait la région du Pérou avant l'arrivée des Espagnols ?**

☐ **a.** Les Incas ☐ **b.** Les Aztèques ☐ **c.** Les Mayas

㉒ **La FAO, agence spécialisée de l'ONU :**

☐ **a.** s'occupe des victimes des catastrophes naturelles

☐ **b.** développe des actions pour que pays riches ou pauvres maîtrisent mieux leurs ressources

☐ **c.** gère les personnes déplacées à cause de conflits armés

㉓ **Où siège l'OMS (Organisation mondiale de la Santé) ?**

☐ **a.** Bruxelles ☐ **b.** Genève ☐ **c.** New York

㉔ **Face à une victime qui présente une douleur au cou à la suite d'un traumatisme :**

☐ **a.** Je procède au maintien de la tête du blessé à deux mains afin de la stabiliser et de limiter les mouvements intempestifs du cou

☐ **b.** Je place mes mains sous son cou afin de le stabiliser et de limiter les mouvements intempestifs du cou

☐ **c.** Je ne fais rien et j'attends l'arrivée des secours

㉕ **Parmi ces déchets, lequel peut être facilement recyclé ?**

☐ **a.** Une pile électrique ☐ **b.** Une bouteille en verre ☐ **c.** Une assiette en porcelaine

㉖ Avant l'indépendance, comment s'appelait le Mali actuel ?

☐ **a.** La Haute-Volta ☐ **b.** Le Soudan français ☐ **c.** Le Haut-Niger

㉗ Quel fleuve coule à Kiev ?

☐ **a.** Le Dniepr ☐ **b.** La Volga ☐ **c.** Le Danube

㉘ Le drapeau européen comporte :

☐ **a.** 27 étoiles dorées sur fond blanc
☐ **b.** 12 étoiles dorées sur fond bleu
☐ **c.** 12 étoiles blanches sur fond bleu

㉙ Hacker un site Internet est :

☐ **a.** le copier ☐ **b.** le pirater ☐ **c.** l'améliorer

㉚ Une marée noire est un risque :

☐ **a.** naturel ☐ **b.** technologique ☐ **c.** climatique

㉛ Pendant la Seconde Guerre mondiale, trois nations faisaient partie de l'Axe :

☐ **a.** l'Italie, l'Allemagne, le Japon
☐ **b.** l'Allemagne, l'Angleterre, le Japon
☐ **c.** l'Italie, l'Espagne, le Japon

㉜ Quelle est la population totale en Afrique en 2023 ?

☐ **a.** Presque 1 milliard 500 millions
☐ **b.** Presque 2 milliards
☐ **c.** Moins d'1 milliard

㉝ Le Comité international de la Croix-Rouge :

☐ **a.** est une organisation neutre et indépendante
☐ **b.** dépend de l'ONU
☐ **c.** dépend du gouvernement de chaque État

㉞ Un adolescent tombe à vélo devant moi. Il reste au sol, sa jambe est cassée et il se plaint de la tête.

☐ **a.** Je ne le touche pas et j'appelle les secours
☐ **b.** Je lui dis de ne pas bouger et lui maintiens la tête en attendant les secours
☐ **c.** J'essaie de lui remettre la jambe droite en attendant les secours
☐ **d.** Je le dégage sur le côté de la chaussée

㉟ Le visionnage sur Internet d'une vidéo est :

☐ **a.** le streaming ☐ **b.** le mainstream
☐ **c.** le roaming ☐ **d.** le ping

㊱ La Douma était :

☐ **a.** une région de Hongrie
☐ **b.** le nom d'un régiment russe
☐ **c.** une assemblée élue en Russie

㊲ Quelle est la région du monde en 2020 qui a attiré le plus de touristes ?

☐ **a.** L'Union européenne ☐ **b.** L'Asie du Sud-Est ☐ **c.** L'Amérique du Nord

38 Mayotte est devenue le 101e département en mars 2011 ?

☐ **a.** Vrai ☐ **b.** Faux

39 Le stockage en ligne de données est :

☐ **a.** le mass link ☐ **b.** le cloud

☐ **c.** le storm ☐ **d.** le ping

40 Actuellement, nous produisons :

☐ **a.** 5 fois plus de plastique qu'il y a 50 ans

☐ **b.** 10 fois plus de plastique qu'il y a 50 ans

☐ **c.** 20 fois plus de plastique qu'il y a 50 ans

41 La dictature des Colonels en Grèce a duré :

☐ **a.** de 1967 à 1978 ☐ **b.** de 1967 à 1974 ☐ **c.** de 1975 à 1978

42 La ville de Chablis se situe :

☐ **a.** sur les bords de la Loire

☐ **b.** au nord de la Bourgogne

☐ **c.** dans la région du Languedoc

43 Combien y a-t-il d'États membres à l'ONU ?

☐ **a.** 193 ☐ **b.** 200 ☐ **c.** 150

44 Lors de l'examen de la victime, le secouriste recherche en premier :

☐ **a.** la nature du malaise ☐ **b.** la nature des blessures

☐ **c.** une détresse vitale ☐ **d.** l'identité de la victime

45 Le pavé tactile remplit les mêmes fonctions que :

☐ **a.** l'imprimante ☐ **b.** la souris

☐ **c.** le clavier ☐ **d.** l'écran

46 Dans la mythologie grecque, Zeus est :

☐ **a.** le frère d'Athéna ☐ **b.** le fils de Gaïa ☐ **c.** le fils de Cronos

47 Quel est le plus long fleuve du monde ?

☐ **a.** L'Amazone ☐ **b.** Le Nil ☐ **c.** Le Congo

48 Lors d'élections, que font les scrutateurs ?

☐ **a.** Ils dépouillent les votes

☐ **b.** Ils sont chargés de l'organisation des bureaux de vote

☐ **c.** Ils annoncent les résultats du vote dans chaque bureau

49 Le secouriste peut partir :

☐ **a.** après avoir alerté

☐ **b.** après avoir réalisé les gestes de premiers secours nécessaires

☐ **c.** lorsque les secours prennent le relais et qu'ils n'ont pas besoin d'aide

50 Une espèce est endémique :

☐ **a.** lorsqu'elle n'existe que dans une région délimitée de la planète

☐ **b.** lorsqu'elle est menacée de disparition

☐ **c.** lorsqu'elle ne se reproduit plus

2 Corrigés

1 a.	2 c.	3 a.	4 b.	5 d.	6 a.	7 a.	8 b.	9 a.	10 c.
11 b.	12 a.	13 a.	14 b.	15 b.	16 a.	17 a.	18 a.	19 a.	20 b.
21 a.	22 b.	23 b.	24 a.	25 b.	26 b.	27 a.	28 b.	29 b.	30 b.
31 a.	32 a.	33 a.	34 b.	35 a.	36 c.	37 a.	38 a.	39 b.	40 c.
41 b.	42 b.	43 a.	44 c.	45 b.	46 c.	47 a.	48 a.	49 c.	50 a.

1 Questions

① **Les jeux panhelléniques avaient lieu tous les 4 ans :**

☐ **a.** pour célébrer la pythie de Delphes
☐ **b.** pour célébrer la grandeur d'Athènes
☐ **c.** en l'honneur de Zeus

② **Les Wolofs constituent l'ethnie majoritaire au Sénégal.**

☐ **a.** Vrai ☐ **b.** Faux

③ **Quelle loi crée les régions en tant que collectivités territoriales ?**

☐ **a.** La loi du 2 mars 1982 ☐ **b.** La loi du 2 mars 2002 ☐ **c.** La loi du 8 mars 1986

④ **Après une exposition prolongée à la chaleur, un jour de canicule, une victime présente les signes suivants : maux de tête, sueurs abondantes, crampes musculaires, nausées, température normale. D'après vous, elle est probablement victime :**

☐ **a.** d'un coup de soleil ☐ **b.** d'un coup de chaleur
☐ **c.** d'une insolation ☐ **d.** d'une hyperthermie

⑤ **La principale encyclopédie en ligne est :**

☐ **a.** Qwant ☐ **b.** Lycos
☐ **c.** Wikipédia ☐ **d.** Norton

⑥ **Dans un château fort, qu'est-ce qu'une herse ?**

☐ **a.** Un cachot
☐ **b.** Une portion de rempart reliant deux tours
☐ **c.** La grille permettant l'accès au château

⑦ **Quelle ville se trouve au Niger ?**

☐ **a.** Tombouctou ☐ **b.** Gao ☐ **c.** Niamey

⑧ **L'intercommunalité est consacrée par la loi du 16 décembre 2010 :**

☐ **a.** Vrai ☐ **b.** Faux

⑨ **Une connexion ethernet est :**

☐ **a.** avec fil ☐ **b.** sans fil ☐ **c.** avec modem

⑩ **Parmi ces déchets, lequel est un déchet vert ?**

☐ **a.** Des feuilles mortes ☐ **b.** Du papier journal ☐ **c.** De la peinture verte

⑪ **Qui a dirigé le régime de la Terreur ?**

☐ **a.** Robespierre ☐ **b.** Danton ☐ **c.** Marat

⑫ **Quelle est la ville la plus peuplée du monde en 2022 ?**

☐ **a.** Tokyo ☐ **b.** New Dehli ☐ **c.** Jakarta

⑬ **Les étrangers, ressortissants des pays membres de l'Union européenne, sont autorisés à voter aux élections locales :**

☐ **a.** Vrai ☐ **b.** Faux

⑭ **Un jour de grand froid, une victime se plaint d'une sensation de piqûres d'aiguilles aux extrémités des doigts. Que faites-vous avant de demander un avis médical ?**

☐ **a.** Vous lui dites de conserver ses gants

☐ **b.** Vous enlevez doucement ses bagues et vous placez ses mains au contact d'une zone chaude de sa peau (par exemple, sous ses aisselles)

☐ **c.** Vous frottez vigoureusement ses doigts pour les réchauffer

☐ **d.** Vous lui dites que cela passera tout seul

⑮ **Linux est :**

☐ **a.** un virus ☐ **b.** un jeu sur console

☐ **c.** un tableur ☐ **d.** un système d'exploitation

⑯ **La Banque de France a été créée :**

☐ **a.** en 1800 ☐ **b.** en 1900 ☐ **c.** en 1945

⑰ **En 2020, plus de la moitié de la population mondiale vivait dans des villes :**

☐ **a.** Vrai ☐ **b.** Faux

⑱ **Qu'est-ce qu'un référendum ?**

☐ **a.** Une procédure de vote permettant la consultation directe du peuple

☐ **b.** Une procédure pour renforcer la légitimité du pouvoir en place

☐ **c.** Une procédure pour faire adopter plus rapidement une loi

⑲ **En cas d'obstruction grave des voies aériennes chez une victime adulte :**

☐ **a.** je lui donne des claques dans le dos

☐ **b.** je la fais allonger

☐ **c.** je lui lève les bras en l'air

⑳ **Android est :**

☐ **a.** un virus ☐ **b.** un jeu sur console

☐ **c.** un tableur ☐ **d.** un système d'exploitation

㉑ **La cité antique de Pompéi est située près de :**

☐ **a.** Naples ☐ **b.** Rome ☐ **c.** Palerme

㉒ **Les États-Unis d'Amérique sont le premier pays de destination des migrants internationaux depuis 1970.**

☐ **a.** Vrai ☐ **b.** Faux

㉓ **Qu'est-ce qu'un canton ?**

☐ **a.** Une division dans une région

☐ **b.** Un regroupement de régions

☐ **c.** Une division du département

㉔ **Au moment du repas, un enfant se met à tousser fortement. Je dois :**

☐ **a.** lui proposer un verre d'eau

☐ **b.** lui taper dans le dos

☐ **c.** le rassurer et l'inciter à respirer calmement

☐ **d.** le pendre par les pieds

25. **Une station d'épuration sert au recyclage :**

☐ **a.** des gaz toxiques ☐ **b.** des déchets hospitaliers ☐ **c.** de l'eau

26. **Quel homme d'État égyptien a signé les accords de Camp David avec Israël en 1978 ?**

☐ **a.** Gamal Abdel Nasser ☐ **b.** Anouar el-Sadate ☐ **c.** Abdel Fattah al-Sissi

27. **Quel est l'État des États-Unis qui a la plus grande superficie ?**

☐ **a.** Californie ☐ **b.** Alaska ☐ **c.** Texas

28. **Où se trouve le siège officiel du Parlement européen ?**

☐ **a.** Strasbourg ☐ **b.** Bruxelles ☐ **c.** Luxembourg

29. **Le synonyme de pare-feu est :**

☐ **a.** firewall ☐ **b.** screen

☐ **c.** malware ☐ **d.** streaming

30. **La puissance énergétique se mesure en :**

☐ **a.** watt ☐ **b.** joule ☐ **c.** calorie

31. **En 1945, le premier parti politique français était :**

☐ **a.** le Parti communiste ☐ **b.** le Parti radical ☐ **c.** le Parti socialiste

32. **La mer d'Aral est une mer fermée.**

☐ **a.** Vrai ☐ **b.** Faux

33. **Quels sont les cinq membres permanents du Conseil de sécurité de l'ONU ?**

☐ **a.** Canada, France, Royaume-Uni, Chine, États-Unis

☐ **b.** Chine, États-Unis, fédération de Russie, France, Royaume-Uni

☐ **c.** États-Unis, Chine, France, Allemagne, Canada

34. **Un garrot improvisé est réalisé avec :**

☐ **a.** un lien de toile, solide, non élastique, de 3 à 5 cm de large et d'au moins 1,50 m de longueur ainsi qu'une barre solide de 10 à 20 cm

☐ **b.** un lien élastique et une barre solide de 10 à 20 cm

☐ **c.** n'importe quel morceau de tissu

35. **Il n'est pas dangereux d'ouvrir une pièce jointe d'un courrier électronique envoyé par un inconnu :**

☐ **a.** Vrai ☐ **b.** Faux

36. **À quoi correspond la date du 4 octobre 1958 ?**

☐ **a.** La promulgation de la Constitution de la Ve République

☐ **b.** La fin de la guerre d'Algérie

☐ **c.** L'élection de Jacques Chaban-Delmas en tant que président de l'Assemblée nationale

37. **Wallis et Futana est une collectivité française d'outre-mer située en Polynésie :**

☐ **a.** Faux ☐ **b.** Vrai

38. **Les deux couleurs officielles du drapeau de l'ONU sont :**

☐ **a.** le bleu et le blanc ☐ **b.** le blanc et le vert ☐ **c.** le blanc et le violet

39 Un fichier supprimé sur un ordinateur est transféré :

☐ **a.** dans le réseau ☐ **b.** dans la corbeille
☐ **c.** dans le cloud ☐ **d.** dans le darknet

40 Durant la première moitié du XXe siècle, qu'est-ce qui a entraîné le développement d'industries ?

☐ **a.** L'eau ☐ **b.** Le vent ☐ **c.** Les forêts

41 Le traité fondateur de l'Europe a été signé :

☐ **a.** à Rome en 1957 ☐ **b.** à Bruxelles en 1957 ☐ **c.** à Paris en 1955

42 Quel est le vent qui souffle du nord au sud dans la basse vallée du Rhône et en Provence ?

☐ **a.** La tramontane ☐ **b.** Le mistral ☐ **c.** L'autan

43 Parmi les missions suivantes, laquelle incombe au Fonds monétaire international ?

☐ **a.** Il veille à la stabilité du système monétaire international
☐ **b.** Il contrôle les échanges boursiers
☐ **c.** Son action concerne principalement l'aide aux pays pauvres

44 Une femme enceinte de 7 mois a perdu connaissance :

☐ **a.** je l'installe sur le dos les jambes relevées en attendant les secours
☐ **b.** je ne la touche pas en attendant les secours
☐ **c.** je l'installe en position demi-assise en attendant les secours
☐ **d.** je l'installe sur le côté avant d'appeler les secours

45 Une clé USB est un périphérique :

☐ **a.** d'entrée ☐ **b.** de filaire
☐ **c.** de stockage ☐ **d.** annexe

46 Le premier homme à mettre le pied sur la Lune a été :

☐ **a.** Harrison Schmitt ☐ **b.** Neil Armstrong ☐ **c.** Youri Gagarine

47 La Corée du Nord a pour capitale :

☐ **a.** Séoul ☐ **b.** Pyongyang ☐ **c.** Shenzhen

48 Qui gère les autoroutes sans péage ?

☐ **a.** Les communes concernées ☐ **b.** L'État ☐ **c.** Un organisme privé

49 Le message d'alerte achevé :

☐ **a.** j'appelle un autre service d'urgence
☐ **b.** je raccroche
☐ **c.** j'attends les instructions avant d'interrompre la communication

50 La pluviométrie :

☐ **a.** augmente avec l'altitude
☐ **b.** diminue avec l'altitude
☐ **c.** est similaire en fonction de l'altitude

2 Corrigés

1 c.	2 a.	3 a.	4 b.	5 c.	6 c.	7 c.	8 a.	9 a.	10 a.
11 a.	12 a.	13 b.	14 b.	15 d.	16 a.	17 a.	18 a.	19 a.	20 d.
21 a.	22 b.	23 c.	24 c.	25 c.	26 b.	27 b.	28 a.	29 a.	30 a.
31 a.	32 b.	33 b.	34 a.	35 b.	36 a.	37 b.	38 a.	39 b.	40 a.
41 a.	42 b.	43 a.	44 d.	45 c.	46 b.	47 b.	48 b.	49 c.	50 a.

1 Questions

① **Avec quel pays la cité-État insulaire de Singapour a-t-elle une frontière ?**

☐ **a.** La Malaisie ☐ **b.** L'Indonésie ☐ **c.** La Thaïlande

② **Quel est le rôle de la CEDEAO (Communauté économique de l'Afrique de l'Ouest) ?**

☐ **a.** C'est un organisme d'investissement

☐ **b.** C'est un système d'échanges d'énergies

☐ **c.** C'est un organisme de coopération économique et politique entre les 15 États de l'Afrique de l'Ouest

③ **Les votes blancs lors des élections sont pris en compte actuellement dans le nombre des suffrages exprimés.**

☐ **a.** Vrai ☐ **b.** Faux

④ **Si un dégagement d'urgence de la victime est nécessaire, où doit-elle être déplacée ?**

☐ **a.** Dans un véhicule

☐ **b.** Dans un endroit suffisamment éloigné du danger et de ses conséquences

☐ **c.** Dans un logement éclairé et chauffé

☐ **d.** Sous un arbre

⑤ **Qu'est-ce que « Twitter » ?**

☐ **a.** Un réseau social ☐ **b.** Un moteur de recherche

☐ **c.** Un site de jeux en ligne ☐ **d.** Un système d'exploitation

⑥ **Qu'est-ce qu'un sénéchal ?**

☐ **a.** Un chevalier

☐ **b.** Un seigneur dépendant d'un autre, plus puissant

☐ **c.** Un officier du roi

⑦ **Le territoire de la Casamance appartient aujourd'hui :**

☐ **a.** à la Guinée-Bissau ☐ **b.** au Sénégal ☐ **c.** au Liberia

⑧ **Les conseillers départementaux sont élus pour :**

☐ **a.** 7 ans ☐ **b.** 6 ans ☐ **c.** 5 ans

⑨ **Dans un courrier électronique, une pièce jointe est :**

☐ **a.** un lien hypertexte vers un site Web

☐ **b.** un fichier que j'envoie ou que je reçois avec le courrier

☐ **c.** un paiement en ligne

⑩ **Les déchets qui se détruisent seuls sont des déchets :**

☐ **a.** autonomes ☐ **b.** renouvelables ☐ **c.** biodégradables

⑪ **Quel est le philosophe à l'origine de l'Encyclopédie ou dictionnaire raisonné des sciences des arts et des métiers ?**

☐ **a.** Malherbe ☐ **b.** Diderot ☐ **c.** Benjamin Constant

⑫ En 2050, on peut estimer que la population mondiale s'élèverait à :

☐ **a.** 9 milliards d'habitants ☐ **b.** 8 milliards d'habitants ☐ **c.** 11 milliards d'habitants

⑬ Le Conseil municipal de Paris est composé pour la période 2020-2026 de :

☐ **a.** 163 conseillers ☐ **b.** 200 conseillers ☐ **c.** 100 conseillers

⑭ Le massage cardiaque sur un enfant se fait avec une main :

☐ **a.** Vrai

☐ **b.** Faux

☐ **c.** Cela dépend de la demande de ses parents

⑮ Qu'est-ce qu'un « spam » ?

☐ **a.** Une invitation ☐ **b.** Un courrier indésirable ☐ **c.** Une newsletter

⑯ Napoléon n'a exercé le pouvoir que pendant 15 années :

☐ **a.** Vrai ☐ **b.** Faux

⑰ La population des États-Unis est d'environ (chiffres 2021) :

☐ **a.** 332 millions d'habitants ☐ **b.** 232 millions d'habitants ☐ **c.** 400 millions d'habitants

⑱ Les Françaises ont obtenu le droit de voter et d'être élues :

☐ **a.** en 1944 ☐ **b.** en 1945 ☐ **c.** en 1951

⑲ Pour une brûlure, la vérification de la vaccination antitétanique est :

☐ **a.** recommandée ☐ **b.** interdite

☐ **c.** inutile ☐ **d.** effectuée uniquement si la victime le demande

⑳ Qu'est-ce qu'un « chatbot » ?

☐ **a.** Un logiciel de reconnaissance vocale

☐ **b.** Un logiciel programmé pour simuler une conversation

☐ **c.** Un logiciel de reconnaissance faciale

☐ **d.** Un logiciel de traduction simultanée

㉑ En quelle année a été assassiné Martin Luther King ?

☐ **a.** 1968 ☐ **b.** 1988 ☐ **c.** 1989

㉒ Parmi ces trois États, lequel a adhéré en dernier aux États-Unis ?

☐ **a.** L'Arizona ☐ **b.** L'Alaska ☐ **c.** Le Nouveau-Mexique

㉓ Le préfet est le représentant direct dans le département :

☐ **a.** du président de la République

☐ **b.** du Premier ministre et des ministres

☐ **c.** du ministre de l'Intérieur

㉔ Une personne vient de se planter un tournevis dans l'abdomen en faisant une mauvaise manipulation. Elle hurle, il n'y a pas de saignement :

☐ **a.** Je retire immédiatement le tournevis

☐ **b.** Je ne retire surtout pas le tournevis, j'allonge la victime, jambes fléchies

☐ **c.** Je ne retire surtout pas le tournevis, je place la victime en position demi-assise

㉕ Une énergie fossile se trouve :

☐ **a.** dans l'air ☐ **b.** sur une autre planète ☐ **c.** dans le sous-sol

㉖ Le président des États-Unis d'Amérique est élu pour une période de :

☐ **a.** 8 ans ☐ **b.** 4 ans ☐ **c.** 5 ans

㉗ Qu'est-ce qu'un « estuaire » ?

☐ **a.** L'embouchure d'un fleuve ☐ **b.** La rive gauche d'un fleuve ☐ **c.** Plusieurs îles

㉘ La Convention européenne des droits de l'homme a été ouverte à la signature :

☐ **a.** le 10 novembre 1945 ☐ **b.** le 4 novembre 1950 ☐ **c.** le 11 novembre 1980

㉙ Qu'est-ce que la Quadrature du Net ?

☐ **a.** Une association de défense des droits et libertés des citoyens sur Internet

☐ **b.** Le surnom donné aux quatre premiers pays reliés à Internet

☐ **c.** Le surnom de l'architecture informatique qui est à la base de tout Internet

☐ **d.** Une association qui cherche à améliorer l'enseignement à distance

㉚ Des déchets biodégradables peuvent, au cours de leur décomposition, dégager des gaz à effet de serre :

☐ **a.** Vrai ☐ **b.** Faux

㉛ Valéry Giscard d'Estaing a été élu président de la République en :

☐ **a.** 1974 ☐ **b.** 1975 ☐ **c.** 1980

㉜ Où vivent les pingouins ?

☐ **a.** Dans l'hémisphère sud ☐ **b.** Dans l'hémisphère nord ☐ **c.** Au Canada

㉝ Qui a un droit de veto au Conseil de sécurité des Nations Unies ?

☐ **a.** Tous les États ☐ **b.** Les cinq membres permanents

☐ **c.** Les États-Unis et la Chine

㉞ Lorsqu'une personne a un corps étranger qui obstrue totalement sa respiration, il faut :

☐ **a.** alternativement lui taper sur le dos et lui comprimer l'abdomen

☐ **b.** lui mettre deux doigts dans la bouche pour la faire vomir et retirer l'objet

☐ **c.** l'allonger sur le ventre et lui taper dans le dos

☐ **d.** lui mettre les pieds en l'air

㉟ Quel est le rôle d'un disque dur externe ?

☐ **a.** Naviguer sur Internet

☐ **b.** Garantir sa sécurité informatique

☐ **c.** Stocker et transférer des données

☐ **d.** Imprimer des photos

㊱ La première croisade en Terre sainte a débuté en :

☐ **a.** 1095 ☐ **b.** 1100 ☐ **c.** 1200

㊲ Quel est le premier port de pêche français ?

☐ **a.** Dieppe ☐ **b.** Boulogne-sur-Mer ☐ **c.** Le Havre

㊳ Chaque année, on célèbre une journée mondiale de l'enfance. Elle a lieu :

☐ **a.** le 1er novembre ☐ **b.** le 11 novembre ☐ **c.** le 20 novembre

39 **Word, LibreOffice et OpenOffice sont :**

☐ **a.** des tableurs ☐ **b.** des logiciels de traitement de texte

☐ **c.** des logiciels de messagerie ☐ **d.** des logiciels de navigation

40 **Le bois de chauffage est une énergie :**

☐ **a.** fossile ☐ **b.** nouvelle ☐ **c.** renouvelable

41 **Quel président des États-Unis a été mêlé au scandale du Watergate ?**

☐ **a.** Kennedy ☐ **b.** Nixon ☐ **c.** Reagan

42 **Quel est le premier port militaire français ?**

☐ **a.** Cherbourg ☐ **b.** Toulon ☐ **c.** Marseille

43 **Est-ce qu'un électeur peut choisir son bureau de vote ?**

☐ **a.** Oui ☐ **b.** Non

44 **Face à une personne victime d'une obstruction grave des voies aériennes, je réalise des claques dans le dos :**

☐ **a.** entre les deux omoplates, avec le poing fermé

☐ **b.** entre les deux omoplates, avec le talon de la main ouverte

☐ **c.** en bas du dos, avec le talon de la main ouverte

45 **Par mesure de sécurité informatique, un ordinateur devrait être verrouillé ou éteint lorsqu'il n'est pas utilisé :**

☐ **a.** Vrai ☐ **b.** Faux

46 **Le 6 juin 1944 a eu lieu :**

☐ **a.** la Libération de Paris ☐ **b.** le débarquement allié en Normandie

☐ **c.** le bombardement de Dunkerque

47 **Dans quel pays se situe la ville de Colombo ?**

☐ **a.** en Inde ☐ **b.** au Sri Lanka ☐ **c.** au Cambodge

48 **L'UNICEF a pour mission, entre autres, de :**

☐ **a.** participer à la lutte contre la faim dans le monde

☐ **b.** veiller au maintien de la paix et de la sécurité internationales

☐ **c.** défendre dans le monde les droits des enfants

49 **Lorsqu'un enfant a bu un produit caustique, il faut :**

☐ **a.** l'allonger

☐ **b.** le faire vomir

☐ **c.** le mettre en position demi-assise

☐ **d.** le faire boire

50 **La consommation domestique représente :**

☐ **a.** 5 % de la consommation totale d'eau douce

☐ **b.** 10 % de la consommation totale d'eau douce

☐ **c.** 20 % de la consommation totale d'eau douce

2 Corrigés

1 a.	2 c.	3 b.	4 b.	5 a.	6 c.	7 b.	8 b.	9 b.	10 c.
11 b.	12 a.	13 a.	14 a.	15 b.	16 a.	17 a.	18 a.	19 a.	20 b.
21 a.	22 b.	23 b.	24 b.	25 c.	26 b.	27 a.	28 b.	29 a.	30 a.
31 a.	32 b.	33 b.	34 a.	35 c.	36 a.	37 b.	38 c.	39 b.	40 c.
41 b.	42 b.	43 b.	44 b.	45 a.	46 b.	47 b.	48 c.	49 c.	50 a.

1 Questions

① **Comment s'appelle le dernier repas de Jésus pris avec ses Apôtres ?**

☐ **a.** L'Eucharistie ☐ **b.** La Cène ☐ **c.** Le saint Sacrifice

② **La Guinée-Bissau a été sous domination portugaise.**

☐ **a.** Vrai ☐ **b.** Faux

③ **En juin 2021, combien de conseillers départementaux ont été élus ?**

☐ **a.** 4 108 ☐ **b.** 4 200 ☐ **c.** 5 000

④ **Quel comportement ne doit-on pas adopter en cas de diffusion du signal d'alerte du système d'alerte et d'information des populations (SAIP) ?**

☐ **a.** Se mettre en sécurité

☐ **b.** S'informer grâce aux médias et sites Internet des autorités dès que leur consultation est possible

☐ **c.** Acheter le plus rapidement des aliments de première nécessité

☐ **d.** Respecter les consignes des autorités

⑤ **Le sigle IA signifie :**

☐ **a.** informatique appliquée ☐ **b.** induction automatique ☐ **c.** intelligence artificielle

⑥ **Qu'est-ce qu'un heaume ?**

☐ **a.** Le casque pointu d'un chevalier

☐ **b.** Sa cotte de mailles

☐ **c.** Une protection pour le cou

⑦ **Lequel de ces trois pays a un territoire constitué à 80 % du Sahara et du Sahel ?**

☐ **a.** Mauritanie ☐ **b.** Niger ☐ **c.** Togo

⑧ **Avec quelle fréquence, prévue par la loi, le conseil municipal doit-il se réunir ?**

☐ **a.** Au minimum une fois par trimestre

☐ **b.** Au minimum une fois par mois

☐ **c.** Plusieurs fois par mois

⑨ **Le port VGA concerne :**

☐ **a.** l'écran ☐ **b.** la souris ☐ **c.** une clé USB

⑩ **Un homme sur un vélo fournit une énergie :**

☐ **a.** mécanique ☐ **b.** thermique ☐ **c.** fossile

⑪ **Le 5 mai 1821 disparaissait Napoléon Bonaparte :**

☐ **a.** sur l'île d'Elbe ☐ **b.** en Corse ☐ **c.** à Sainte-Hélène

⑫ **Est-ce que Malte fait partie de l'Union européenne ?**

☐ **a.** Oui ☐ **b.** Non

⑬ **En 2024, selon l'Insee, le taux de chômage en France est de :**

☐ **a.** 10 % ☐ **b.** 7,5 % ☐ **c.** 5 %

⑭ **Quel comportement ne doit-on pas adopter en présence d'une victime en arrêt cardiaque ?**

☐ **a.** Alerter : alerter immédiatement les secours

☐ **b.** Masser : pratiquer une réanimation cardio-pulmonaire

☐ **b.** Defibriller : utiliser un défibrillateur automatique (DAE) si possible

☐ **d.** Attendre : patienter jusqu'à l'arrivée des secours

⑮ **Parmi les propositions suivantes, laquelle ne correspond pas à un moteur de recherche ?**

☐ **a.** Bing ☐ **b.** Qwant

☐ **c.** Duck Duck Go ☐ **d.** Wikipédia

⑯ **La fonction de préfet a été créée par :**

☐ **a.** Charles X ☐ **b.** Louis XVIII ☐ **c.** Napoléon Bonaparte

⑰ **Au premier janvier 2024, l'Union européenne compte :**

☐ **a.** 500 millions d'habitants ☐ **b.** 449 millions d'habitants ☐ **c.** 300 millions d'habitants

⑱ **La Roumanie utilise-t-elle l'euro ?**

☐ **a.** Oui ☐ **b.** Non

⑲ **En matière de secourisme, quelle est la tranche d'âge pour que la victime soit considérée comme un enfant ?**

☐ **a.** 1 à 6 ans ☐ **b.** 1 à 8 ans ☐ **c.** 1 à 10 ans

⑳ **Un cours donné en ligne est :**

☐ **a.** un MOOC ☐ **b.** un PDF

☐ **c.** un MRZ ☐ **d.** un VGA

㉑ **À quelle date a débuté la guerre d'indépendance de l'Algérie ?**

☐ **a.** Novembre 1954 ☐ **b.** Mars 1962 ☐ **c.** Janvier 1956

㉒ **Quelle est la capitale de l'État de l'Arizona aux États-Unis ?**

☐ **a.** Phoenix ☐ **b.** Columbia ☐ **c.** Denver

㉓ **L'Organisation Internationale du Travail a-t-elle reçu le Prix Nobel de la paix ?**

☐ **a.** Oui, en 1969 ☐ **b.** Oui, en 2000 ☐ **c.** Non, jamais

㉔ **Je dois enlever les vêtements et rincer à grande eau lors d'une projection de produit(s) chimique(s) :**

☐ **a.** Vrai ☐ **b.** Faux

㉕ **Une nappe phréatique contient :**

☐ **a.** du minerai ☐ **b.** de la houille ☐ **c.** de l'eau

㉖ **Qui a découvert la radioactivité en 1896 ?**

☐ **a.** Becquerel ☐ **b.** Pierre et Marie Curie ☐ **c.** Claude Bernard

㉗ **Quel est le plus grand océan du monde ?**

☐ **a.** L'Atlantique ☐ **b.** Le Pacifique ☐ **c.** L'Arctique

㉘ **Où sont conservés les registres d'état civil ?**

☐ **a.** À la préfecture ☐ **b.** En mairie ☐ **c.** Au ministère de l'intérieur

㉙ Une émission audio téléchargeable ou en ligne est :

☐ **a.** un podcast ☐ **b.** un firewall ☐ **c.** un forward

㉚ Adopté en 1997, le protocole de Kyoto vise à :

☐ **a.** préserver la faune marine

☐ **b.** limiter les émissions de gaz à effet de serre

☐ **c.** favoriser les énergies renouvelables

㉛ Qui a découvert la pénicilline ?

☐ **a.** Alexander Fleming ☐ **b.** Louis Pasteur ☐ **c.** Irène Joliot-Curie

㉜ Quelle est la capitale du Venezuela ?

☐ **a.** Caracas ☐ **b.** La Paz ☐ **c.** Bogota

㉝ La Cour internationale de Justice de l'ONU siège à :

☐ **a.** La Haye ☐ **b.** Amsterdam ☐ **c.** Bruxelles

㉞ Une brûlure d'origine chimique, électrique ou radiologique est une brûlure :

☐ **a.** simple ☐ **b.** grave

☐ **c.** complexe ☐ **d.** variable

㉟ Qu'est-ce qu'un hotspot ?

☐ **a.** Un site pornographique

☐ **b.** Un point de rencontre de hackers

☐ **c.** Un réseau d'accès Internet gratuit ou payant dans un lieu ouvert public

☐ **d.** Le point le plus chaud de la connexion

㊱ La bataille de Verdun a eu lieu en :

☐ **a.** 1916 ☐ **b.** 1917 ☐ **c.** 1918

㊲ La capitale de l'Estonie est :

☐ **a.** Bergen ☐ **b.** Vilnius ☐ **c.** Tallinn

㊳ Les délibérations du conseil municipal sont prises à la majorité absolue :

☐ **a.** Vrai ☐ **b.** Faux

㊴ Trouvez l'intrus :

☐ **a.** Mail ☐ **b.** Courriel

☐ **c.** Reminder ☐ **d.** Courrier électronique

㊵ Les ressources halieutiques concernent :

☐ **a.** la chasse ☐ **b.** la pêche ☐ **c.** la culture céréalière

㊶ Quel président américain a ordonné le bombardement d'Hiroshima en 1945 ?

☐ **a.** Roosevelt ☐ **b.** Eisenhower ☐ **c.** Truman

㊷ Avec lequel de ces pays le Mexique a-t-il une frontière ?

☐ **a.** Le Guatemala ☐ **b.** Le Venezuela ☐ **c.** La Bolivie

㊸ Quelle est la durée d'un mandat d'un député européen ?

☐ **a.** 5 ans ☐ **b.** 10 ans ☐ **c.** 7 ans

44 AVC signifie :

☐ **a.** accident veineux cérébral
☐ **b.** accident vasculaire cardiaque
☐ **c.** accident vasculaire cérébral

45 Les attaques informatiques concernent uniquement les grosses entreprises et les administrations :

☐ **a.** Vrai ☐ **b.** Faux

46 Holocauste et Shoah sont des synonymes :

☐ **a.** Vrai ☐ **b.** Faux

47 En 2024, 9 % de la population mondiale soit 700 millions de personnes n'ont pas accès à l'eau potable :

☐ **a.** Vrai ☐ **b.** Faux

48 Le président de la Cour de Justice de l'Union européenne est élu par les juges pour une période de 3 ans renouvelable :

☐ **a.** Vrai ☐ **b.** Faux

49 Une victime se plaint d'une douleur au niveau des os et articulations du genou. Elle présente également une hémorragie au niveau de la cuisse. Quelle détresse faut-il traiter en premier ?

☐ **a.** L'hémorragie
☐ **b.** La fracture possible et douloureuse
☐ **c.** Aucune de deux

50 Le terme « précipitations » désigne :

☐ **a.** les cours d'eau
☐ **b.** l'eau des glaciers qui fondent
☐ **c.** les pluies

2 Corrigés

1 b.	2 a.	3 a.	4 c.	5 c.	6 a.	7 b.	8 a.	9 a.	10 a.
11 c.	12 a.	13 b.	14 d.	15 d.	16 c.	17 b.	18 b.	19 b.	20 a.
21 a.	22 a.	23 a.	24 a.	25 c.	26 a.	27 b.	28 b.	29 a.	30 b.
31 a.	32 a.	33 a.	34 b.	35 c.	36 a.	37 c.	38 b.	39 c.	40 b.
41 c.	42 a.	43 a.	44 c.	45 b.	46 a.	47 a.	48 a.	49 a.	50 c.

Sujets corrigés supplémentaires

https://www.lienmini.fr/220070-02

Connaissance de la langue française

TOUT LE COURS

Dans ce chapitre, nous allons surtout vous donner des conseils pratiques sur les éléments de cours que vous devez maîtriser. En effet, il est important de bien connaître les différentes notions que nous allons évoquer. Elles peuvent faire l'objet de questions lors des épreuves de sélection.

VOCABULAIRE

Principe fondamental : Un bon niveau de vocabulaire est exigé pour ce concours.

1 Synonymes

Les synonymes sont des mots dont le **sens est proche**. Mais, attention, il y a des nuances dans une série de synonymes.

Entraînez-vous lors de vos lectures en choisissant un mot au hasard et en essayant de proposer spontanément un ou deux synonymes, tout en respectant la catégorie grammaticale (à un nom correspond un nom, à un adjectif un adjectif, etc.).

Comparez et vérifiez les nuances, les degrés d'intensité dans l'exemple suivant : *peur, frayeur, affolement, épouvante, appréhension, panique.*

Vous devez être capable de distinguer les différences de sens de ce type de série.

- **Exemples de questions figurant dans le QCM :**

1. Quel est le synonyme de *courroux* dans la liste suivante ?

a. emportement **b.** malentendu **c.** pondération

Réponse : **a.**

2. Donnez des synonymes des mots suivants :

élégant (adjectif), *narrer* (verbe), *labyrinthe* (nom), *opiniâtre* (adjectif), *indépendance* (nom), *maladroit* (adjectif), *fatigue* (nom), *attentionné* (adjectif).

Réponses : *chic, raconter, dédale, persévérant, autonomie, malhabile, épuisement, affable.*

2 Homonymes

Les homonymes sont des mots qui ont les **mêmes sons** (ou très proches), sans avoir la même orthographe, ni le même sens, tels que : *sot/seau/sceau/saut* ; *cep/cèpe* ; *mètre/mettre/maître* ; *mer/maire/mère* ; *mal/mâle/malle* ; *ton/thon/t'ont/taon/t-on.*

Entraînez-vous à faire une phrase avec les homonymes suivants de façon à en éclairer le sens : *quart, car, mon, mont, cent, sans, cent, sans, s'en, sang, sol, sole, ou, où.*

Assurez-vous que vous en connaissez les emplois et le sens.

3 Antonymes

Les antonymes sont des mots de **sens contraire**, tels que : *nomade/sédentaire* ; *habile/malhabile* ; *accepter/refuser* ; *lisible/illisible* ; *modéré/immodéré* ; *satisfait/insatisfait* ; *courageux/poltron* ; *confiant/méfiant.*

4 Paronymes

Les paronymes sont des mots dont les **sons**, et **l'orthographe** parfois, sont **assez proches** et peuvent donc prêter à confusion. Il y en a de nombreux : *conjoncture/conjecture ; emprunt/empreint ; éruption/irruption ; amoral/immoral ; émerger/immerger ; chaos/cahot ; décade/décennie ; infester/infecter ; allocution/allocation ; proposition/préposition ; prodigue/prodige ; judiciaire/juridique ; oppresser/opprimer,* etc.

5 Sens propre et sens figuré

Le **sens propre** d'un mot, c'est son sens **le plus courant**. Avec le **sens figuré**, on passe du concret à l'**abstrait**.

- Exemples : *J'ai rempli un* ***chèque*** *pour régler ma facture de téléphone.* (sens propre)
  Les syndicats ne veulent pas donner un ***chèque*** *en blanc aux dirigeants de cette entreprise.* (sens figuré)
  Il a une ***dent*** *cassée et doit aller chez le dentiste.* (sens propre)
  Cette personne a une ***dent*** *contre moi.* (sens figuré)
  On peut vous poser la question suivante : « Dans quel sens le mot...... est-il employé ? »

6 Masculin ou féminin ?

On peut hésiter sur le genre d'un nom...

Faites un test avec le dictionnaire : prenez un mot au hasard et dites s'il est masculin ou féminin.

Choisissez l'article indéfini qui convient (*un/une*) pour les mots suivants :

abysse, agrume, amibe, débâcle, molécule, orbite, oasis, interview, apostrophe, armistice, apogée, isthme, interstice.

Réponses : *un abysse, un agrume, une amibe, une débâcle, une molécule, une orbite, une oasis, une interview, une apostrophe, un armistice, un apogée, un isthme, un interstice.*

Certains mots changent de genre :

- Exemples : un « amour » (nom masculin au singulier), mais des « amours enfantines » (féminin au pluriel) ;
  un « délice » (nom masculin au singulier), mais des « délices », de « pures délices » (féminin au pluriel) ;
  des « gens » (masculin pluriel), mais les « vieilles gens » (féminin pluriel), etc.

7 Particularités liées au pluriel

Certains mots ont un **double pluriel** (selon le sens précis dans lequel on les emploie) :

• Exemples : les ciels/les cieux ; les aïeuls/les aïeux, etc.

Certains mots ne **s'emploient qu'au pluriel** :

• Exemples : fiançailles, funérailles, doléances, mœurs, ténèbres, vivres, confins, etc.

Comment organiser les révisions de conjugaison ? Cela peut apparaître comme un vaste programme !

D'abord, les formes de la conjugaison d'un verbe s'apprennent par cœur. Vous avez des connaissances, les cibler permettra d'alléger le programme de révisions.

Parmi les points abordés ci-dessous, repérez vos oublis, vos difficultés, les connaissances qui vous manquent et dont vous pourriez avoir besoin. Cela vous permettra d'établir des fiches assez courtes que vous reverrez le plus souvent possible, au lieu de tenter de tout assimiler trop vite.

CONJUGAISON

1 Les temps et les modes

Trois temps sont assez peu employés actuellement : le passé simple de l'indicatif, le plus-que-parfait du subjonctif et le passé 2e forme du conditionnel. Vous pouvez, *a priori*, les laisser de côté.

En revanche, les autres temps et modes pourraient faire l'objet d'une question le jour du concours.

2 Les groupes

Un rappel des différents groupes est nécessaire.

être et avoir n'appartiennent à aucun groupe.

1er groupe : les verbes se terminent en *-er*, participe passé en *-é*, participe présent en *-ant*.

• Exemples : parler, parlé, parlant ; manger, mangé, mangeant.

Le verbe aller appartient au 3e groupe, en raison de ses nombreux radicaux.

2e groupe : les verbes se terminent en *-ir*, participe passé en *-i*, participe présent en ***issant***.

• Exemples : finir, fini, finissant ; rougir, rougi, rougissant ; salir, sali, salissant.

3e groupe : tous les autres verbes qui ne répondent pas aux critères des deux précédents groupes.

- Exemples : partir, parti, partant ; écrire, écrit, écrivant ; fuir, fui, fuyant ; prendre, pris, prenant ; peindre, peint, peignant ; battre, battu, battant ; paraître, paru, paraissant ; croître, crû, croissant ; conduire, conduit, conduisant ; croire, cru, croyant.

Pour ce dernier groupe, il est intéressant de repérer et classer certaines terminaisons à l'infinitif de façon à retenir les points difficiles :

- les verbes se terminant par ***-ir*** : *fuir, dormir, partir, mourir, venir, tenir,* etc., qui appartiennent à ce 3e groupe ;
- les verbes en ***-re***, qui se décomposent en plusieurs sous-groupes, dont :
- les verbes en ***-dre***, qui conservent le *d* aux trois 1res pers. du singulier du présent de l'indicatif tels que *prendre, attendre, fondre, tondre, mordre, perdre, coudre* :

  je prends, tu prends, il prend ; j'attends, tu attends, il attend,
  je fonds, tu fonds, il fond ; je tonds, tu tonds, il tond,
  je mords, tu mords, il mord ; je perds, tu perds, il perd,
  je couds, tu couds, il coud ;
- les verbes en ***-indre***, qui perdent le ***d*** aux trois personnes du singulier du présent de l'indicatif tels que *craindre, peindre, atteindre, joindre, étreindre* :

  je crains, tu crains, il craint,
  je peins, tu peins, il peint ; j'atteins, tu atteins, il atteint,
  je joins, tu joins, il joint,
  j'étreins, tu étreins, il étreint ;
- les verbes en ***-soudre***, qui perdent aussi le ***d*** aux trois personnes du singulier du présent de l'indicatif tels que *absoudre, dissoudre, résoudre* :

  j'absous, tu absous, il absout ; je dissous, tu dissous, il dissout,
  je résous, tu résous, il résout ;
- les verbes en -***aître*** ou en -***oître***, tels que *connaître, apparaître, naître* :

  je connais, tu connais, il connaît ; j'apparais, tu apparais, il apparaît,
  je nais, tu nais, il naît.

Dans le cas particulier du verbe ***croître***, **l'accent circonflexe sur le** *i* permet de distinguer le verbe *croître* du verbe *croire* aux trois personnes du singulier du présent de l'indicatif :

je croîs, tu croîs, il croît (verbe croître) et je crois, tu crois, il croit (verbe croire) ;

- les verbes en ***-ttre***, qui conservent le ***t*** aux trois personnes du singulier du présent de l'indicatif tels que *battre, mettre* : *je bats, tu bats, il bat* ; *je mets, tu mets, il met ;*
- les verbes en *-aire* tels que *faire, plaire, taire* : *je fais, tu fais, il fait ; je plais, tu plais, il plaît ; je tais tu tais il tait.*

3 À propos des verbes

Pour tout savoir sur la conjugaison des verbes, vous pouvez consulter les sites suivants : www.bescherelle.com, www.leconjugueur.com

Il existe un dictionnaire des fréquences des verbes (CNRS Didier) qui les classe selon leur emploi le plus fréquent aussi bien à l'oral qu'à l'écrit. Cela peut constituer aussi une façon d'organiser des révisions et vous permettre de repérer les verbes à savoir absolument, avec les difficultés orthographiques qu'ils comportent.

Voici les 50 premiers verbes.

1. être	11. falloir	21. demander	31. connaître	41. devenir
2. avoir	12. devoir	22. tenir	32. paraître	42. entrer
3. faire	13. croire	23. sembler	33. arriver	43. revenir
4. dire	14. trouver	24. laisser	34. sentir	44. écrire
5. pouvoir	15. donner	25. rester	35. attendre	45. appeler
6. aller	16. prendre	26. penser	36. vivre	46. tomber
7. voir	17. parler	27. entendre	37. chercher	47. reprendre
8. savoir	18. aimer	28. regarder	38. sortir	48. commencer
9. vouloir	19. passer	29. répondre	39. comprendre	49. suivre
10. venir	20. mettre	30. rendre	40. porter	50. montrer

Quelques difficultés à maîtriser

À partir du tableau ci-dessus, il est donc possible d'identifier les principales difficultés orthographiques. Il est à noter aussi que les 13 premiers verbes les plus fréquemment employés appartiennent au 3e groupe (aller est toujours classé dans le 3e groupe, comme nous l'avons vu plus haut).

- La **cédille** : devant *a, o, u* (uniquement) pour obtenir le son *ss*.
  - ex. : *il reçoit, il perçait, il a perçu.*

  Dans les verbes en ***-eler*** et ***-eter***, les lettres ***l*** et ***t*** sont doublées :
- aux trois personnes du singulier et à la 3e personne du pluriel du présent de l'indicatif :
  - ex. : *j'appelle, tu appelles, il appelle, ils appellent,* mais *nous appelons, vous appelez.*
  - ex. : *je jette, tu jettes, il jette, ils jettent,* mais *nous jetons, vous jetez ;*
- aux trois personnes du singulier et à la 3e personne du pluriel du présent du subjonctif :
  - ex. : *que j'appelle, que tu appelles, qu'il appelle, qu'ils appellent* mais *que nous appelions, que vous appeliez ;*
- à la 2e personne du singulier de l'impératif :
  - ex. : *appelle ! jette !*
- à toutes les personnes du futur de l'indicatif :
  - ex. : *j'appellerai, tu appelleras, il appellera, nous appellerons, vous appellerez, ils appelleront ;*
- à toutes les personnes du présent du conditionnel :
  - ex. : *j'appellerais, tu appellerais, il appellerait, nous appellerions, vous appelleriez, ils appelleraient.*

Les verbes suivants ne doublent pas le l mais portent un accent grave sur la voyelle e : ciseler, démanteler, geler et ses composés, écarteler, harceler, marteler, modeler, peler, celer et ses composés.
je cisèle, tu démantèles, il gèle, mais nous démantelons, vous harcelez, ils martèlent.
Il faut les retenir !
Certains verbes en -eter fonctionnent de la même façon : acheter, racheter, crocheter, fureter, haleter, corseter.
j'achète, nous achetons, je crochète, nous crochetons...

Dans les verbes comportant un é dans l'avant-dernière syllabe de l'infinitif, tels que *céder, considérer,* ce é devient è :

- aux trois personnes du singulier et à la 3e du pluriel du présent de l'indicatif et du subjonctif :
  - ex. : *je cède, tu cèdes, il cède, ils cèdent,* mais *nous cédons, vous cédez.*
  - ex. : *je considère, tu considères, il considère, ils considèrent,* mais *nous considérons, vous considérez ;*
- à la 2e personne du singulier du présent de l'impératif :
  - ex. : *cède ! considère !*
- Il faut connaître le participe présent des verbes, qui est une forme invariable, et veiller à ne pas le confondre avec l'adjectif verbal. Ce dernier fonctionne comme un adjectif qualificatif et s'accorde en genre et en nombre avec le nom ou le pronom.

Voici quelques exemples courants :

INFINITIF	PARTICIPE PRÉSENT	ADJECTIF VERBAL
négliger	négligeant	négligent
émerger	émergeant	émergent
converger	convergeant	convergent
communiquer	communiquant	communicant
convaincre	convainquant	convaincant
provoquer	provoquant	provocant
fatiguer	fatiguant	fatigant
différer	différant	différent
précéder	précédant	précédent

- **Exemples :**
  - *Ces adolescents, provocants, ont refusé d'obéir aux ordres.* (adjectif verbal)
  - *Ces adolescents, provoquant les enseignants, ont refusé d'obéir aux ordres du directeur.* (participe présent)
  - *Elle est négligente, elle a perdu des documents.* (adjectif verbal)
  - *Négligeant de mettre de l'ordre dans ses documents, il en a perdu un certain nombre.* (participe présent)

On identifie un adjectif verbal en le remplaçant par un adjectif qualificatif : *Ces adolescents, provocateurs, ont refusé d'obéir aux ordres du directeur.*

On identifie un participe présent si on peut le remplacer par le gérondif, c'est-à-dire la forme « en + participe présent » : *En négligeant de mettre de l'ordre dans ses documents, il en a perdu un certain nombre.*

ACCORDS GRAMMATICAUX

1 Les règles de base du participe passé

- Employé avec l'auxiliaire ***avoir***, le participe passé ne s'accorde que si le complément d'objet direct (COD) est placé avant le verbe.
  - Exemples :
    - « J'ai acheté des plantes ce matin » : j'ai acheté quoi ? des plantes, COD placé après, donc **pas d'accord**.
    - « Je vais offrir les plantes que j'ai achetées ce matin » : j'ai acheté quoi ? les plantes, COD placé devant, donc **accord**.
    - « Ces amis, je les ai rencontrés l'an passé en Grèce » : j'ai rencontré qui ? ces amis, COD placé devant, donc **accord**.
    - « Les voitures, ils les ont lavées au jet d'eau » : ils ont lavé quoi ? les voitures, COD placé devant, donc **accord**.
- Employé avec l'auxiliaire ***être***, le participe passé s'accorde généralement avec le sujet (sauf cas particuliers de certains verbes pronominaux).
  - Exemples :
    - « Elle est venue me voir dès mon arrivée à Paris » : qui fait l'action de venir ? elle, sujet au féminin singulier, donc **accord**.
    - « Ils sont sortis de bonne heure pour aller au marché » : qui fait l'action de sortir ? ils, sujet au masculin pluriel, donc **accord**.
- Quelques accords particuliers
  - *fait* + infinitif : pas d'accord du participe passé.
    - Exemple : *Ces livres, tu les as fait venir d'Allemagne.*
  - Participe passé précédé de *en* : **pas d'accord** du participe passé.
    - Exemple : *Des peintures comme celles-là, j'en ai vu beaucoup.*
  - Le participe passé des verbes impersonnels est toujours **invariable**.
    - Exemples :
      - *Il est arrivé des ennuis à cette personne.*
      - *Quelle endurance il a fallu à ces coureurs cyclistes pour gravir ce col !*

2 Les participes passés des verbes pronominaux

Il s'agit là d'un point particulièrement complexe.

Retenons les principales règles suivantes :

- Si le verbe n'existe qu'à la forme pronominale, tels que *s'évader, se méfier, se moquer, s'absenter,* on **accorde** le participe passé avec le sujet.
  - Exemples :
    - *Nicole s'est méfiée de ces paroles.*
    - *Elles se sont moquées de son attitude.*
- Si le verbe pronominal est de sens passif, on accorde le participe passé avec le sujet :
  - Exemple : *Les livres de cet auteur se sont bien vendus.*
- Quand le pronom réfléchi (*me, te, se, nous, vous, se*) a valeur de complément d'objet direct, on accorde le participe passé avec le sujet.
  - Exemples :
    - *Elle s'est levée de bonne heure* : se = elle-même.
    - *Ils se sont lavés dans la rivière* : se = eux-mêmes.

> *Dans « Ils se sont lavé les mains », il n'y a pas d'accord du participe passé parce que le COD « les mains » est placé après le verbe.*

- Exemples : Certains verbes ont des participes passés invariables, il faut les apprendre par cœur : *se complaire, se plaire, se déplaire, se nuire, se mentir, se parler, se succéder, se rendre compte.*

Il y a toutefois une explication qu'il faut rechercher lorsqu'on hésite : ces verbes n'acceptent jamais de COD à la forme active.

- Exemples :
  - *Les rois se sont succédé en France pendant des siècles.* (on succède à…).
  - *Ils se sont plu dès la première rencontre.* (on plaît à…)

3 Les accords du verbe

- Le cas du sujet inversé. Ne pas oublier l'accord.
  - Exemple : *Dans ces tiroirs s'entassent de vieux journaux qu'il faudra jeter.*
- Quand le sujet du verbe est un adverbe de quantité (*beaucoup de, peu de,* etc.) suivi d'un nom au pluriel ou sans nom, le verbe se met au pluriel.
  - Exemples :
    - *Beaucoup d'hommes politiques seront présents à la cérémonie.*
    - *Beaucoup ont des difficultés en mathématiques.*
    - *Peu d'amis étaient présents ce jour-là.*

Il en est de même, entre autres, pour : *la plupart, nombre de, tant de.*

- Exemples :
  - *La plupart des vêtements d'hiver ont été vendus.*
  - *La plupart refusent de partir.*

- *Nombre de clients attendent l'ouverture des portes.*
- *Tant d'invités sont inscrits sur la liste qu'il a fallu distribuer des tickets numérotés.*

Avec pour sujet un nom collectif précédé d'un article indéfini et suivi d'un nom au pluriel, le verbe peut se mettre soit au singulier soit au pluriel selon l'intention de l'auteur.

- **Exemples :** *Une foule de... Une bande de... Une armée de... Une nuée de... Un grand nombre de...*
- *Une foule d'enfants se presse autour du manège.*
- *Un grand nombre d'enfants se pressent autour du manège.*

Si des sujets sont reliés par *ni... ni, ou... ou*, le verbe se met soit au singulier soit au pluriel. C'est surtout une question de bon sens.

- **Exemples :**
- *Ni l'un ni l'autre n'ont pu donner une adresse exacte.*
- *Pierre ou Françoise prendra les sacs de voyage.*

Avec *chacun* et *aucun*, le verbe se met au singulier.

- **Exemples :**
- *Chacun sera averti dans les plus brefs délais.*
- *Aucun n'a apporté de solution.*

4 Les adjectifs de couleur

Ils s'accordent avec le nom : *des nuages blancs, des vestes vertes, des cheveux dorés, des cheveux châtains.*

Mais s'il comporte une nuance, pas d'accord : *des robes vert pâle, des tissus jaune paille, des foulards bleu turquoise.*

Les adjectifs issus directement de noms sont invariables : *des perles marron, des rideaux orange, des yeux noisette...*

- **Exceptions :** *écarlate, fauve, mauve, pourpre, rose*, qui, bien qu'étant par ailleurs des noms communs, sont variables. Il faut les apprendre par cœur !
- **Exemples :** *Des chemises roses. Des tenues mauves.*

5 L'accord de l'adjectif qualificatif éloigné du nom

Il ne faut pas oublier d'accorder l'adjectif qualificatif avec le nom auquel il se rapporte, même s'il en est éloigné.

- **Exemples :**
- *Célèbres et adulées, ces femmes sont devenues des stars du cinéma.*
- *Satisfaits de leurs résultats, les étudiants ont organisé une fête.*

6 Le pluriel des noms composés

C'est avant tout une affaire d'identification des catégories grammaticales de chacun des mots qui forment le nom composé… et une question de bon sens :

- adjectif + nom : accord :
  - *des grands-parents*
  - **mais** : *des pur-sang, des demi-heures, des micro-ordinateurs…*
- nom + nom : accord :
  - *des bateaux-mouches, des portes-fenêtres*
  - **mais** : *des timbres-poste* (pour la poste), *des stations-service, des auto-écoles…*
- verbe + nom : verbe invariable, nom : singulier ou pluriel selon le sens :
  - *des abat-jour* (le jour), *des sèche-cheveux* (les cheveux), *des grille-pain* (du pain), *des faire-part, des lave-vaisselle, des porte-plume(s)* ;
- deux adjectifs : accord des deux adjectifs :
  - *des sourds-muets* ;
- adverbe + nom : adverbe invariable, accord du nom :
  - *des arrière-boutiques, des haut-parleurs, des après-midi(s) ;*
- préposition + nom : préposition invariable, accord du nom selon le sens
  - *des en-têtes, des sans-abri(s).*
  - *des tête-à-tête, des rez-de-chaussée, des chefs-d'œuvre, des laissez-passer…*

7 Les adjectifs numéraux cardinaux

- Seuls *vingt* et *cent* peuvent prendre la marque du pluriel quand ils sont **multipliés exactement**, c'est-à-dire non suivis d'un autre nombre, d'une autre unité.
  - Exemples :
    - *Quatre-vingts* **mais** *quatre-vingt-trois* (80 + 3).
    - *Trois cents* **mais** *trois cent quatre* (300 + 4).
- Quand *vingt* et *cent* indiquent le **rang** ou l'**ordre**, ils sont invariables.
  - Exemples :
    - *La page trois cent* (la trois centième page) ; *le rang quatre-vingt* (le quatre-vingtième rang).
- *Mille* est **toujours invariable** et peut s'écrire *mil* quand il s'agit de **dates**.
  - Exemples :
    - *Ce livre a presque deux mille pages.*
    - *Deux mille quinze* ou *deux mil quinze.*

SUJETS BLANCS CORRIGÉS

SUJET N° 1 ★★★ CONNAISSANCE DE LA LANGUE FRANÇAISE

15 minutes

1 Questions

① **Quelle est la phrase correctement écrite ?**

☐ **a.** Il est venu nous voir à trois heures et demie.

☐ **b.** Il a acheté des demies portions, c'est moins cher.

☐ **c.** Elle se promène tous les jours une demie heure.

② **À quel temps est employé le verbe *faire* dans la phrase suivante ?**
Je ferai ce travail plus tard.

☐ **a.** imparfait de l'indicatif ☐ **b.** futur de l'indicatif ☐ **c.** conditionnel présent

③ ***S'il pleut, je ne sortirai pas faire des achats.***
L'accord des verbes dans cette phrase est-il correct ?

☐ **a.** Oui ☐ **b.** Non

④ ***Les fruits que j'ai... n'étaient pas mûrs.***

Complétez :

☐ **a.** acheté ☐ **b.** achetés ☐ **c.** acheter

⑤ **Que signifie le mot *logorrhée* ?**

☐ **a.** un discours ☐ **b.** une controverse ☐ **c.** un bavardage intarissable

⑥ ***Parce que* est :**

☐ **a.** une conjonction de subordination

☐ **b.** une conjonction de coordination

☐ **c.** une préposition

⑦ **Que signifie l'expression *faire fi de quelque chose* ?**

☐ **a.** mentir

☐ **b.** ne pas tenir compte de quelque chose

☐ **c.** avoir confiance

⑧ ***Tu aurais dû penser à emporter des vêtements chauds.***
Y a-t-il une faute d'orthographe dans cette phrase ?

☐ **a.** Oui ☐ **b.** Non

⑨ ***C'est un discours...***
Complétez :

☐ **a.** solennel ☐ **b.** solannel **c.** solenel

⑩ ***Mon amie est très versatile.***
On peut remplacer cet adjectif par :

☐ **a.** inquiète ☐ **b.** inconstante **c.** distante

⑪ **Que veut dire le verbe *infirmer* ?**

☐ **a.** accepter ☐ **b.** réfuter **c.** consacrer

⑫ **Quel est l'antonyme de l'adjectif *fallacieux* ?**

☐ **a.** véridique ☐ **b.** perfide **c.** trompeur

⑬ ***Corroborer* signifie *confirmer* ?**

☐ **a.** Oui ☐ **b.** Non

⑭ **Un ou une atmosphère ?**

☐ **a.** un ☐ **b.** une

⑮ **Est-ce que le nom *fragrance* est synonyme de parfum ?**

☐ **a.** Oui ☐ **b.** Non

⑯ ***Il est... à de hautes fonctions.***
Complétez :

☐ **a.** apelé ☐ **b.** appelé **c.** appellé

⑰ ***Il ne s'adapte pas à la société, il est...***
Complétez :

☐ **a.** asocial ☐ **b.** associal **c.** asociale

⑱ **Quel est le mot qui comporte une faute d'orthographe :**

☐ **a.** la persévérance ☐ **b.** l'intransigeance **c.** la tranquilité

⑲ **Complétez l'expression : *se regarder en chiens de...***

☐ **a.** loup ☐ **b.** faïence **c.** chasse

⑳ ***Faire l'éloge* signifie :**

☐ **a.** faire des compliments ☐ **b.** critiquer ☐ **c.** remercier

㉑ **Dans la phrase suivante quelle est la nature du mot *leur* ?**
Ils leur ont donné tout ce dont ils avaient besoin.

☐ **a.** adjectif possessif ☐ **b.** pronom personnel **c.** pronom possessif

㉒ ***La ville où j'allais en vacances a été sérieusement...***
Quelle est l'orthographe correcte ?

☐ **a.** inonder ☐ **b.** inondée **c.** inondé

㉓ ***J'ai déposé les colis sur le...***

☐ **a.** palier ☐ **b.** pallier **c.** palié

㉔ **Dans quelle phrase peut-on employer *bien que* ?**

☐ **a.** ... il a étudié à l'étranger, il n'a pas trouvé un travail.
☐ **b.** ... je sois de ton avis, je ne sais pas quelle solution adopter.
☐ **c.** Il a tellement travaillé... il est épuisé.

㉕ **Trouvez l'antonyme de *récurrent* ?**

☐ **a.** sporadique ☐ **b.** éternel **c.** exceptionnel

㉖ **Dans la liste suivante, quel est le synonyme de *altercation* ?**

☐ **a.** répercussion ☐ **b.** dispute **c.** refus

㉗ **Dans la phrase suivante, le mot *voyageant* est un adjectif verbal ?**
Voyageant dans ce pays lointain, j'ai fait des découvertes étonnantes.

☐ **a.** Vrai ☐ **b.** Faux

㉘ **Doit-on écrire *des libres-services* ?**

☐ **a.** Oui ☐ **b.** Non

㉙ **Parmi les phrases suivantes, laquelle comporte un verbe bien accordé ?**

☐ **a.** Il faisait toujours la même erreur.
☐ **b.** Il faudrat beaucoup de persévérance pour arriver à une solution satisfaisante.
☐ **c.** Nous saurrons le résultat des épreuves cet après-midi.

㉚ **La conjonction de subordination *afin que* marque :**

☐ **a.** le but ☐ **b.** la conséquence **c.** la concession

㉛ ***Nous aurions considéré...***
Quel est le temps de cette forme verbale ?

☐ **a.** futur antérieur de l'indicatif
☐ **b.** conditionnel présent
☐ **c.** conditionnel passé première forme

㉜ **Lequel de ces noms est féminin ?**

☐ **a.** haltère ☐ **b.** éloge **c.** éphéméride

㉝ **Quel adjectif de couleur reste invariable ?**

☐ **a.** marron ☐ **b.** bleu **c.** jaune

㉞ **Quel est le synonyme de *partial* ?**

☐ **a.** intègre ☐ **b.** partisan **c.** objectif

㉟ **Où doit-on écrire *tous* ?**

☐ **a.** Il a pris... le monde de court.
☐ **b.** ... ce que tu fais est parfait.
☐ **c.** Tu as pris... les livres que je ne souhaitais pas conserver.

㊱ ***Il a demandé que la compagnie... ses tarifs.***
Complétez :

☐ **a.** revoie ☐ **b.** revoit **c.** revois

㊲ **Comment écrit-on 120 ?**

☐ **a.** cent vingts ☐ **b.** cent vingt **c.** cents vingt

㊳ **Que signifie le mot *autodidacte* ?**

☐ **a.** qui s'est instruit par lui-même
☐ **b.** qui a pris des leçons particulières
☐ **c.** qui n'a jamais été scolarisé

㊴ ***Saint, sain, sein, seing* sont des homonymes ?**

☐ **a.** Vrai ☐ **b.** Faux

(40) Que signifie l'expression *a fortiori* ?

☐ **a.** contrairement à ☐ **b.** à plus forte raison **c.** de moins en moins

(41) Quel est le mot mal orthographié ?

☐ **a.** affliction ☐ **b.** labirinthe **c.** exemption

(42) Quel est l'antonyme de *pléthore* ?

☐ **a.** excès ☐ **b.** abondance **c.** insuffisance

(43) Où est le pléonasme ?

☐ **a.** prévoir à l'avance ☐ **b.** promulguer un décret **c.** déposer une demande

(44) *Bimensuel* signifie :

☐ **a.** tous les deux mois ☐ **b.** deux fois par mois **c.** trois fois par an

(45) *Elle s'est... aujourd'hui.*
Complétez :

☐ **a.** levée ☐ **b.** levé **c.** lever

(46) *Voici les amis... je vous ai parlé.*
Complétez :

☐ **a.** que ☐ **b.** dont **c.** pour lesquels

(47) Quelle phrase peut-on compléter avec *s'est* ?

☐ **a.** Il... rendu compte de son erreur.
☐ **b.** ... avec plaisir que je vous reverrai.
☐ **c.** Il ne... pas s'il a bien compris.

(48) *Je concluerai rapidement cette affaire.*
Le verbe est-il correctement orthographié ?

☐ **a.** Oui ☐ **b.** Non

(49) Où peut-on écrire *quel* ?

☐ **a.** ... bonheur de te revoir cette année !
☐ **b.** Avec... voiture vas-tu partir en voyage ?
☐ **c.** Par... voie vas-tu obtenir ce document ?

(50) *Nous avons remarqué... défauts dans ce vêtement.*
Complétez :

☐ **a.** quels que ☐ **b.** quelques **c.** quelque

2 Corrigés

1 a.	2 b.	3 a.	4 b.	5 c.	6 a.	7 b.	8 b.	9 a.	10 b.
11 b.	12 a.	13 a.	14 b.	15 a.	16 b.	17 a.	18 c.	19 b.	20 a.
21 b.	22 b.	23 a.	24 b.	25 a.	26 b.	27 b.	28 a.	29 a.	30 a.
31 c.	32 c.	33 a.	34 b.	35 c.	36 a.	37 b.	38 a.	39 a.	40 b.
41 b.	42 c.	43 a.	44 b.	45 a.	46 b.	47 a.	48 b.	49 a.	50 b.

SUJET N° 2 ★★★

CONNAISSANCE DE LA LANGUE FRANÇAISE

15 minutes

1 Questions

① **Quelle phrase comporte un verbe à l'impératif correctement orthographié ?**

☐ **a.** Ne discutes pas, c'est inutile.

☐ **b.** Vas voir ton père immédiatement !

☐ **c.** À table et mange !

② **Quelle est la phrase qui ne comporte pas de fautes d'orthographe ?**

☐ **a.** J'ai retiré quarante pélletés de neige devant la porte.

☐ **b.** J'ai retiré quarante pelletées de neige devant la porte.

☐ **c.** J'ai retiré quarante péletés de neige devant la porte.

③ **Quelle est la phrase qui comporte un mot mal orthographié ?**

☐ **a.** Elle a une charrette remplie de cerises rouges.

☐ **b.** Il doit se présenter devant le tribunal des prud'hommes.

☐ **c.** Il apréhende de partir seul dans cette région.

④ **Quel est l'antonyme du verbe « améliorer » ?**

☐ **a.** aggraver ☐ **b.** dégager ☐ **c.** concilier

⑤ **Dans quelle phrase y a-t-il un mot qui n'existe qu'au pluriel ?**

☐ **a.** Il n'a pas trouvé les annales dont il avait besoin.

☐ **b.** Les champs de blé sont jaunes.

☐ **c.** Il y a plusieurs techniques pour résoudre ces problèmes.

⑥ **Quel est le synonyme du nom « abrogation » ?**

☐ **a.** abolition ☐ **b.** légalisation ☐ **c.** proclamation

⑦ **Dans quelle phrase le verbe « appeler » est-il correctement conjugué ?**

☐ **a.** Tu t'appèles comment ?

☐ **b.** Appellons le directeur dans une heure.

☐ **c.** Vous appellerez désormais le directeur plus souvent.

⑧ **Dans quelle phrase trouve-t-on un adjectif correctement orthographié ?**

☐ **a.** L'image à la télévision est parfois flou.

☐ **b.** Elle a de beaux cheveux bruns.

☐ **c.** Il y a beaucoup de coussins oranges sur ce canapé.

⑨ **Que veut dire l'expression « C'est l'enfance de l'art » ?**

☐ **a.** Retomber en enfance.

☐ **b.** Une chose simple à réaliser.

☐ **c.** c'est le début d'un travail artistique.

⑩ **Une seule phrase contient une conjonction de coordination. Laquelle ?**

☐ **a.** Tu n'as même pas 16 ans, tu n'as pas le droit d'acheter de l'alcool.

☐ **b.** Vous avez voyagé toute la journée, vous devez donc être fatigué.

☐ **c.** Il a eu un accident de voiture hier soir. Heureusement, il n'est que légèrement blessé.

⑪ **Parmi les mots suivants, lequel est mal orthographié ?**

☐ **a.** réppression ☐ **b.** toboggan ☐ **c.** internement

⑫ **Lequel de ces mots est bien orthographié ?**

☐ **a.** acoustique ☐ **b.** ocurrence ☐ **c.** chatoiment

⑬ **Où peut-on écrire « qu'elle » ?**

☐ **a.** ... drôle d'affaire !

☐ **b.** C'est plus fort..., elle oublie toujours quelque chose avant de partir travailler.

☐ **c.** Il est venu sans savoir à... heure il avait rendez-vous.

⑭ **Où peut-on écrire « leur » ?**

☐ **a.** Il a mis toutes... affaires dans le même sac.

☐ **b.** À mon avis, ... vêtements sont perdus.

☐ **c.** Je... ai demandé à tous de se présenter le plus vite possible.

⑮ **Un seul mot existe. Lequel ?**

☐ **a.** prédominance ☐ **b.** proéminance ☐ **c.** prédominence

⑯ **Où peut-on écrire « tout » ?**

☐ **a.** Est-ce que tu as bien... payé ?

☐ **b.** Prenez-les donc...

☐ **c.** ... sont partis précipitamment.

⑰ **Quel est le participe passé correctement orthographié ?**

☐ **a.** Brûlée, la crème n'était pas bonne.

☐ **b.** Elle a lue des histoires à sa petite fille tous les soirs.

☐ **c.** Où as-tu cueillies ces belles fleurs ?

⑱ **Quelle phrase contient un pronom possessif ?**

☐ **a.** Il a pris leurs téléphones mobiles parce qu'ils sont interdits pendant les concours.

☐ **b.** Je me demande où sont les leurs ?

☐ **c.** As-tu vu leurs convocations ?

⑲ **Dans quelle phrase y a-t-il un adjectif verbal ?**

☐ **a.** C'est fatigant de devoir toujours chercher tes clés au moment de partir !

☐ **b.** Il a descendu les escaliers en courant et il m'a bousculé.

☐ **c.** C'est en faisant cet exercice qu'il s'est rendu compte de la difficulté.

⑳ **Deux noms sont masculins. Lequel est féminin ?**

☐ **a.** antipode ☐ **b.** emblème ☐ **c.** effigie

㉑ **Complétez la phrase suivante :**
« Bien qu'il... besoin de son aide pour rédiger ce document, il la refuse toujours. »

☐ **a.** a ☐ **b.** ait ☐ **c.** est

㉒ **« Je souhaite que vous finissiez ce travail avant samedi. »**
À quel temps est employé le verbe souligné ?

☐ **a.** Au présent de l'indicatif ☐ **b.** Au présent du subjonctif ☐ **c.** À l'imparfait de l'indicatif

㉓ **« Quatre extraits du discours du candidat <u>ont été lus</u> avant le débat. » La forme verbale soulignée est-elle correctement orthographiée ?**

☐ **a.** Oui ☐ **b.** Non

㉔ **Quelle est la phrase qui comporte un verbe conjugué au présent du subjonctif ?**

☐ **a.** Il faut que nous soyons courageux.

☐ **b.** Nous aurions dû venir plus tôt.

☐ **c.** C'est toi qui as raison finalement.

㉕ **« Je vous saurai gré de bien vouloir remplir rapidement ce document. » Cette phrase est-elle correcte ?**

☐ **a.** Oui ☐ **b.** Non

㉖ **Complétez la phrase suivante : « ..., ils ont renoncé à leur projet. »**

☐ **a.** Déçu ☐ **b.** Déçues ☐ **c.** Déçus

㉗ **Conjuguez le verbe « prendre » dans la phrase suivante : « Il aimerait que je... le train de 21 heures. »**

☐ **a.** prends ☐ **b.** prenne ☐ **c.** prendrais

㉘ **« Les clients regrettent qu'ils n'ouvrent pas leur magasin le dimanche matin. » Cette phrase comporte-t-elle un verbe mal orthographié ?**

☐ **a.** Oui ☐ **b.** Non

㉙ **Quelle est la phrase qui comporte un verbe bien accordé ?**

☐ **a.** Ils se sont bien amusés dans ce nouveau parc d'attractions.

☐ **b.** Il a fallut beaucoup d'endurance pour gravir cette montagne.

☐ **c.** Dans cette région, on peut facilement rencontré des espèces sauvages.

㉚ **Quel est le participe passé du verbe « rejoindre » ?**

☐ **a.** rejoint ☐ **b.** rejoin ☐ **c.** rejoind

㉛ **« Insolite » a pour synonyme « étrange » :**

☐ **a.** Vrai ☐ **b.** Faux

㉜ **Le mot « armistice » est-il féminin ?**

☐ **a.** Oui ☐ **b.** Non

㉝ **« Prohibé » a pour synonyme « interdit » :**

☐ **a.** Vrai ☐ **b.** Faux

㉞ **Quel est l'antonyme d'« acariâtre » ?**

☐ **a.** grincheux ☐ **b.** insatisfait ☐ **c.** affable

㉟ **« Désuet » et « vieillot » sont-ils des synonymes ?**

☐ **a.** Oui ☐ **b.** Non

㊱ **Que signifie l'adjectif « présomptueux » ?**

☐ **a.** prétentieux ☐ **b.** modeste ☐ **c.** courtois

37 **Dans quelle phrase peut-on employer la conjonction de subordination « comme » ?**

☐ **a.** ... je passais près de ce restaurant, je l'ai aperçu.
☐ **b.** ... il est sérieux, il a oublié de fermer la porte.
☐ **c.** ... tu viendras à la maison, n'oublie pas d'apporter les photos des vacances.

38 **La conjonction de subordination « alors que » peut-elle donner une indication temporelle ?**

☐ **a.** Oui ☐ **b.** Non

39 **« Négligeant » est :**

☐ **a.** un participe présent ☐ **b.** un adjectif verbal ☐ **c.** ni l'un ni l'autre

40 **Lequel de ces mots n'est pas une conjonction de coordination ?**

☐ **a.** et ☐ **b.** mais ☐ **c.** aujourd'hui

41 **Peut-on écrire « quand » dans la phrase suivante ?**
« ... à tes amis, je les rencontrerai plus tard parce que je suis très occupée en ce moment. »

☐ **a.** Oui ☐ **b.** Non

42 **Dans quelle phrase, l'adjectif numéral « vingt » est-il bien orthographié ?**

☐ **a.** La vitesse est limitée à quatre-vingts km/heure.
☐ **b.** Ce document a deux cent quatre-vingts-quatre pages.
☐ **c.** Ce club a un budget de quatre-vingts mille euros.

43 **Quel est le pluriel de « coffre-fort » ?**

☐ **a.** des coffres-fort ☐ **b.** des coffres-forts ☐ **c.** des coffre-forts

44 **Parmi ces trois mots, lequel est masculin ?**

☐ **a.** éclair ☐ **b.** azalée ☐ **c.** éphéméride

45 **Choisissez la phrase correctement orthographiée.**

☐ **a.** Il aurait fallu vérifier tous les documents.
☐ **b.** La tempête était trop violente, le bateau n'a pas put sortir du port.
☐ **c.** Dans cette région, on peut voire facilement des marmottes.

46 **Quel est l'adverbe qui n'est pas correctement orthographié ?**

☐ **a.** Certains pardonnent aisément les fautes passées.
☐ **b.** Tu lui as répondu bien méchamment !
☐ **c.** Avance prudement, il y a un fossé !

47 **Dans quelle phrase trouve-t-on un verbe bien orthographié ?**

☐ **a.** Je décongèle un plat pour le dîner.
☐ **b.** Je projète de partir la semaine prochaine.
☐ **c.** J'achette tous ces vieilles photos parce que je les collectionne.

48 **Lequel de ces mots est mal orthographié ?**

☐ **a.** hospitalier ☐ **b.** rauder ☐ **c.** goût

49. **Quel est le mot qui doit porter un accent circonflexe ?**

☐ **a.** déjeuner ☐ **b.** hableur ☐ **c.** chute

50. **Complétez la phrase :**

-moi le dossier de Madame Durand s'il vous plaît.

☐ **a.** Amenez ☐ **b.** Emportez ☐ **c.** Apportez

2 Corrigés

1 c.	2 b.	3 c.	4 a.	5 a.	6 a.	7 c.	8 b.	9 b.	10 b.
11 a.	12 a.	13 b.	14 c.	15 a.	16 a.	17 a.	18 b.	19 a.	20 c.
21 b.	22 b.	23 a.	24 a.	25 a.	26 c.	27 b.	28 b.	29 a.	30 a.
31 a.	32 b.	33 a.	34 c.	35 a.	36 a.	37 a.	38 a.	39 a.	40 c.
41 b.	42 a.	43 b.	44 a.	45 a.	46 c.	47 a.	48 b.	49 b.	50 c.

CONNAISSANCE DE LA LANGUE FRANÇAISE

15 minutes

1 Questions

① **Dans quelle phrase doit-on employer le verbe « raisonner » ?**

☐ **a.** Il... avec beaucoup de finesse.
☐ **b.** Ce matin, j'ai entendu... les cloches.
☐ **c.** Ces mots... bizarrement dans ce contexte vraiment particulier.

② **Doit-on faire suivre le verbe « pallier » par la préposition « à » ?**

☐ **a.** Oui ☐ **b.** Non

③ **Dans quelle phrase y a-t-il une faute d'orthographe (au verbe « craindre ») ?**

☐ **a.** Je crains de devoir quitter ce logement.
☐ **b.** Tu craints la mauvaise saison.
☐ **c.** Pierre craint de ne plus avoir assez d'essence pour arriver chez lui.

④ **Les noms des jours de la semaine peuvent-ils prendre un « s » au pluriel ?**

☐ **a.** Oui ☐ **b.** Non

⑤ **« Bimensuel » signifie :**

☐ **a.** qui a lieu deux fois par mois
☐ **b.** qui a lieu tous les deux mois
☐ **c.** qui a lieu tous les six mois

⑥ **En tête d'un courrier, quelle expression peut-on employer ?**

☐ **a.** « À l'intention de... » ☐ **b.** « À l'attention de... » ☐ **c.** « À l'examen de... »

⑦ **Quelle phrase comporte une faute de construction ?**

☐ **a.** Je ne m'en souviens plus.
☐ **b.** Je me souviens parfaitement des livres que je lis.
☐ **c.** Je me rappelle avec émotion de ces vacances passées avec vous.

⑧ **Un « différend » a pour synonyme :**

☐ **a.** un conflit ☐ **b.** une solution ☐ **c.** un accord tacite

⑨ **Dans quelle phrase y a-t-il un participe passé mal orthographié ?**

☐ **a.** J'ai mis toutes les chances de mon côté pour réussir ce concours.
☐ **b.** Toutes ces notions ont été acquises au collège.
☐ **c.** Ils ont tus tous les désaccords qui les opposaient.

⑩ **Qu'est-ce qu'un sigle ?**

☐ **a.** Un antonyme
☐ **b.** Un ensemble de lettres composant une abréviation
☐ **c.** Une introduction dans un discours

⑪ **Que veut dire l'expression « Forcer le trait » ?**

☐ **a.** Exagérer ☐ **b.** Insinuer ☐ **c.** Décider

⑫ **Dans laquelle de ces phrases le verbe « essayer » est conjugué à l'imparfait de l'indicatif ?**

☐ **a.** Nous essayons de faire ce travail tous ensemble.

☐ **b.** Vous essayiez de rédiger ce rapport le plus vite possible.

☐ **c.** Ils essaient de répondre avec précision à toutes les demandes.

⑬ **Où est la faute ?**

☐ **a.** Des aide-mémoire ☐ **b.** Des arrière-boutiques ☐ **c.** Des stations-services

⑭ **Dans quelle phrase le verbe « taire » est-il correctement orthographié ?**

☐ **a.** Il s'est tu pendant le discours.

☐ **b.** Nous nous tairrons lors de son intervention.

☐ **c.** Vous tumes tous les différends qui pouvaient exister.

⑮ **Quelle phrase contient une conjonction de subordination ?**

☐ **a.** Je crois que tu réussiras ce concours, tu as travaillé sérieusement.

☐ **b.** J'aime beaucoup le disque que tu as acheté.

☐ **c.** Tu es sortie et tu as oublié ton sac !

⑯ **L'expression « prévenir à l'avance » contient-elle un pléonasme ?**

☐ **a.** Oui ☐ **b.** Non

⑰ **Après la conjonction de subordination « pourvu que », on doit employer :**

☐ **a.** le mode subjonctif ☐ **b.** le mode indicatif ☐ **c.** le mode conditionnel

⑱ **Dans quelle phrase peut-on écrire le mot « acquit » ?**

☐ **a.** Il a .... de véritables compétences dans ce domaine.

☐ **b.** La Sécurité sociale, c'est un véritable .... pour les Français.

☐ **c.** C'est un savoir que je juge ....

⑲ **Quel est le synonyme de « hormis » ?**

☐ **a.** y compris ☐ **b.** excepté ☐ **c.** mais

⑳ **« Pécuniaire » s'écrit de la même façon au féminin ou au masculin**

☐ **a.** Oui ☐ **b.** Non

㉑ **Où peut-on écrire « qu'elle » ?**

☐ **a.** Il lui a répété de nombreuses fois... devait se rendre rapidement à la mairie.

☐ **b.** ... belle robe tu portes aujourd'hui !

☐ **c.** Je me demande à... heure sera la cérémonie.

㉒ **Quel est le synonyme du mot « pale » ?**

☐ **a.** blafard ☐ **b.** hélice ☐ **c.** morne

㉓ **Dans la liste suivante, quel est l'adjectif de couleur qui ne prend jamais de « s » au pluriel ?**

☐ **a.** jaune ☐ **b.** vert ☐ **c.** ocre

24 **Quelle est la phrase qui contient une expression employée au sens figuré ?**

☐ **a.** Il a le cœur sur la main.

☐ **b.** Il lui a rédigé son discours avec beaucoup de soins.

☐ **c.** Attends-toi à des représailles très prochainement.

25 **Quelle est la nature du mot « le » dans la phrase suivante ?**
« Je le remercie vivement pour sa participation. »

☐ **a.** Un article ☐ **b.** Un pronom personnel ☐ **c.** Un adverbe

26 **« Habileté » et « habilité » sont :**

☐ **a.** des homonymes ☐ **b.** des synonymes ☐ **c.** des paronymes

27 **Une « métropole » est une grande ville importante :**

☐ **a.** Vrai ☐ **b.** Faux

28 **Le verbe « altérer » veut dire :**

☐ **a.** falsifier ☐ **b.** demander de l'eau ☐ **c.** fortifier

29 **« Acheter ce fonds de commerce serait une affaire particulièrement intéressante. » Cette phrase contient-elle une faute ?**

☐ **a.** Oui ☐ **b.** Non

30 **Le participe passé du verbe « se plaire » employé avec l'auxiliaire « être » est toujours invariable :**

☐ **a.** Vrai ☐ **b.** Faux

31 **Dans laquelle de ces phrases le participe passé est-il bien accordé ?**

☐ **a.** Il a surpris tout le monde par ses propos.

☐ **b.** Des histoires comme celles-là, j'en ai entendues beaucoup.

☐ **c.** Les fruits de l'été, je les ai toujours apprécié.

32 **Que veut dire le mot « drastique » ?**

☐ **a.** rigoureux ☐ **b.** inefficace ☐ **c.** douloureux

33 **Dans quelle phrase trouve-t-on un pronom relatif ?**

☐ **a.** Quel est ton prénom ?

☐ **b.** J'ai acheté un pull que je ne porte jamais.

☐ **c.** Quelle histoire compliquée !

34 **Choisissez la bonne orthographe :**

☐ **a.** des remarques aigre-douce

☐ **b.** des remarques aigres-douces

☐ **c.** des remarques aigre-douces

35 **Complétez cette expression : « Chat échaudé craint l'eau... »**

☐ **a.** chaude ☐ **b.** froide

36 **Qu'est-ce qu'un « dilemme » ?**

☐ **a.** un choix difficile ☐ **b.** un paradoxe ☐ **c.** une idée fausse

37 **Quelle phrase contient un pronom démonstratif ?**
☐ **a.** Prends ce livre, il te sera très utile.
☐ **b.** Ce serait une bonne idée que de l'inviter.
☐ **c.** Donne-moi ces documents, j'en ai besoin.

38 **À quel temps est conjuguée la forme verbale soulignée ?**
« Quand il aura fini ce travail, alors il pourra venir chez nous. »
☐ **a.** Au futur de l'indicatif
☐ **b.** Au subjonctif présent
☐ **c.** Au futur antérieur de l'indicatif

39 **Lequel de ces mots n'est pas un déterminant ?**
☐ **a.** un ☐ **b.** des ☐ **c.** je

40 **« Pour ce délit, il a eu du sursit. »**
Y a-t-il une faute d'orthographe dans cette phrase ?
☐ **a.** Oui ☐ **b.** Non

41 **« Nous sommes revenus de vacance très content mais il a fallut ranger toutes les affaires d'été. »**
Combien y a-t-il de fautes dans cette phrase ?
☐ **a.** quatre ☐ **b.** trois ☐ **c.** aucune

42 **« Garde des seaux est une fonction importante. »**
Le mot souligné est-il correctement orthographié ?
☐ **a.** Oui ☐ **b.** Non

43 **Le pluriel de « festival » est :**
☐ **a.** festivaux ☐ **b.** festivals

44 **« Taisez-vous s'il vous plaît et faites attention au discours. »**
À quel temps sont employés les verbes de cette phrase ?
☐ **a.** Au présent de l'indicatif ☐ **b.** À l'impératif présent ☐ **c.** Au présent du subjonctif

45 **« Avoir » est un verbe d'état :**
☐ **a.** Vrai ☐ **b.** Faux

46 **Conjuguez le verbe « se promener » dans la phrase suivante :**
« Dans la forêt de cette région, se... parfois de jeunes chevreuils. »
☐ **a.** promène ☐ **b.** proméne ☐ **c.** promènent

47 **Accordez le participe passé dans la phrase suivante :**
« Elles l'ont... belle. »
☐ **a.** échappé ☐ **b.** échappée ☐ **c.** échappées

48 **Complétez la phrase suivante :**
« Elle a compris ce qu'il fallait faire... ce n'est pas facile. »
☐ **a.** mais ☐ **b.** donc ☐ **c.** car

49 **Le mot « mi-temps » peut être employé au masculin et au féminin :**
☐ **a.** Vrai ☐ **b.** Faux

50 **Une « épitaphe » est :**
☐ **a.** un court poème ☐ **b.** une inscription funéraire ☐ **c.** un sanctuaire

2 Corrigés

1 a.	2 b.	3 b.	4 a.	5 a.	6 b.	7 c.	8 a.	9 c.	10 b.
11 a.	12 b.	13 c.	14 a.	15 a.	16 a.	17 a.	18 b.	19 b.	20 a.
21 a.	22 b.	23 c.	24 a.	25 b.	26 c.	27 b.	28 a.	29 a.	30 b.
31 a.	32 a.	33 b.	34 b.	35 b.	36 a.	37 b.	38 c.	39 c.	40 a.
41 b.	42 a.	43 b.	44 b.	45 b.	46 c.	47 a.	48 a.	49 b.	50 b.

SUJET N° 4 ★★★ CONNAISSANCE DE LA LANGUE FRANÇAISE

15 minutes

1 Questions

① **Que signifie l'expression « Ouvrir la boîte de Pandore » ?**

☐ **a.** Déclencher des événements fâcheux

☐ **b.** Parler sans arrêt

☐ **c.** Vouloir décider de tout

② **Quelle phrase comporte une faute de conjugaison ?**

☐ **a.** L'intérêt des jeunes agriculteurs croît constamment pour la culture biologique.

☐ **b.** Crois-tu réellement à cette version des faits ?

☐ **c.** Il ne croît plus à toutes ces nouvelles théories sur la croissance mondiale.

③ **« Elles se sont fait couper les cheveux le même jour. »**
Cette phrase comporte-t-elle une faute d'orthographe ?

☐ **a.** Oui ☐ **b.** Non

④ **Dans quelle phrase doit-on écrire « fonds » ?**

☐ **a.** Le... de cette bibliothèque contient beaucoup de livres anciens.

☐ **b.** Il a vraiment traité le... du problème lors de son exposé.

☐ **c.** On doit aller au... des choses.

⑤ **Dans quelle phrase le participe passé de « créer » est-il correctement orthographié ?**

☐ **a.** Cette maquette a été crée pour ce nouveau projet

☐ **b.** De nouvelles fonctions seront créées pour ce téléphone afin de répondre aux besoins des clients

☐ **c.** Crée par un jeune ingénieur, cette méthode va avoir des conséquences révolutionnaires

⑥ **Que veut dire l'expression « Bayer aux corneilles » ?**

☐ **a.** Ouvrir grand la bouche ☐ **b.** Montrer que l'on est fatigué ☐ **c.** Rêvasser

⑦ **« Depuis son retour en France, c'est une tout autre personne. »**
Cette phrase est-elle correctement orthographiée ?

☐ **a.** Oui ☐ **b.** Non

⑧ **Laquelle de ces deux phrases comporte un emploi incorrect d'un temps ?**

☐ **a.** Il est certain qu'il viendra nous voir.

☐ **b.** Il est certain qu'il vienne nous voir.

⑨ **Dans quelle phrase doit-on écrire « tels » ?**

☐ **a.** Je n'aime pas les animaux .... que les araignées.

☐ **b.** .... sont les règles qu'il faut respecter.

☐ **c.** Notre entreprise a besoin de personnes .... que vous.

⑩ À quel temps est conjugué le verbe « corrompre » dans la phrase suivante ?
« Selon des informations récentes, ils auraient corrompu un nombre important de personnes. »

☐ **a.** Conditionnel présent
☐ **b.** Conditionnel passé 1re forme
☐ **c.** Futur antérieur de l'indicatif

⑪ Dans quelle phrase « leur » est un pronom personnel ?

☐ **a.** Elles ont du mal à montrer leur enthousiasme.
☐ **b.** Je leur ai donné beaucoup de conseils avant le départ.
☐ **c.** Il faut que leur emploi du temps coïncide avec le mien.

⑫ Lequel de ces mots est masculin ?

☐ **a.** échappatoire ☐ **b.** oasis ☐ **c.** aucun

⑬ L'expression « tout à fait » doit-elle comporter des tirets ?

☐ **a.** Oui ☐ **b.** Non

⑭ Comment doit-on écrire « Monsieur » en abrégé ?

☐ **a.** M. ☐ **b.** Mr ☐ **c.** Me

⑮ « Elle aussi n'a pas compris ce qui a été évoqué dans la première partie de l'exposé. » Est-ce une construction correcte ?

☐ **a.** Oui ☐ **b.** Non

⑯ Le synonyme de « prodige » est :

☐ **a.** dépensier ☐ **b.** très doué ☐ **c.** unique

⑰ Comment écrit-on l'expression « ci-joint » dans la phrase suivante ?
« Elle a oublié de mentionner les documents... »

☐ **a.** ci-joints ☐ **b.** ci-joint ☐ **c.** ci joint

⑱ Il pleut :

☐ **a.** à verse ☐ **b.** averses ☐ **c.** averse

⑲ Peut-on écrire :

☐ **a.** Ils vainquaient ☐ **b.** Ils vaincaient ☐ **c.** Ils vainqaient

⑳ Quelle phrase ne comporte pas de faute d'orthographe ?

☐ **a.** Je serai en congés le 30 décembre
☐ **b.** Je serai en congé le 30 décembre
☐ **c.** Je serai en congées le 30 décembre

㉑ « Ils <u>voudront</u> partir en vacances dès le mois de juillet. »
À quel temps est conjugué le verbe souligné dans cette phrase ?

☐ **a.** Au conditionnel présent
☐ **b.** Au futur de l'indicatif
☐ **c.** Au futur antérieur de l'indicatif

㉒ Le verbe « mourir » prend toujours deux « r » au futur de l'indicatif :

☐ **a.** Vrai ☐ **b.** Faux

㉓ **Quel est l'antonyme de « paresseux » ?**

☐ **a.** vaillant ☐ **b.** lent ☐ **c.** brave

㉔ **Le mot « obsèques » n'existe qu'au pluriel :**

☐ **a.** Vrai ☐ **b.** Faux

㉕ **« Même s'il fait des efforts, il ne réussira pas à prendre la première place. » Dans cette phrase, « même si » indique la concession :**

☐ **a.** Vrai ☐ **b.** Faux

㉖ **Trouvez l'intrus dans la liste suivante :**

☐ **a.** Il partira ☐ **b.** Il vendra ☐ **c.** Il marchera ☐ **d.** Il sortira

㉗ **Dans quelle phrase l'accord du verbe avec le sujet n'est-il pas respecté ?**

☐ **a.** De tous côtés, on entendait des cris de joie.

☐ **b.** Fatigués, ils se sont endormis très vite.

☐ **c.** Ma sœur et moi aiment beaucoup aller au théâtre.

㉘ **Quel est le nom mal orthographié ?**

☐ **a.** mâchoire ☐ **b.** faire-valoire ☐ **c.** réservoir

㉙ **Dans quelle phrase doit-on écrire « où » ?**

☐ **a.** Dis-moi... tu habites.

☐ **b.** Je te sers du café... du thé ?

☐ **c.** ... tu acceptes... tu refuses, il faut prendre position !

㉚ **Combien y a-t-il de temps dans le mode impératif ?**

☐ **a.** Deux ☐ **b.** Trois ☐ **c.** Quatre

㉛ **Que signifie l'expression « Filer à l'anglaise » ?**

☐ **a.** Partir discrètement.

☐ **b.** Refuser quelque chose.

☐ **c.** Cacher quelque chose.

㉜ **« Demi » devant un nom est toujours invariable :**

☐ **a.** Vrai ☐ **b.** Faux

㉝ **« Je suis courbatu » peut-il être remplacé par « Je suis fatigué » ?**

☐ **a.** Oui ☐ **b.** Non

㉞ **Le mot « asphyxie » est-il correctement orthographié ?**

☐ **a.** Oui ☐ **b.** Non

㉟ **« La plupart préfèrent les boissons sucrées. »**
Cette phrase contient-elle une faute ?

☐ **a.** Oui ☐ **b.** Non

㊱ **Conjuguez le verbe « rédiger » dans la phrase suivante :**
« C'est moi qui... le texte officiel. »

☐ **a.** rédigerai ☐ **b.** rédigeras ☐ **c.** rédigera

37 Quelle phrase ne contient pas de faute ?

☐ **a.** Elle est arrivée en premier. ☐ **b.** Elle est arrivée en première.

38 Ces deux verbes soulignés ont-ils le même sens ?
« On lui enjoint de quitter la réunion » ; « On le somme de quitter la réunion ».

☐ **a.** Oui ☐ **b.** Non

39 Dans quelle phrase trouve-t-on une faute ?

☐ **a.** Elle s'est fait soigner par un médecin très réputé.

☐ **b.** Elle s'est faite soigner par un médecin très réputé.

40 Laquelle de ces deux phrases est correcte ?

☐ **a.** Il n'est pas près de venir nous voir.

☐ **b.** Il n'est pas prêt de venir nous voir.

41 « Suranné » et « obsolète » sont des synonymes :

☐ **a.** Vrai ☐ **b.** Faux

42 Donnez un antonyme de « condescendant ».

☐ **a.** humble ☐ **b.** méprisant ☐ **c.** dédaigneux

43 Donnez un synonyme de « pugnace ».

☐ **a.** pacifique ☐ **b.** combatif ☐ **c.** persévérant

44 « Ajouter en plus » est un pléonasme :

☐ **a.** Vrai ☐ **b.** Faux

45 L'adjectif de couleur « mauve » ne prend jamais de « s » au pluriel :

☐ **a.** Vrai ☐ **b.** Faux

46 Dans « que nous fassions », le verbe « faire » est conjugué :

☐ **a.** au présent du subjonctif ☐ **b.** à l'imparfait de l'indicatif ☐ **c.** à l'imparfait du subjonctif

47 « Vainc » est le verbe « vaincre » conjugué à la troisième personne du singulier du présent de l'indicatif :

☐ **a.** Vrai ☐ **b.** Faux

48 « Il a travaillé longtemps dans le secteur public. »
Cette phrase comporte-t-elle une faute ?

☐ **a.** Oui ☐ **b.** Non

49 Dans « nous acquerrions », le verbe est conjugué :

☐ **a.** au conditionnel présent ☐ **b.** au futur de l'indicatif ☐ **c.** au présent du subjonctif

50 Le mode conditionnel compte quatre temps :

☐ **a.** Vrai ☐ **b.** Faux

2 Corrigés

1 a.	2 c.	3 b.	4 a.	5 b.	6 c.	7 a.	8 b.	9 a.	10 b.
11 b.	12 c.	13 b.	14 a.	15 a.	16 b.	17 a.	18 a.	19 a.	20 b.
21 b.	22 a.	23 a.	24 a.	25 a.	26 c.	27 c.	28 b.	29 a.	30 a.
31 a.	32 a.	33 a.	34 a.	35 a.	36 a.	37 a.	38 a.	39 b.	40 a.
41 a.	42 a.	43 b.	44 a.	45 b.	46 a.	47 a.	48 b.	49 a.	50 b.

CONNAISSANCE DE LA LANGUE FRANÇAISE

15 minutes

1 Questions

① **Dans quelle phrase doit-on écrire « quoique » ?**

☐ **a.** ... je mange très peu, je prends du poids.

☐ **b.** ... tu fasses, tu ne pourras pas obtenir ce document.

☐ **c.** Il n'est pas question de lui confier... ce soit.

② **Quelle est la phrase qui comporte un mot mal orthographié ?**

☐ **a.** Quand tu viendras me voir, tu m'apporteras les livres que j'ai commandés.

☐ **b.** Quant au règlement de cette affaire, cela interviendra plus tard.

☐ **c.** C'est une drôle d'histoire, quand penses-tu ?

③ **Le terme « prémices » concerne :**

☐ **a.** le début de quelque chose

☐ **b.** une proposition dont on va déduire des conséquences

☐ **c.** la fin de quelque chose

④ **Dans quelle phrase trouve-t-on un adjectif verbal ?**

☐ **a.** En lui transmettant cette information, il a fait une erreur.

☐ **b.** Ce n'est pas un argument convaincant.

☐ **c.** Ce budget est en excédent, et largement.

⑤ **La conjonction de subordination « après que » doit être obligatoirement suivi d'un verbe à l'indicatif :**

☐ **a.** Vrai ☐ **b.** Faux

⑥ **« Quelle excuse a-t-il encore inventée ? »**
« Des gâteaux, tu en as fait combien ? »
« Elle s'est très vite aperçue de son erreur. »
Ces trois phrases sont correctement orthographiées :

☐ **a.** Vrai ☐ **b.** Faux

⑦ **Dans quelle phrase le verbe « conduire » est-il bien accordé ?**

☐ **a.** C'est toi qui conduiras demain soir.

☐ **b.** Vous conduirrez avec plaisir cette nouvelle voiture.

☐ **c.** J'aurais volontiers conduis à ta place.

⑧ **Dans quelle phrase le verbe « enfreindre » est-il correctement conjugué ?**

☐ **a.** Je n'enfreins pas les règles, c'est une question de respect.

☐ **b.** Il a enfreins le règlement plus d'une fois.

☐ **c.** Enfreint le code et tu verras ce qui arrivera !

⑨ **Quelle est l'expression correctement orthographiée ?**

☐ **a.** des demi-journées ☐ **b.** des demies-journées ☐ **c.** des demi journées

⑩ **« Choisir entre deux alternatives. »**
Cette phrase contient :

☐ **a.** une figure de style ☐ **b.** un pléonasme ☐ **c.** une faute d'orthographe

⑪ **« Sibyllin » veut dire :**

☐ **a.** obscur ☐ **b.** intelligible ☐ **c.** inadéquat

⑫ **L'expression « ci-gît » a pour infinitif :**

☐ **a.** gire

☐ **b.** gésir

☐ **c.** cette forme n'a pas d'infinitif

⑬ **Dans quelle phrase l'emploi du pronom relatif est-il correct ?**

☐ **a.** C'est une histoire dont je ne me rappelle plus la fin.

☐ **b.** C'est exactement le voyage duquel je rêvais.

☐ **c.** Je répète les arguments desquels j'ai déjà parlé.

⑭ **Où doit-on écrire « balade » ?**

☐ **a.** Une... tous les matins, c'est agréable et bon pour la santé.

☐ **b.** Il adore chanter une...

☐ **c.** La plus belle... pour moi, c'est celle que je me chantais ma mère.

⑮ **« J'habite au quatre-vingt de la rue Jean Jaurès. »
Cette phrase comporte-t-elle une faute ?**

☐ **a.** Oui ☐ **b.** Non

⑯ **Le mot « dysfonctionnement » est-il correctement orthographié ?**

☐ **a.** Oui ☐ **b.** Non

⑰ **Quel verbe n'est pas conjugué au présent du subjonctif ?**

☐ **a.** Je craigne ☐ **b.** Je puisse ☐ **c.** Nous savions

⑱ **Quel est le mot qui est de genre féminin ?**

☐ **a.** alvéole ☐ **b.** pétale ☐ **c.** échappatoire

⑲ **Un « patronyme » est un nom de famille :**

☐ **a.** Vrai ☐ **b.** Faux

⑳ **Le subjonctif présent sert à exprimer :**

☐ **a.** la réalité d'un fait ☐ **b.** une éventualité ☐ **c.** une condition

㉑ **Quelle est la phrase qui contient un verbe à l'impératif ?**

☐ **a.** S'il te plaît arrête-toi au coin de la rue.

☐ **b.** Auriez-vous la gentillesse de me prêter votre téléphone ?

☐ **c.** Nous avons dû lui dire de ne pas nous déranger.

㉒ **Dans quelle phrase l'adjectif numéral « cent » est-il correctement orthographié ?**

☐ **a.** Il a dépensé seulement cents euros pour ce beau bijou.

☐ **b.** Je n'ai plus que deux cents euros sur mon compte bancaire.

☐ **c.** Ce meuble est en vente pour la somme de trois cents vingt euros.

㉓ **Quel est le connecteur logique qui exprime la conséquence ?**

☐ **a.** dans la mesure où ☐ **b.** c'est pourquoi ☐ **c.** si

㉔ **Quel est l'adverbe correctement orthographié ?**

☐ **a.** gentillement ☐ **b.** précisémment ☐ **c.** ardemment

㉕ **Que signifie le verbe « vociférer » ?**

☐ **a.** Critiquer quelqu'un ☐ **b.** S'exprimer avec colère ☐ **c.** Refuser catégoriquement

㉖ **Qu'est-ce qu'un verbe défectif ?**

☐ **a.** Un verbe qui a une conjugaison incomplète

☐ **b.** Un verbe qui n'appartient à aucun groupe

☐ **c.** Un verbe qui a plusieurs formes au présent de l'indicatif

㉗ **Quelle phrase est correctement orthographiée ?**

☐ **a.** C'est moi qui a pris cette décision.

☐ **b.** C'est moi qui ai pris cette décision.

☐ **c.** C'est moi qui est pris cette décision.

㉘ **Le solde est la différence entre le débit et le crédit d'un compte ?**

☐ **a.** Vrai ☐ **b.** Faux

㉙ **Choisissez la bonne orthographe :**

☐ **a.** des laves-vaisselle ☐ **b.** des lave-vaisselles ☐ **c.** des lave-vaisselle

㉚ **Quelle est la forme verbale au futur de l'indicatif correctement orthographiée ?**

☐ **a.** Vous lui obéirrez parce qu'il connaît le chemin.

☐ **b.** J'enverrai toutes les photos par la poste.

☐ **c.** Il saurra vous guider.

㉛ **Quelle est la phrase correctement orthographiée ?**

☐ **a.** J'aime cueillir des fleurs dans mon jardin tous les matins.

☐ **b.** Il ceuillera toutes les fleurs.

☐ **c.** Nous aimons cueiullir des fleurs et les mettre ensuite dans les vases de la maison.

㉜ **Quel est le synonyme d'« avare » ?**

☐ **a.** dépensier ☐ **b.** généreux ☐ **c.** pingre

㉝ **Laquelle de ces phrases est correctement formulée ?**

☐ **a.** Elle n'a pas obtenu le prolongement de son contrat

☐ **b.** Elle n'a pas obtenu la prolongation de son contrat de travail.

㉞ **Dans quelle phrase le participe passé est-il correctement orthographié ?**

☐ **a.** Anne sera félicité parce qu'elle a obtenu de très bons résultats à son examen.

☐ **b.** Je n'ai pas obtenu les documents dont j'avais besoin.

☐ **c.** Ces livres, il les a lu des dizaines et des dizaines de fois.

㉟ **Dans quelle phrase doit-on écrire « quelque » ?**

☐ **a.** Prends donc ces... fruits, ils viennent de mon jardin.

☐ **b.** ... mille personnes ont assisté à son enterrement.

☐ **c.** ... soit ton choix, tu devras te résoudre à partir.

㊱ **Complétez la phrase suivante :**
« Cet homme est... d'humanité. »

☐ **a.** emprunt ☐ **b.** empreint

37 Complétez la phrase suivante :
« Le propriétaire nous a envoyé... nouveau un courrier pour modifier les conditions du contrat qui n'était pas complet. »

☐ **a.** à ☐ **b.** de

38 Lequel de ces mots est mal orthographié ?

☐ **a.** apolitique ☐ **b.** appréhension ☐ **c.** applatir

39 Un seul de ces mots est féminin. Lequel ?

☐ **a.** haltère ☐ **b.** orbite ☐ **c.** éloge

40 Quelle est la nature du mot « quelqu'un » ?

☐ **a.** Un adjectif indéfini ☐ **b.** Un pronom indéfini ☐ **c.** Un nom commun

41 Parmi ces verbes conjugués au présent de l'indicatif, lequel est mal orthographié ?

☐ **a.** Je m'assois ☐ **b.** Nous courrons ☐ **c.** Ils détiennent

42 Comment s'écrit l'adverbe issu de l'adjectif « récent » ?

☐ **a.** récemment ☐ **b.** réçamment ☐ **c.** récement

43 Que veut dire « exhaustif » ?

☐ **a.** qui traite un sujet de façon complète
☐ **b.** qui est hors sujet
☐ **c.** qui simplifie

44 Le nombre 426 s'écrit :

☐ **a.** quatre cents vingt-six ☐ **b.** quatre cent vingts-six ☐ **c.** quatre cent vingt-six

45 Quelle phrase comporte une faute d'orthographe ?

☐ **a.** Tu n'as pas tous les droits.
☐ **b.** Toutes ces histoires sont inintéressantes.
☐ **c.** Tous compte fait, je ne viendrai pas ce soir.

46 Où est la faute ?

☐ **a.** des chiens-loups ☐ **b.** des micros-ondes ☐ **c.** des choux-fleurs

47 Que signifie l'expression « Prendre au pied de la lettre » ?

☐ **a.** Suivre exactement quelque chose.
☐ **b.** Recopier une phrase mot pour mot.
☐ **c.** Ne pas comprendre ce qui est dit.

48 Dans la liste suivante, quel est l'adjectif toujours invariable ?

☐ **a.** vert pâle ☐ **b.** jaune ☐ **c.** rose

49 Dans quelle phrase peut-on écrire « ces » ?

☐ **a.** Que chacun vienne par... propres moyens.
☐ **b.** Il lui aura fallu prendre rapidement toutes... affaires.
☐ **c.** Je n'ai jamais aimé... plats en sauce.

50 Le participe passé du verbe « devoir » peut s'écrire « due » :

☐ **a.** Vrai ☐ **b.** Faux

2 Corrigés

1 a.	2 c.	3 a.	4 b.	5 a.	6 a.	7 a.	8 a.	9 a.	10 b.
11 a.	12 b.	13 a.	14 a.	15 b.	16 a.	17 c.	18 c.	19 b.	20 b.
21 a.	22 b.	23 b.	24 c.	25 b.	26 a.	27 b.	28 a.	29 c.	30 b.
31 a.	32 c.	33 b.	34 b.	35 b.	36 b.	37 a.	38 c.	39 b.	40 b.
41 b.	42 a.	43 a.	44 c.	45 c.	46 b.	47 a.	48 a.	49 c.	50 a.

SUJET N° 6 ★★☆ **CONNAISSANCE DE LA LANGUE FRANÇAISE** 15 minutes

1 Questions

① **Une « nécropole » est :**

☐ **a.** une stèle ☐ **b.** un sanctuaire ☐ **c.** un vaste cimetière

② **Quel est le mot mal orthographié ?**

☐ **a.** acrobatie ☐ **b.** acompte ☐ **c.** acréditation

③ **Quel est le sens du verbe « abroger » ?**

☐ **a.** ratifier ☐ **b.** annuler ☐ **c.** reporter

④ **Quel est le sens de l'adjectif « ambivalent » ?**

☐ **a.** anormal ☐ **b.** inquiétant ☐ **c.** ambigu

⑤ **Quel est le connecteur logique qui indique la conséquence ?**

☐ **a.** au point que ☐ **b.** afin que ☐ **c.** au cas où

⑥ **Dans quelle phrase peut-on employer la conjonction de subordination « bien que » ?**

☐ **a.** ... il soit sérieux, il a oublié ses papiers.

☐ **b.** Elle a pris le premier train ce matin... elle voulait être à l'heure à son rendez-vous.

☐ **c.** ... que tu sois motivée, je t'offre des cours de peinture.

⑦ **Quelle est la phrase correctement orthographiée ?**

☐ **a.** La plupart des requins vivent loin des côtes.

☐ **b.** La moitié du gâteau a été mangé par les enfants.

☐ **c.** C'est moi qui te donnes l'argent pour ce voyage.

⑧ **Quel est le synonyme du mot « infraction » ?**

☐ **a.** abrogation ☐ **b.** erreur ☐ **c.** violation

⑨ **Quel est l'adverbe qui n'est pas correctement orthographié ?**

☐ **a.** indument ☐ **b.** opportunément ☐ **c.** communément

⑩ **Quel est le nom féminin dans la liste suivante ?**

☐ **a.** amalgame ☐ **b.** emblème ☐ **c.** amnistie

⑪ **Parmi les verbes pronominaux suivants, quel est celui dont le participe passé reste invariable ?**

☐ **a.** se nuire ☐ **b.** se voir ☐ **c.** se rencontrer

⑫ **Quel est le sens du mot « adéquation » ?**

☐ **a.** équivalence ☐ **b.** adaptation ☐ **c.** déplacement

⑬ **Parmi ces trois mots, un seul n'est pas correctement orthographié. Lequel ?**

☐ **a.** transcendant ☐ **b.** réminiscence ☐ **c.** acquiesser

⑭ **Quel est le verbe en *-eter* qui ne double pas le *t* aux trois personnes du singulier du présent de l'indicatif ?**

☐ **a.** haleter ☐ **b.** jeter ☐ **c.** empaqueter

⑮ **Quelle est l'orthographe correcte ?**

☐ **a.** Je congèle. ☐ **b.** Je crochette. ☐ **c.** Je jète.

⑯ **Quel est le participe passé correctement orthographié ?**

☐ **a.** Des animaux sont peins sur les murs de la salle de classe.

☐ **b.** Les enfants se sont lavés rapidement avant de prendre leur petit déjeuner.

☐ **c.** Les légumes ont trop bouillis, ils n'ont plus de goût.

⑰ **On écrit : « je m'appèle ».**

☐ **a.** Vrai. ☐ **b.** Faux.

⑱ **Quel est l'intrus dans la liste suivante :**

☐ **a.** Il fera. ☐ **b.** Il lira.

☐ **c.** Il mangera. ☐ **d.** Il prendra.

⑲ **Quel est le mot qui comporte une faute d'orthographe ?**

☐ **a.** balançoire ☐ **b.** colimaçon ☐ **c.** iҫi

⑳ **Dans quelle phrase y a-t-il une faute d'orthographe ?**

☐ **a.** Ses remarques ne sont pas toutes justifiées.

☐ **b.** Ils ont construit tous seuls leurs maisons.

☐ **c.** Tu as les mains toutes sales.

㉑ **Quel est le sens d'« exempt » ?**

☐ **a.** qui est exonéré ☐ **b.** qui est concerné ☐ **c.** qui est incompris

㉒ **Complétez la phrase suivante :**
« ..., les garçons et les filles sont restés bouche bée. »

☐ **a.** Émerveillé ☐ **b.** Émerveillés ☐ **c.** Émerveiller

㉓ **Quel est le synonyme du mot « expectative » ?**

☐ **a.** attente ☐ **b.** demande ☐ **c.** conclusion

㉔ **Dans la phrase suivante, l'accord de « demi » est-il correct ?**
« Il a attendu une heure et demie. »

☐ **a.** Oui ☐ **b.** Non

㉕ **La phrase suivante comporte-t-elle une faute d'orthographe ?**
« Dites-leur de venir le plus rapidement possible. »

☐ **a.** Oui ☐ **b.** Non

㉖ **Peut-on écrire « des soupiraux » ?**

☐ **a.** Oui ☐ **b.** Non

㉗ **Choisissez le bon accord de l'adjectif dans la phrase suivante :**
« Ces sacs sont beaucoup trop... pour moi. »

☐ **a.** chers ☐ **b.** cher ☐ **c.** chère

㉘ **Aire, hère, ère, erre, air sont :**

☐ **a.** des homophones ☐ **b.** des paronymes

㉙ **« Bien préparés, les étudiants ont trouvé le concours facile. »**
Cette phrase comporte-t-elle une faute ?

☐ **a.** Oui ☐ **b.** Non

㉚ **Le nom « condoléances » n'existe qu'au pluriel :**

☐ **a.** Vrai ☐ **b.** Faux

㉛ **« Vous vous contredisez. » Cette forme verbale existe-t-elle ?**

☐ **a.** Oui ☐ **b.** Non

㉜ **Conjuguez le verbe « obtenir » dans la phrase suivante :**
« Il est important de réviser pour que tu... un bon résultat. »

☐ **a.** obtiens ☐ **b.** obtiennes ☐ **c.** obtiendras

㉝ **Quel nom est bien orthographié ?**

☐ **a.** Un escroc ☐ **b.** Un vaissau ☐ **c.** Un tassau

㉞ **Complétez la phrase suivante :**
« Les amis que j'ai... habitent maintenant à l'étranger. »

☐ **a.** rencontrer ☐ **b.** rencontrés ☐ **c.** rencontré

㉟ **« Il a fini neuvième de la course. »**
Dans cette phrase, « neuvième » est :

☐ **a.** un adjectif numéral cardinal ☐ **b.** un adjectif numéral ordinal ☐ **c.** ni l'un ni l'autre

㊱ **Quel est le mot bien orthographié ?**

☐ **a.** parmis ☐ **b.** hormis

㊲ **Parmi ces formes au participe passé, laquelle est correctement orthographiée ?**

☐ **a.** traduit ☐ **b.** enfrein ☐ **c.** résollu

㊳ **Quel est le sens du verbe « accréditer » ?**

☐ **a.** Reconnaître officiellement comme vrai
☐ **b.** Démentir un fait
☐ **c.** Opposer une résistance

㊴ **« Nous ne <u>saurions</u> lui en tenir rancune. »**
À quel temps est conjugué le verbe souligné ?

☐ **a.** Au futur de l'indicatif ☐ **b.** Au conditionnel présent ☐ **c.** À l'imparfait de l'indicatif

㊵ **Complétez la phrase suivante :**
« Ce mur a une drôle d'... »

☐ **a.** inclinaison ☐ **b.** inclination

㊶ **« Conjecture » a pour synonyme « supposition ».**

☐ **a.** Oui ☐ **b.** Non

㊷ **Quelle est la phrase sans faute de conjugaison ?**

☐ **a.** Je vous transmets mes meilleurs vœux.
☐ **b.** Je vous transmet mes meilleurs vœux.

㊸ **Complétez la phrase suivante :**
« Nous avons mangé les... parts de ce gâteau, il est tellement bon. »

☐ **a.** quatre ☐ **b.** quatres

44 **Complétez la phrase suivante :**

« Le programme des événements… »

☐ **a.** à venir ☐ **b.** avenir

45 **Complétez la phrase suivante :**

« Tu te….. très souvent devant les difficultés de ce travail. »

☐ **a.** plains ☐ **b.** pleins ☐ **c.** plaint

46 **« Tu as contraint ton ami à renoncer à cette visite. »**
La forme verbale soulignée est-elle bien orthographiée ?

☐ **a.** Oui ☐ **b.** Non

47 **« Tu arrives toujours en retard, si bien que nous t'attendons toujours. »**
Dans cette phrase, « si bien que » exprime le but :

☐ **a.** Faux ☐ **b.** Vrai

48 **« Boum » et « aïe » sont-ils des onomatopées ?**

☐ **a.** Oui ☐ **b.** Non

49 **« Pénitentier » est un adjectif qui n'existe pas :**

☐ **a.** Vrai ☐ **b.** Faux

50 **« Pour ce faire » veut dire « à cette fin » :**

☐ **a.** Vrai ☐ **b.** Faux

2 Corrigés

1 c.	2 c.	3 b.	4 c.	5 a.	6 a.	7 a.	8 c.	9 a.	10 c.
11 a.	12 b.	13 c.	14 a.	15 a.	16 b.	17 b.	18 c.	19 c.	20 b.
21 a.	22 b.	23 a.	24 b.	25 a.	26 b.	27 a.	28 a.	29 b.	30 b.
31 a.	32 b.	33 a.	34 b.	35 b.	36 b.	37 a.	38 a.	39 b.	40 a.
41 b.	42 a.	43 a.	44 a.	45 a.	46 b.	47 a.	48 a.	49 a.	50 a.

1 Questions

① **Lequel de ces mots n'est pas un synonyme des trois autres ?**

☐ **a.** pondéré ☐ **b.** absurde
☐ **c.** bizarre ☐ **d.** paradoxal

② **Quel est dans la liste suivante le synonyme de « combattre » ?**

☐ **a.** alléguer ☐ **b.** soutenir
☐ **c.** attaquer ☐ **d.** annuler

③ **Quelle est la forme verbale correctement orthographiée ?**

☐ **a.** Je te rejoins dans une heure
☐ **b.** Je te rejoints dans une heure
☐ **c.** Je te rejoinds dans une heure

④ **Quelle forme verbale soulignée est incorrecte ?**

☐ **a.** C'est moi qui <u>fait</u> ce travail parce que vous n'avez pas les documents adéquats.
☐ **b.** La foule <u>s'est pressée</u> sur les lieux de l'événement.
☐ **c.** Les deux lampes, il les <u>aura réparées</u> demain.

⑤ **Complétez la phrase suivante :**
« Quoi qu'il…, elle lui donne toujours tort. »

☐ **a.** fait ☐ **b.** fasse ☐ **c.** a fait

⑥ **Complétez la phrase suivante :**
« Applaud… à tout rompre, il est revenu chanter. »

☐ **a.** applaudis ☐ **b.** applaudit ☐ **c.** applaudi

⑦ **Quel est l'antonyme de « fastidieux » ?**

☐ **a.** épuisant ☐ **b.** harassant
☐ **c.** divertissant ☐ **d.** éreintant

⑧ **Une seule expression n'est pas employée au sens figuré. Laquelle ?**

☐ **a.** Parler à cœur ouvert ☐ **b.** Donner un coup de tête
☐ **c.** Suivre son cœur ☐ **d.** Faire la tête

⑨ **Quel est le participe passé souligné correctement orthographié ?**

☐ **a.** Il a <u>enfreins</u> toutes les règles du savoir vivre.
☐ **b.** Les erreurs qu'il a <u>fait</u> sont préjudiciables à l'entreprise.
☐ **c.** Il les a <u>fait</u> venir très vite.

⑩ **Quel verbe est correctement orthographié dans les phases suivantes ?**

☐ **a.** Sur la plage, les enfants se sont bien amusés avec les coquillages.
☐ **b.** Dans les montagnes, on peut rencontré parfois des chamois grimpant sur les rochers
☐ **c.** Il a fallut beaucoup de patience pour qu'il comprenne la situation.

⑪ **Quel est dans la liste suivante l'adjectif toujours invariable ?**

☐ **a.** bleu turquoise ☐ **b.** jaune ☐ **c.** noir

⑫ **Complétez la phrase suivante :**
« La famille que j'ai... m'a invité à déjeuner. »

☐ **a.** rencontré ☐ **b.** rencontrée ☐ **c.** rencontrer

⑬ **Dans quelle phrase y a-t-il un adjectif verbal ?**

☐ **a.** Il est devenu très négligent ces derniers temps.
☐ **b.** Il a fait ses devoirs en pensant à autre chose.
☐ **c.** Naviguant sur une mer difficile, le bateau a dû ralentir son allure.

⑭ **Quel homonyme est correctement orthographié ?**

☐ **a.** Cette salle contient peut de places.
☐ **b.** Il y a un peux de brume ce matin.
☐ **c.** Il faut peu de beurre pour faire ce gâteau.

⑮ **Le mode subjonctif a :**

☐ **a.** trois temps ☐ **b.** quatre temps ☐ **c.** cinq temps

⑯ **Quel est le nombre mal orthographié ?**

☐ **a.** Il a déposé trois cents euros à la banque.
☐ **b.** C'est au numéro quatre qu'il habite.
☐ **c.** Tu as lu ce livre seulement jusqu'à la page cents.

⑰ **Quelle est la forme verbale employée au conditionnel dans les phrases suivantes ?**

☐ **a.** Il faut que j'aille voir mes amis ce soir.
☐ **b.** Tu irais volontiers voir ce film avec moi.
☐ **c.** Il allait trop vite sur cette petite route.

⑱ **Quel est le pluriel de « rouge-gorge »** *?*

☐ **a.** des rouges-gorges ☐ **b.** des rouge-gorges ☐ **c.** des rouge-gorge

⑲ **Quel est le participe passé du verbe « peindre » ?**

☐ **a.** peint ☐ **b.** peins ☐ **c.** peignis

⑳ **Lequel de ces noms est féminin ?**

☐ **a.** patère ☐ **b.** interstice ☐ **c.** armistice

㉑ **Dans quelle phrase trouve-t-on une expression employée au sens figuré ?**

☐ **a.** Je voudrais un nuage de lait dans mon café.
☐ **b.** Il est sacrément musclé.
☐ **c.** Je dévore ce plat avec grand appétit.

㉒ **Conjuguez le verbe « connaître » dans la phrase suivante :**
« Il faut que je... absolument toutes ces règles. »

☐ **a.** je connais ☐ **b.** je connaitrai ☐ **c.** je connaisse

㉓ **Complétez la phrase suivante :**
« Il... dangereusement penché au-dessus de cette falaise. »

☐ **a.** s'est ☐ **b.** sait ☐ **c.** c'est

㉔ Complétez la phrase suivante :
« Il a beaucoup de travail mais il… est mis trop tard. »

☐ **a.** si ☐ **b.** s'y

㉕ Complétez la phrase suivante :
« Cette histoire, tu me… racontée dix fois ! »

☐ **a.** la ☐ **b.** l'as ☐ **c.** l'a

㉖ Complétez la phrase suivante :
« Je ne peux pas venir maintenant… je n'ai pas fini mon travail. »

☐ **a.** parce que ☐ **b.** par ce que

㉗ Choisissez le bon accord :

☐ **a.** Les avant-derniers jours ☐ **b.** Les avant-dernier jours

㉘ « Haranguer » peut avoir comme synonyme :

☐ **a.** prêcher ☐ **b.** commander ☐ **c.** intercepter

㉙ Quel est l'antonyme d'« admonester » ?

☐ **a.** annoncer ☐ **b.** féliciter ☐ **c.** détester

㉚ Quel verbe est employé correctement au futur de l'indicatif ?

☐ **a.** Je n'oublirai jamais ce que tu as fait pour moi.

☐ **b.** Tu lieras ce journal, ça va t'intéresser.

☐ **c.** Vous plierez tous ces vêtements pour les mettre dans la valise.

㉛ Dans quelle phrase l'accord du verbe avec le sujet n'est-il pas respecté ?

☐ **a.** C'est moi qui vais donner le départ de cette course.

☐ **b.** Les candidats, très anxieux, attendaient les résultats

☐ **c.** Dans ces magasins, on accordent très facilement des rabais.

㉜ Quel est le mot qui a un pluriel en « -x » ?

☐ **a.** pneu ☐ **b.** bleu ☐ **c.** genou

㉝ Quel est le mot correctement orthographié ?

☐ **a.** promontoir ☐ **b.** notoire ☐ **c.** interrogatoir

㉞ Quel est l'intrus dans cette liste :

☐ **a.** musée ☐ **b.** lycée ☐ **c.** montée

㉟ Quelle est la phrase comportant un verbe mal orthographié ?

☐ **a.** Je vous les donnerez tous la prochaine fois.

☐ **b.** Mes amis, ma sœur et mon frère partiront demain matin.

☐ **c.** Chacun parlait sans écouter l'autre.

㊱ « Ils ne se sont pas <u>parlé</u> depuis très longtemps. »
Le participe passé souligné est-il bien accordé ?

☐ **a.** Oui ☐ **b.** Non

37 **Dans les phrases suivantes, quel est l'adjectif qualificatif qui est mal orthographié ?**

☐ **a.** J'ai mis un pantalon et un pull marron.

☐ **b.** Ces enfants parlent trop forts.

☐ **c.** Ils ont déménagé et il va maintenant dans une école mal fréquentée.

38 **« ... dans leurs pensées, ils ont raté leur train. »**
Quel participe passé doit-on choisir pour que cette phrase soit correcte ?

☐ **a.** perdues ☐ **b.** perdu ☐ **c.** perdus

39 **Choisissez la bonne orthographe :**

☐ **a.** immoral ☐ **b.** imoral

40 **Le participe présent du verbe « fatiguer » est :**

☐ **a.** fatiguant ☐ **b.** fatigant

41 **Quel est l'impératif présent du verbe « apprendre » ?**

☐ **a.** apprends ☐ **b.** apprend ☐ **c.** apprent

42 **Quelle est la phrase correcte ?**

☐ **a.** Il faut que je m'astreins à cette tâche.

☐ **b.** Il faut que je m'astreigne à cette tâche.

43 **Qu'est-ce qu'une « histoire à dormir debout » ?**

☐ **a.** Une histoire passionnante

☐ **b.** Une histoire dramatique

☐ **c.** Une histoire invraisemblable

44 **La conjonction de subordination « afin que » marque :**

☐ **a.** le but ☐ **b.** la conséquence ☐ **c.** la concession

45 **Le mot mal orthographié est :**

☐ **a.** trafic ☐ **b.** addition ☐ **c.** succint

46 **Complétez la phrase suivante :**
« Il tire toujours... de ses erreurs. »

☐ **a.** parti ☐ **b.** partie

47 **Complétez la phrase suivante :**
« Les fruits que j'ai... n'étaient pas très mûrs. »

☐ **a.** mangé ☐ **b.** manger ☐ **c.** mangés

48 **Quelle est l'expression bien orthographiée ?**

☐ **a.** Mille mercis à toi ! ☐ **b.** Mille merci à toi ! ☐ **c.** Milles mercis à toi !

49 **Dans quelle phrase d'adjectif de couleur est-il correctement accordé ?**

☐ **a.** Les maillots des joueurs sont orange.

☐ **b.** Les maillots des joueurs sont oranges.

50 **Choisissez la phrase sans faute :**

☐ **a.** Ils sont légions à ne pas comprendre cette formule mathématique.

☐ **b.** Ils sont légion à ne pas comprendre cette formule mathématique.

2 Corrigés

1 a.	2 c.	3 a.	4 a.	5 b.	6 c.	7 c.	8 b.	9 c.	10 a.
11 a.	12 b.	13 a.	14 c.	15 b.	16 c.	17 b.	18 a.	19 a.	20 a.
21 a.	22 c.	23 a.	24 b.	25 b.	26 a.	27 a.	28 a.	29 b.	30 c.
31 c.	32 c.	33 b.	34 c.	35 a.	36 a.	37 b.	38 c.	39 a.	40 a.
41 a.	42 b.	43 c.	44 a.	45 c.	46 a.	47 c.	48 a.	49 a.	50 b.

CONNAISSANCE DE LA LANGUE FRANÇAISE

15 minutes

1 Questions

① **Quel est le sens de l'adjectif « éloquent » ?**

☐ **a.** disert ☐ **b.** bavard ☐ **c.** taciturne

② **Conjuguez le verbe « appeler » dans le phrase suivante : « ...-moi dès demain. »**

☐ **a.** Appelles ☐ **b.** Appelle ☐ **c.** Apelle

③ **Quel est l'antonyme de « exempt » ?**

☐ **a.** affranchi ☐ **b.** muni
☐ **c.** exonéré ☐ **d.** indemne

④ **Complétez la phrase suivante : « François et son épouse... la maison dont ils rêvent depuis toujours. »**

☐ **a.** acquerons ☐ **b.** acquerront

⑤ **Complétez la phrase avec le participe passé qui convient : « ... par les sauts des acrobates, les garçons et les filles restaient muets d'admiration. »**

☐ **a.** Captivés ☐ **b.** Captivé ☐ **c.** Captiver

⑥ **Comment appelle-t-on des mots qui ont les mêmes sons mais pas la même orthographe ?**

☐ **a.** Des homonymes ☐ **b.** Des onomatopées

⑦ **Quel est l'antonyme du verbe « confirmer » ?**

☐ **a.** accepter ☐ **b.** évaluer ☐ **c.** infirmer

⑧ **Quel est le temps employé dans la phrase suivante ? « Vous devriez prendre la chose plus au sérieux. »**

☐ **a.** futur de l'indicatif ☐ **b.** conditionnel présent ☐ **c.** futur antérieur de l'indicatif

⑨ **Quel est le synonyme de « vaillant » ?**

☐ **a.** couard ☐ **b.** paresseux ☐ **c.** brave

⑩ **Quelle est la phrase correctement orthographiée ?**

☐ **a.** Il a attendu une heure et demi.
☐ **b.** Il a attendu une demi-heure.
☐ **c.** L'horloge a sonné la demi.

⑪ **Quel est le pluriel de « rond-point » ?**

☐ **a.** rond-points ☐ **b.** ronds-points ☐ **c.** ronds-point

⑫ **Parmi ces trois mots, un seul est féminin. Lequel ?**

☐ **a.** épilogue ☐ **b.** icône ☐ **c.** pétale

⑬ **Quel est l'adjectif de couleur correctement orthographié ?**

☐ **a.** Elle porte des chaussettes bleu foncé.
☐ **b.** Elle porte des chaussettes bleues foncé.
☐ **c.** Elle porte des chaussettes bleues foncés.

⑭ Quelle est la phrase correctement orthographiée ?

☐ **a.** Les rues étaient noir de monde.

☐ **b.** Les rues étaient noires de monde.

☐ **c.** Les rues étaient noirs de monde.

⑮ Dans quelle phrase y a-t-il une expression employée au sens figuré ?

☐ **a.** Nous avons reçu des nouvelles fraîches.

☐ **b.** Ils ont bu un grand verre d'eau fraîche.

☐ **c.** Les nuits sont parfois fraîches au printemps.

⑯ Un « concours de circonstances » est :

☐ **a.** une conjoncture ☐ **b.** une conjecture

⑰ Quel est le participe passé correctement orthographié ?

☐ **a.** Ces voitures se sont bien vendues.

☐ **b.** Ces voitures ont été vendu très rapidement.

☐ **c.** Ces voitures seront vendu à partir du mois prochain.

⑱ Dans quelle phrase le verbe « atteindre » est-il correctement conjugué au futur de l'indicatif ?

☐ **a.** Vous atteignerez. ☐ **b.** Vous atteignez. ☐ **c.** Vous atteindrez.

⑲ Dans quelle phrase le verbe est-il employé à l'impératif présent ?

☐ **a.** Jean, ne jette pas ces bouteilles !

☐ **b.** Qu'il vienne le plus rapidement possible !

☐ **c.** Il ne faut pas abuser de cet aliment !

⑳ Quel est le mot correctement orthographié ?

☐ **a.** condescendence ☐ **b.** compleisance ☐ **c.** déférence

㉑ Lequel de ces mots n'est pas un synonyme des deux autres ?

☐ **a.** indigent ☐ **b.** opulent ☐ **c.** nécessiteux

㉒ Quel est le synonyme d'« alléguer » ?

☐ **a.** invoquer ☐ **b.** décrier ☐ **c.** confirmer

㉓ Où est l'erreur ?

☐ **a.** La brouettée ☐ **b.** La butée ☐ **c.** La monté

㉔ « Nous <u>triions</u> tous les documents depuis deux jours. »
Le verbe souligné est-il correctement orthographié ?

☐ **a.** Oui ☐ **b.** Non

㉕ Conjuguez le verbe « attendre » dans la phrase suivante :
« J'... en vain une réponse à ma demande d'entretien. »

☐ **a.** attendrai ☐ **b.** aie attendu ☐ **c.** attendis

㉖ À quel temps est employé le verbe souligné dans la phase suivante ?
« Vous <u>auriez récompensé</u> cet enfant que cela ne m'étonnerait pas. »

☐ **a.** Au futur antérieur ☐ **b.** Au conditionnel passé ☐ **c.** À l'imparfait du subjonctif

27 **Quel est le synonyme de « harassant » ?**

☐ **a.** innocent ☐ **b.** exténuant ☐ **c.** exubérant

28 **Quel est le participe passé correctement orthographié dans ces phrases ?**

☐ **a.** Il a crû naïvement à ces informations.

☐ **b.** Tu n'as pas sut résister à la tentation.

☐ **c.** Il a mis toutes les chances de ton côté.

29 **Dans quelle phrase y a-t-il un participe présent ?**

☐ **a.** Il a tenu des propos affligeants.

☐ **b.** Choisissant cette voie, tu ne te rends pas compte des difficultés.

☐ **c.** Tu es vraiment négligent !

30 **« Sceptique » signifie :**

☐ **a.** enthousiaste ☐ **b.** incrédule ☐ **c.** insatisfait

31 **Quelle est la phrase qui contient un verbe mal orthographié ?**

☐ **a.** Elles se sont lavé les cheveux.

☐ **b.** Elles se sont rencontrées.

☐ **c.** Elles se sont plues au premier abord.

32 **Complétez la phrase suivante :**
« Je regrette qu'elle... réagi ainsi. »

☐ **a.** ait ☐ **b.** a ☐ **c.** est

33 **À quel temps est conjugué le verbe dans la phrase suivante : « Nous aurons cru » ?**

☐ **a.** Au futur de l'indicatif ☐ **b.** Au passé composé ☐ **c.** Au futur antérieur

34 **Quel est le sens du mot « réminiscence » ?**

☐ **a.** Un souvenir ☐ **b.** Un accord ☐ **c.** Une appréciation

35 **Quel est l'antonyme du mot « factice » ?**

☐ **a.** irréel ☐ **b.** vraisemblable ☐ **c.** authentique

36 **Quel est l'intrus ?**

☐ **a.** et ☐ **b.** mais ☐ **c.** si

37 **« Leur » peut être un pronom personnel :**

☐ **a.** Vrai ☐ **b.** Faux

38 **Quel mot est bien orthographié ?**

☐ **a.** une audience ☐ **b.** une audiense ☐ **c.** une audiance

39 **Quel mot doit porter un accent circonflexe ?**

☐ **a.** rene ☐ **b.** plat ☐ **c.** brasse

40 **Que signifie « abjurer » ?**

☐ **a.** accepter ☐ **b.** renoncer ☐ **c.** confirmer

41 **Canoë, aïeul, égoïste. Ces mots doivent-ils porter un tréma ?**

☐ **a.** Oui ☐ **b.** Non

42 **Choisissez la bonne orthographe :**

☐ **a.** clapotit ☐ **b.** sillonner ☐ **c.** fourière

43 **Que veut dire le verbe « décréter » ?**

☐ **a.** décider ☐ **b.** demander ☐ **c.** refuser

44 **Qu'est-ce qu'une collusion ?**

☐ **a.** une entente cordiale ☐ **b.** une entente malhonnête ☐ **c.** un accord tacite

45 **Quelle phrase est bien orthographiée ?**

☐ **a.** M'entend-elle ? ☐ **b.** M'entend-t-elle ?

46 **Complétez la phrase suivante :**
« Il faut que je... ces documents le plus vite possible. »

☐ **a.** renvois ☐ **b.** renvoie ☐ **c.** renvoit

47 **« Xénophobie » signifie :**

☐ **a.** l'hostilité envers les étrangers
☐ **b.** la difficulté à parler en public
☐ **c.** avoir peur du noir

48 **Conjuguez le verbe « nuire » dans la phrase suivante :**
« Une telle action... à ta réputation. »

☐ **a.** nuie ☐ **b.** nuit ☐ **c.** nuis

49 **Complétez la phrase suivante :**
« Il a... de chance d'être là à l'heure. »

☐ **a.** peut ☐ **b.** peu ☐ **c.** peux

50 **Complétez la phrase suivante :**
« Tu es prié de t'... correctement. »

☐ **a.** assoir ☐ **b.** asseoir ☐ **c.** assoire

2 Corrigés

1 a.	2 b.	3 b.	4 b.	5 a.	6 a.	7 c.	8 b.	9 c.	10 b.
11 b.	12 b.	13 a.	14 b.	15 a.	16 a.	17 a.	18 c.	19 a.	20 c.
21 b.	22 a.	23 c.	24 a.	25 c.	26 b.	27 b.	28 c.	29 b.	30 b.
31 c.	32 a.	33 c.	34 a.	35 c.	36 c.	37 a.	38 a.	39 a.	40 b.
41 a.	42 b.	43 a.	44 b.	45 a.	46 b.	47 a.	48 b.	49 b.	50 b.

Sujets corrigés supplémentaires

https://www.lienmini.fr/220070-03

Réussir l'épreuve de test de compréhension de textes

40 minutes

PLANNING DE RÉVISIONS

L'épreuve de compréhension de texte est une épreuve qui implique une grande rapidité dans la compréhension des textes, car elle ne dure que 40 minutes et comprend généralement 15 textes. Il est donc essentiel d'acquérir une méthodologie et de s'entraîner dans les conditions du concours.

À titre indicatif, nous vous proposons un planning de préparation à l'épreuve de culture générale :

	CONTENU DES RÉVISIONS	NOS OUTILS	NOS ASTUCES
Période 1 (1 ou 2 semaines)	Présentation de l'épreuve de compréhension de textes	Page 187	Méditation – Solide comme une montagne https://www.lienmini.fr/7934-16
Période 2 (1 ou 2 semaines)	Lecture de « brèves » dans la presse	Page 188	
Période 3 (1 ou 2 semaines)	Apprendre à comprendre le sens des phrases	Page 190	
Période 4 (1 ou 2 semaines)	Sujets n° 1 et 2	Pages 193 à 204	
Période 5 (1 ou 2 semaines)	Sujets n° 3 et 4	Pages 215 à 226	

- **Période 1** : il est important de bien comprendre la finalité et la spécificité de l'épreuve de compréhension de texte.
- **Période 2** : en vous familiarisant avec la lecture de brèves informations dans la presse (dans le genre des dépêches AFP : Agence France Presse), vous vous habituerez à synthétiser et à retenir rapidement les informations essentielles d'un texte.
- **Période 3** : il arrive que le sens de certains mots ou la signification de certaines phrases soit un peu délicat à discerner. Grâce à quelques principes simples à mettre en œuvre, vous pourrez y parvenir plus facilement.
- **Périodes 4 et 5** : grâce aux cinq sujets corrigés proposés, vous pourrez vous exercer à l'épreuve de compréhension de texte. Faites-les dans les conditions du concours.

MÉTHODOLOGIE ET CONSEILS

1 Présentation de l'épreuve

L'épreuve de compréhension de texte vise à mesurer et vérifier le bon niveau de compréhension de la langue française chez les candidats. Lors de cette épreuve, votre capacité à retranscrire les idées principales du texte sera également évaluée.

Pour le concours de gendarme adjoint volontaire (gendarme adjoint APJA), l'épreuve de compréhension de texte dure 40 minutes. Elle comprend généralement une série de 15 textes courts décrivant des situations concrètes, des scènes quotidiennes du métier de gendarme. Sur chacun de ces textes, il y a 6 questions (ces questions sont en fait des affirmations), auxquelles il est possible de répondre par « vrai », « faux » ou « on ne peut pas le savoir ».

Comme les autres épreuves d'admissibilité, cette épreuve est réalisée informatiquement.

2 Le type de texte soumis aux candidats

Le jour du concours de gendarme adjoint volontaire, une série de 15 textes est donc soumise aux candidats. Compte tenu de leur nombre et de la courte durée de l'épreuve (40 minutes), ces textes sont nécessairement brefs : entre 5 et 10 phrases.

Il s'agit de textes informatifs décrivant des points d'actualité, des situations concrètes. Ces situations sont celles que les gendarmes peuvent rencontrer au cours de leurs missions (accident de la route, maintien de l'ordre lors de manifestations, interpellation de malfaiteurs, vol à main armée, etc.).

3 Les questions relatives au texte

Les questions ne portent que sur le texte. Une phrase affirmative est soumise au candidat (exemple : « l'accident est survenu à 17 h 30 ») et trois choix sont possibles : « vrai », « faux » ou bien « impossible à dire ».

Faites d'ailleurs bien attention à ce dernier choix : il peut arriver que certaines questions ne trouvent pas leur réponse dans le texte soumis aux candidats.

Eu égard à leur nombre (un total de 90 questions) et à la courte durée de l'épreuve, les questions posées sont très simples et facilement compréhensibles.

4 La durée et la notation de l'épreuve

Cette épreuve étant particulièrement courte, il est difficile de répondre à toutes les questions portant sur les 15 textes dans le temps imparti. Il est donc important de ne pas se stresser inutilement : si vous répondez correctement aux questions portant sur une dizaine de textes, vous aurez une note convenable.

La notation de l'épreuve est simple puisque seules les bonnes réponses vous attribuent des points.

5 La gestion du temps

L'épreuve dure 40 minutes et comprend 15 textes. Sur le principe, tous les textes sont d'égale difficulté. Il faut donc, en moyenne, être capable de traiter chaque texte et de répondre aux 6 questions de chaque texte en 2 minutes et 40 secondes.

Il est donc délicat de pouvoir répondre à l'ensemble des questions. En pratique, lors des concours, rares sont les candidats qui parviennent à répondre à toutes les questions sur les textes.

Néanmoins, il importe de suivre les conseils suivants :

- ne lisez qu'une seule fois chaque texte. En le lisant deux fois, vous perdriez trop de temps ;
- si un texte ou une question vous paraît trop dur, ne perdez pas de temps et passez au suivant. Vous y reviendrez éventuellement par la suite si vous en avez la possibilité ;
- ne cherchez pas à absolument finir les 15 textes : vous vous stresseriez inutilement et vous augmenteriez les risques d'erreur. Mieux vaut répondre à moins de questions, mais en étant certain de bien mieux répondre aux questions ;
- l'épreuve impliquant une très grande concentration, vous pouvez essayer d'utiliser des bouchons d'oreilles pour mieux vous isoler des bruits extérieurs ;
- n'employez pas de crayon de papier. Utilisez uniquement les stylos à encre noire ou bleue, à l'exclusion de toute autre couleur ;
- ne faites pas de rature.

6 Lire la presse

Essayez de lire le plus régulièrement possible la presse d'actualité, qu'il s'agisse de quotidiens ou de magazines. Essayez de comprendre quelle est l'information essentielle de chaque article : dissociez l'essentiel de l'accessoire.

Vous pouvez vous préparer en lisant les « brèves » des journaux, notamment les faits divers et les dépêches des agences de presse (AFP, Reuters).

EXERCICE 1

La chasse à l'homme se poursuit pour retrouver le tireur du métro de New York. La police de New York poursuivait mercredi la traque d'un tireur qui a semé le chaos la veille dans le métro et blessé au moins 23 personnes, dont 10 par balle, pendant que des millions d'employés reprenaient les transports pour aller au travail.

1. Les faits se déroulent aux États-Unis :
   a. Vrai. **b.** Faux. **c.** On ne peut pas le savoir.
2. Un suspect a été arrêté :
   a. Vrai. **b.** Faux. **c.** On ne peut pas le savoir.
3. L'homme a tiré parmi les passagers d'un bus :
   a. Vrai. **b.** Faux. **c.** On ne peut pas le savoir.
4. Le tireur est d'origine asiatique :
   a. Vrai. **b.** Faux. **c.** On ne peut pas le savoir.
5. Le tireur avait plusieurs armes à feu :
   a. Vrai. **b.** Faux. **c.** On ne peut pas le savoir.

CORRIGÉS

1 a. **2** b. **3** b. **4** c. **5** c.

7 Approfondir son vocabulaire

Quand vous lisez et que vous rencontrez un mot dont vous ne connaissez pas le sens, reportez-vous systématiquement à un dictionnaire. Le mieux est de tenir un petit répertoire dans lequel vous classerez tous les mots nouveaux que vous apprendrez.

EXERCICE 2

1. Un cénotaphe est :
   a. un contenant à liquides **b.** un petit temple
   c. une forme de sépulture
2. Qu'est-ce qu'un topographe ?
   a. Un guide de randonnées **b.** Un appareil pour détecter les ultrasons
   c. Un spécialiste de la représentation sur plan d'un site
3. J'ai laissé la bougie se :
   a. consumer. **b.** consumé. **c.** consommer.
4. Un individu malingre est :
   a. fort **b.** malin **c.** chétif
5. Une présomption renvoie à :
   a. une vraisemblance **b.** une certitude **c.** une erreur

CORRIGÉS

1 c. **2** c. **3** a. **4** c. **5** a.

8 Comprendre le sens des phrases

A. Le sens des mots

Prenez le temps de comprendre chaque mot, en particulier ceux qui ont plusieurs significations. Examinez bien le contexte d'emploi des mots pour en distinguer la signification exacte.

- **Exemple :** un mot peut être employé au sens propre ou au sens figuré. Ainsi, le mot « école » peut désigner à la fois l'institution scolaire et un mode d'apprentissage direct ou indirect (« le rugby, école de la vie »).

Les adjectifs peuvent également modifier le sens de la phrase.

- **Exemple :** un article évoquant « la lutte contre la délinquance » n'a pas exactement le même sens qu'un article intitulé « la difficile lutte contre la délinquance ».

Bien que les textes soumis aux candidats soient relativement simples, il peut arriver que vous ne connaissiez pas le sens d'un mot, ou que vous ayez un doute sur sa signification exacte.

Il existe plusieurs moyens pour chercher à comprendre le sens d'un mot sans avoir recours au dictionnaire :
• inspirez-vous du contexte dans lequel le mot est employé (exemple : si le texte est consacré à l'automobile, il est possible que le mot soit un terme technique relatif à l'automobile ou en rapport avec l'automobile) ;
• essayez de cerner la racine du mot et rattachez ce mot à d'autres mots qui ont la même racine (exemple : le mot préhistoire est formé de la racine histoire et du préfixe « pré », qui signifie « avant » ou « antérieur ») ;
• en dernier recours, lisez le texte en faisant abstraction de ce mot et essayez de saisir si ce mot est absolument indispensable à la compréhension du texte.

B. Le temps des verbes

Prenez également garde au temps de conjugaison des verbes du texte. Ils vous donneront de précieuses indications.

- **Exemple :** un texte évoquant « les moyens de distraction que les hommes appréciaient » implique une référence directe et exclusive au passé, tandis qu'un texte évoquant « les moyens de distraction que les hommes apprécient » se situe dans une perspective résolument actuelle ou générale.

De même, l'emploi du conditionnel implique que l'information contenue dans la phrase n'est pas certaine.

- **Exemple :** la phrase « L'incendie serait d'origine criminelle » signifie que l'incendie peut être d'origine criminelle mais que cela n'est pas certain, contrairement à la signification de la phrase « L'incendie est d'origine criminelle ».

C. La forme de la phrase

Dans un texte à vocation informative, vous devez également prêter attention à la forme interrogative ou affirmative des phrases. Une phrase présentée sous forme interrogative implique une absence de certitude quant à la véracité de l'information. Une phrase présentée sous forme affirmative signifie que l'information est sûre.

- **Exemple :** la phrase « Le meurtre a-t-il été commis la nuit ? » pose une question, tandis que dans la phrase « Le meurtre a été commis la nuit », on est certain de cette information.

D. Les connecteurs logiques

L'analyse des connecteurs logiques employés par le rédacteur du texte doit vous permettre de « suivre le fil » de sa pensée, notamment s'agissant de ce qu'il entend démontrer ou établir.

- **Exemples :** d'abord, enfin, ensuite, aussi, en effet, donc, notamment, néanmoins, en vue de, car…

EXERCICE 3

1. La résolution complexe d'une demande sera :
   - **a.** simple
   - **b.** difficile
   - **c.** impossible
2. L'antidote d'un poison induit :
   - **a.** sa neutralisation
   - **b.** son aggravation
   - **c.** sa duplication
3. La phrase « Le malfaiteur aurait été identifié » signifie que le malfaiteur :
   - **a.** a été identifié
   - **b.** n'a pas été identifié
   - **c.** a peut-être été identifié
4. Le mot « effectivement » est un connecteur logique relatif à :
   - **a.** une cause
   - **b.** une comparaison
   - **c.** une conclusion

5 Le mot « néanmoins » est un connecteur logique relatif à :

a. une cause
b. une comparaison
c. une opposition

CORRIGÉS

1 c. 2 c. 3 a. 4 c. 5 a.

SUJETS BLANCS CORRIGÉS

Vous trouverez ci-après quatre sujets blancs corrigés reprenant les principes de l'épreuve de compréhension de textes : une série de textes informatifs, suivis chacun de 6 questions.

Préparez-vous dans les conditions de l'épreuve en essayant de répondre à toutes les questions dans le délai imparti.

SUJET N° 1 ★★☆ COMPRÉHENSION DE TEXTES — 40 minutes

1 Document 1

Le mardi 20 décembre vers 16 h 15, quatre individus qui circulaient à bord d'un véhicule signalé volé ont fait l'objet d'un contrôle routier dans l'allée Jacques Perret à Vannes (56). Au moment du contrôle, ils ont soudainement pris la fuite à pied. Trois d'entre eux ont été interpellés par les gendarmes. Ils ont été placés en garde à vue à la brigade de gendarmerie de Vannes. Le dernier est parvenu à prendre la fuite.

2 Questions

Pour chaque proposition, choisissez la bonne réponse.

① **Il y a trois interpellés.**

☐ **a.** Vrai. ☐ **b.** Faux. ☐ **c.** On ne peut pas le savoir.

② **L'individu en fuite est le chauffeur du véhicule.**

☐ **a.** Vrai. ☐ **b.** Faux. ☐ **c.** On ne peut pas le savoir.

③ **Les individus sont partis en marchant.**

☐ **a.** Vrai. ☐ **b.** Faux. ☐ **c.** On ne peut pas le savoir.

④ **Les interpellés ont été confiés à la Police nationale.**

☐ **a.** Vrai. ☐ **b.** Faux. ☐ **c.** On ne peut pas le savoir.

⑤ **La voiture était volée.**

☐ **a.** Vrai. ☐ **b.** Faux. ☐ **c.** On ne peut pas le savoir.

⑥ **L'individu en fuite a été identifié par la suite.**

☐ **a.** Vrai. ☐ **b.** Faux. ☐ **c.** On ne peut pas le savoir.

1 Document 2

Le lundi 2 novembre à 19 h 20, au 5 de l'avenue Michel Mohrt à Saint-Brieuc (22), un individu s'est retranché dans l'appartement de son ex-conjointe, à la suite d'un différend, armé d'un couteau, en déclarant vouloir attenter à ses jours. Les gendarmes sont intervenus et ont interpellé l'individu à 20 h 10 sans incident et l'ont conduit à la gendarmerie de Saint-Brieuc où il a été placé en garde à vue. Il n'y a pas eu de blessés.

2 Questions

Pour chaque proposition, choisissez la bonne réponse.

① **L'individu a blessé sa femme.**

☐ **a.** Vrai. ☐ **b.** Faux. ☐ **c.** On ne peut pas le savoir.

② **La négociation avec l'individu a duré deux heures.**

☐ **a.** Vrai. ☐ **b.** Faux. ☐ **c.** On ne peut pas le savoir.

③ **L'individu voulait se suicider.**

☐ **a.** Vrai. ☐ **b.** Faux. ☐ **c.** On ne peut pas le savoir.

④ **L'interpellation a été mouvementée.**

☐ **a.** Vrai. ☐ **b.** Faux. ☐ **c.** On ne peut pas le savoir.

⑤ **L'individu fait l'objet d'une procédure judiciaire.**

☐ **a.** Vrai. ☐ **b.** Faux. ☐ **c.** On ne peut pas le savoir.

⑥ **Le couple est séparé.**

☐ **a.** Vrai. ☐ **b.** Faux. ☐ **c.** On ne peut pas le savoir.

1 Document 3

Le dimanche 7 mars à 18 h 35, une centaine de jeunes de la cité de la Goule noire s'est rassemblée sur la commune de Valence (26). À l'arrivée des gendarmes mobiles, ils ont été pris à partie et un individu a fait usage à une reprise d'un tir de flash-ball dans leur direction. Il n'y a eu aucun blessé ni interpellation. La ligne de bus D a été momentanément déviée. Une sécurisation a été mise en place par les autorités du département.

2 Questions

Pour chaque proposition, choisissez la bonne réponse.

① **Le maintien de l'ordre s'est déroulé en pleine nuit.**

☐ **a.** Vrai. ☐ **b.** Faux. ☐ **c.** On ne peut pas le savoir.

② **Un individu a tiré sur les gendarmes mobiles.**

☐ **a.** Vrai. ☐ **b.** Faux. ☐ **c.** On ne peut pas le savoir.

③ **Les transports en commun ont continué à fonctionner pendant les opérations de maintien de l'ordre.**

☐ **a.** Vrai. ☐ **b.** Faux. ☐ **c.** On ne peut pas le savoir.

④ **Plusieurs fauteurs de troubles ont pu être arrêtés.**

☐ **a.** Vrai. ☐ **b.** Faux. ☐ **c.** On ne peut pas le savoir.

⑤ **Après les faits, les forces de l'ordre continueront d'être présentes dans la cité de la Goule noire.**

☐ **a.** Vrai. ☐ **b.** Faux. ☐ **c.** On ne peut pas le savoir.

⑥ **Les gendarmes mobiles étaient au nombre d'une centaine.**

☐ **a.** Vrai. ☐ **b.** Faux. ☐ **c.** On ne peut pas le savoir.

1 Document 4

Le samedi 1er janvier 2010, à 0 h 30, à l'hôpital René Quinton situé au 66 de l'avenue du Général Leclerc à Nancy (54), un homme blessé par balle à une cuisse s'est présenté aux urgences. Ce dernier, peu loquace, aurait déclaré s'être fait tirer dessus avenue Lénine à Nancy par un inconnu. Le signalement de deux individus ayant déposé la victime, communiqué par le personnel hospitalier, permettait l'interpellation du conducteur du véhicule à 0 h 45. La victime, dont le pronostic vital n'est pas engagé, a été admise à l'hôpital.

2 Questions

Pour chaque proposition, choisissez la bonne réponse.

① **La victime est entre la vie et la mort.**

☐ **a.** Vrai. ☐ **b.** Faux. ☐ **c.** On ne peut pas le savoir.

② **La victime s'est montrée coopérative avec les forces de l'ordre.**

☐ **a.** Vrai. ☐ **b.** Faux. ☐ **c.** On ne peut pas le savoir.

③ **La victime a reçu un coup de couteau.**

☐ **a.** Vrai. ☐ **b.** Faux. ☐ **c.** On ne peut pas le savoir.

④ **La victime est blessée au bras.**

☐ **a.** Vrai. ☐ **b.** Faux. ☐ **c.** On ne peut pas le savoir.

⑤ **Deux individus ont été arrêtés dans cette affaire.**

☐ **a.** Vrai. ☐ **b.** Faux. ☐ **c.** On ne peut pas le savoir.

⑥ **La victime connaissait son agresseur.**

☐ **a.** Vrai. ☐ **b.** Faux. ☐ **c.** On ne peut pas le savoir.

1 Document 5

Le mercredi 8 juillet à 21 h 45, au 5 de l'avenue des Chouans à Quiberon (56), dans une épicerie, trois individus masqués et vêtus de noir, dont l'un muni d'une bombe lacrymogène, ont pénétré dans l'établissement et se sont fait remettre la somme de 350 euros. Ils ont pris la fuite à pied dans une direction ignorée. Il n'y a pas eu de blessés.

2 Questions

Pour chaque proposition, choisissez la bonne réponse.

① **Les malfaiteurs étaient une demi-douzaine.**

☐ **a.** Vrai. ☐ **b.** Faux. ☐ **c.** On ne peut pas le savoir.

② **Le gérant de l'épicerie a été roué de coups.**

☐ **a.** Vrai. ☐ **b.** Faux. ☐ **c.** On ne peut pas le savoir.

③ **Le montant du préjudice est de 450 euros.**

☐ **a.** Vrai. ☐ **b.** Faux. ☐ **c.** On ne peut pas le savoir.

④ **Les malfaiteurs ont agi en dissimulant leur visage.**

☐ **a.** Vrai. ☐ **b.** Faux. ☐ **c.** On ne peut pas le savoir.

⑤ **Les malfaiteurs étaient en possession d'une bombe lacrymogène.**

☐ **a.** Vrai. ☐ **b.** Faux. ☐ **c.** On ne peut pas le savoir.

⑥ **Les malfaiteurs ont pris la fuite pédestrement.**

☐ **a.** Vrai. ☐ **b.** Faux. ☐ **c.** On ne peut pas le savoir.

1 Document 6

Le mercredi 10 mai à 16 h 30, grâce à un renseignement anonyme, les enquêteurs de la brigade de recherche de Limoges (87) en collaboration avec les douanes de Périgueux (24) ont procédé à l'interpellation d'un individu en flagrant délit devant son domicile, au 17 de la rue Nicolas Bouvier à Limoges. L'individu était en possession de 24 cartouches de cigarettes et de 900 grammes de tabac à narguilé. Lors de la perquisition de son domicile, 504 cartouches de cigarettes de marque MR étaient découvertes.

2 Questions

Pour chaque proposition, choisissez la bonne réponse.

① **L'individu interpellé a été placé en garde à vue.**

☐ **a.** Vrai. ☐ **b.** Faux. ☐ **c.** On ne peut pas le savoir.

② **La perquisition de son domicile a été positive.**

☐ **a.** Vrai. ☐ **b.** Faux. ☐ **c.** On ne peut pas le savoir.

③ **Dix douaniers accompagnaient les gendarmes.**

☐ **a.** Vrai. ☐ **b.** Faux. ☐ **c.** On ne peut pas le savoir.

④ **Les douaniers venaient de Limoges.**

☐ **a.** Vrai. ☐ **b.** Faux. ☐ **c.** On ne peut pas le savoir.

⑤ **Un total de 528 cartouches a été découvert.**

☐ **a.** Vrai. ☐ **b.** Faux. ☐ **c.** On ne peut pas le savoir.

⑥ **L'individu a été arrêté sur son lieu de travail.**

☐ **a.** Vrai. ☐ **b.** Faux. ☐ **c.** On ne peut pas le savoir.

1 Document 7

Le mercredi 4 mai à 21 h 25, au 4 de l'avenue Léon de Montesquiou à Auch (32), les gendarmes en patrouille ont interpellé un individu cagoulé se dissimulant derrière un véhicule en stationnement. Le mis en cause était porteur d'un sac à dos contenant un pistolet à plomb, une bombe lacrymogène et un marteau brise-vitre.

2 Questions

Pour chaque proposition, choisissez la bonne réponse.

① **Les gendarmes ont arrêté l'individu en flagrant délit.**

☐ **a.** Vrai. ☐ **b.** Faux. ☐ **c.** On ne peut pas le savoir.

② **L'individu arrêté était armé.**

☐ **a.** Vrai. ☐ **b.** Faux. ☐ **c.** On ne peut pas le savoir.

③ **L'individu a cherché à se cacher.**

☐ **a.** Vrai. ☐ **b.** Faux. ☐ **c.** On ne peut pas le savoir.

④ **L'individu a été arrêté le matin.**

☐ **a.** Vrai. ☐ **b.** Faux. ☐ **c.** On ne peut pas le savoir.

⑤ **Les gendarmes étaient au nombre de trois.**

☐ **a.** Vrai. ☐ **b.** Faux. ☐ **c.** On ne peut pas le savoir.

⑥ **L'individu allait commettre une agression.**

☐ **a.** Vrai. ☐ **b.** Faux. ☐ **c.** On ne peut pas le savoir.

1 Document 8

Elle a le macabre surnom de « route de la mort ». Dans la nuit de jeudi à vendredi, la nationale 79, reliant Montmarault à Mâcon, a été le théâtre d'un nouveau drame. Douze Portugais, roulant dans un minibus, ont perdu la vie après avoir percuté un poids lourd sur la commune de Montbeugny, située dans le département de l'Allier. Cette route est bien connue pour sa dangerosité. « Elle est assez monotone, la vitesse est limitée à 90 km/h. Il y a ceux qui s'impatientent et ceux qui s'endorment », expliquait une source judiciaire après l'accident. Et il n'y a que quatre zones de dépassement dans le secteur. « Ça fait plus de quarante ans qu'on parle de la mettre en deux fois deux voies », soulignait cette même source.

Source : *Le Figaro*.

2 Questions

Pour chaque proposition, choisissez la bonne réponse.

① **L'accident a eu lieu sur une autoroute.**

☐ **a.** Vrai. ☐ **b.** Faux. ☐ **c.** On ne peut pas le savoir.

② **Les victimes roulaient dans une voiture particulière.**

☐ **a.** Vrai. ☐ **b.** Faux. ☐ **c.** On ne peut pas le savoir.

③ **La route n'avait qu'une seule voie par sens de circulation.**

☐ **a.** Vrai. ☐ **b.** Faux. ☐ **c.** On ne peut pas le savoir.

④ **Quatorze personnes sont mortes dans l'accident.**

☐ **a.** Vrai. ☐ **b.** Faux. ☐ **c.** On ne peut pas le savoir.

⑤ **La collision a eu lieu avec un poids lourd.**

☐ **a.** Vrai. ☐ **b.** Faux. ☐ **c.** On ne peut pas le savoir.

⑥ **La gendarmerie a été saisie de l'enquête.**

☐ **a.** Vrai. ☐ **b.** Faux. ☐ **c.** On ne peut pas le savoir.

1 Document 9

Alors que toute la Syrie anti-islamiste s'apprête à remporter une victoire symbolique autant que stratégique contre les hordes djihadistes de Daech, les réactions occidentales risquent de se faire discrètes. (…) Pas question de remercier la Russie ou l'Iran de leur aide militaire en Syrie. Impossible d'applaudir à cette victoire contre Daech. [...] La Russie est notre meilleure alliée avec Damas pour lutter contre Daech en Syrie. Et nous refusons toujours de nous unir à elle pour frapper Daech. Combien de fois a-t-on répété que la Russie et le régime syrien ne se battaient pas contre Daech mais contre « l'opposition modérée » ? [...] Il faudra bien admettre que la Russie et la Syrie de Bachar Al-Assad sont en première ligne contre Daech tandis que nous les regardons faire.

Source : *Le Figaro*.

2 Questions

Pour chaque proposition, choisissez la bonne réponse.

① **La Russie est impliquée militairement en Syrie.**

☐ **a.** Vrai. ☐ **b.** Faux. ☐ **c.** On ne peut pas le savoir.

② **L'Iran est impliqué militairement en Syrie.**

☐ **a.** Vrai. ☐ **b.** Faux. ☐ **c.** On ne peut pas le savoir.

③ **Daech mène un combat militaire islamiste.**

☐ **a.** Vrai. ☐ **b.** Faux. ☐ **c.** On ne peut pas le savoir.

④ **Daech est implanté en Irak.**

☐ **a.** Vrai. ☐ **b.** Faux. ☐ **c.** On ne peut pas le savoir.

⑤ **Le président syrien n'est plus Bachar al-Asad.**

☐ **a.** Vrai. ☐ **b.** Faux. ☐ **c.** On ne peut pas le savoir.

⑥ **Les États-Unis vont intervenir militairement en Syrie.**

☐ **a.** Vrai. ☐ **b.** Faux. ☐ **c.** On ne peut pas le savoir.

1 Document 10

L'enquête se poursuit sur le probable attentat qui a visé mardi un vol Mogadiscio-Djibouti. L'Airbus 321 de la compagnie Daallo airlines avait dû retourner d'urgence sur l'aéroport de Mogadiscio, la capitale somalienne, à la suite d'une explosion [...].

« L'accident a fait un mort et deux blessés légers » ont annoncé les autorités [...] Officiellement porté disparu, l'un des passagers du vol a finalement été identifié vendredi. La victime s'appelle Abdulahi Abdisalam ont précisé les autorités somaliennes et pourrait être un terroriste qui aurait réussi à charger une bombe à bord.

Source : *Métronews.fr.*

2 Questions

Pour chaque proposition, choisissez la bonne réponse.

① **Ce texte évoque un attentat avéré.**

☐ **a.** Vrai. ☐ **b.** Faux. ☐ **c.** On ne peut pas le savoir.

② **Les terroristes étaient islamistes.**

☐ **a.** Vrai. ☐ **b.** Faux. ☐ **c.** On ne peut pas le savoir.

③ **Aucun passager n'a survécu.**

☐ **a.** Vrai. ☐ **b.** Faux. ☐ **c.** On ne peut pas le savoir.

④ **Une bombe aurait été chargée à bord de l'avion.**

☐ **a.** Vrai. ☐ **b.** Faux. ☐ **c.** On ne peut pas le savoir.

⑤ **Le terroriste présumé a été identifié.**

☐ **a.** Vrai. ☐ **b.** Faux. ☐ **c.** On ne peut pas le savoir.

⑥ **L'avion était un Boeing.**

☐ **a.** Vrai. ☐ **b.** Faux. ☐ **c.** On ne peut pas le savoir.

1 Document 11

Comment faut-il « lire » le raid aérien auquel les Américains ont procédé, le samedi 5 mars, en Somalie – et qu'ils ont dévoilé le lundi 7 mars – tuant « plus de 150 » combattants du groupe Al-Chabab ? (...) L'opération visait un camp d'entraînement, le camp Raso, situé à un peu moins de 200 kilomètres au nord de Mogadiscio. Selon les informations données par le Pentagone, les combattants du groupe Al-Chabab étaient réunis en masse [...] Ils « représentaient une menace imminente pour les États-Unis et les forces » de l'Union africaine (Amisom), a expliqué un porte-parole du Pentagone, Jeff Davis. « On avait le sentiment que la phase opérationnelle était sur le point d'être mise en œuvre », a-t-il ajouté. Le bombardement américain a été mené par drones et par avions.

Source : *Le Monde*.

2 Questions

Pour chaque proposition, choisissez la bonne réponse.

① **Les Américains sont intervenus militairement en Somalie.**

☐ **a.** Vrai. ☐ **b.** Faux. ☐ **c.** On ne peut pas le savoir.

② **La frappe est habituelle dans son ampleur.**

☐ **a.** Vrai. ☐ **b.** Faux. ☐ **c.** On ne peut pas le savoir.

③ **Le bombardement comprenait uniquement des avions.**

☐ **a.** Vrai. ☐ **b.** Faux. ☐ **c.** On ne peut pas le savoir.

④ **Un camp d'entraînement a été visé.**

☐ **a.** Vrai. ☐ **b.** Faux. ☐ **c.** On ne peut pas le savoir.

⑤ **Les États-Unis ont revendiqué cette action.**

☐ **a.** Vrai. ☐ **b.** Faux. ☐ **c.** On ne peut pas le savoir.

⑥ **Des troupes au sol sont également intervenues.**

☐ **a.** Vrai. ☐ **b.** Faux. ☐ **c.** On ne peut pas le savoir.

1 Document 12

Le 18 mai, le président de la République a proclamé l'état d'urgence au Costa Rica. Depuis le 17 avril, le pays fait l'objet de cyberattaques visant les services publics, avec des conséquences potentiellement graves pour le commerce international et les importations. Le groupe Conti est identifié comme l'instigateur de cette attaque. Revendiquant la possession de 670 Go de données sensibles et classifiées, il exige du gouvernement costaricien le versement d'une rançon de 20 millions de dollars pour mettre fin à l'opération.

Composé de hackers russes, le groupe Conti est reconnu par les experts comme l'une des organisations criminelles numériques contemporaines les plus puissantes. Ses membres, engagés récemment auprès des autorités russes à la suite de l'invasion de l'Ukraine, affirment défendre les intérêts de leur pays. Cette attaque majeure pourrait ainsi avoir des implications géopolitiques, visant un pays allié des États-Unis et disposant de ressources limitées en matière de cybersécurité.

2 Questions

Pour chaque proposition, choisissez la bonne réponse.

① **Le texte concerne la cybercriminalité.**

☐ **a.** Vrai. ☐ **b.** Faux. ☐ **c.** On ne peut pas le savoir.

② **Les faits se déroulent en Amérique latine.**

☐ **a.** Vrai. ☐ **b.** Faux. ☐ **c.** On ne peut pas le savoir.

③ **Les criminels sont russes.**

☐ **a.** Vrai. ☐ **b.** Faux. ☐ **c.** On ne peut pas le savoir.

④ **Une rançon de 30 millions de dollars est demandée.**

☐ **a.** Vrai. ☐ **b.** Faux. ☐ **c.** On ne peut pas le savoir.

⑤ **La rançon va être payée.**

☐ **a.** Vrai. ☐ **b.** Faux. ☐ **c.** On ne peut pas le savoir.

⑥ **Le Costa Rica n'est pas un pays allié des États-Unis.**

☐ **a.** Vrai. ☐ **b.** Faux. ☐ **c.** On ne peut pas le savoir.

1 Document 13

Le 5 mars, confronté à une intensification des violences liées aux revendications territoriales des Mapuches, le gouvernement chilien a opté pour la remilitarisation de deux provinces de la région d'Araucanie, en déclarant l'état d'urgence. Avant son entrée en fonction en mars dernier, le président chilien croyait fermement en la possibilité de gérer le conflit avec les communautés mapuches de manière pacifique, à travers le dialogue. Cependant, après plusieurs semaines au pouvoir, des tentatives de dialogue avortées et de nombreux incidents dans la région, la militarisation du conflit semble être désormais l'option préférée pour contenir, au moins temporairement, la montée des violences.

2 Questions

Pour chaque proposition, choisissez la bonne réponse.

① **Les faits ont lieu au Chili.**

☐ **a.** Vrai. ☐ **b.** Faux. ☐ **c.** On ne peut pas le savoir.

② **Le président a souhaité initialement privilégier le dialogue.**

☐ **a.** Vrai. ☐ **b.** Faux. ☐ **c.** On ne peut pas le savoir.

③ **Les négociations avec les Mapuches ont échoué.**

☐ **a.** Vrai. ☐ **b.** Faux. ☐ **c.** On ne peut pas le savoir.

④ **La militarisation du conflit paraît être l'option privilégiée par le gouvernement.**

☐ **a.** Vrai. ☐ **b.** Faux. ☐ **c.** On ne peut pas le savoir.

⑤ **Malgré la gravité de la situation, l'état d'urgence n'a pas été décrété.**

☐ **a.** Vrai. ☐ **b.** Faux. ☐ **c.** On ne peut pas le savoir.

⑥ **Les faits concernent une province particulière du Chili.**

☐ **a.** Vrai. ☐ **b.** Faux. ☐ **c.** On ne peut pas le savoir.

1 Document 14

Le 12 septembre, la brigade de pompiers a été alertée par les habitants d'un quartier tranquille au sujet d'un chat bloqué en haut d'un arbre majestueux de 15 mètres. La situation devenait de plus en plus critique, car le félin miaulait anxieusement. Rapidement, les pompiers ont organisé une opération de sauvetage délicate. Sous les regards inquiets des résidents, les pompiers ont utilisé une échelle spéciale pour atteindre le chat, le sécuriser avec précaution, et le ramener au sol. La scène a été saluée par des applaudissements nourris et des sourires soulagés.

2 Questions

Pour chaque proposition, choisissez la bonne réponse.

① **Le sauvetage du chat a eu lieu le 12 septembre.**

☐ **a.** Vrai. ☐ **b.** Faux. ☐ **c.** On ne peut pas le savoir.

② **L'opération de sauvetage a été réalisée par la police.**

☐ **a.** Vrai. ☐ **b.** Faux. ☐ **c.** On ne peut pas le savoir.

③ **Le chat était coincé dans un arbre de vingt mètres.**

☐ **a.** Vrai. ☐ **b.** Faux. ☐ **c.** On ne peut pas le savoir.

④ **Les habitants ont réagi de manière négative pendant le sauvetage.**

☐ **a.** Vrai. ☐ **b.** Faux. ☐ **c.** On ne peut pas le savoir.

⑤ **Le chat a été ramené en sécurité grâce à l'opération des pompiers.**

☐ **a.** Vrai. ☐ **b.** Faux. ☐ **c.** On ne peut pas le savoir.

⑥ **C'était la première fois que les pompiers intervenaient pour sauver un animal dans ce quartier.**

☐ **a.** Vrai. ☐ **b.** Faux. ☐ **c.** On ne peut pas le savoir.

1 Document 15

Le 5 novembre, l'agitation a envahi le centre-ville lorsqu'un homme, en proie à une crise de folie, a volé une voiture et tenté de fuir à vive allure, déclenchant ainsi une course-poursuite avec la police. Les sirènes stridentes ont résonné dans les rues alors que la poursuite s'intensifiait. Finalement, la situation a pris une tournure dramatique lorsque le fugitif a perdu le contrôle de la voiture, provoquant une collision spectaculaire avec un lampadaire. Les forces de l'ordre ont rapidement encerclé la voiture et appréhendé le malfaiteur, mettant ainsi fin à cette course folle.

2 Questions

Pour chaque proposition, choisissez la bonne réponse.

① **L'homme a été arrêté le 5 novembre.**

☐ **a.** Vrai. ☐ **b.** Faux. ☐ **c.** On ne peut pas le savoir.

② **Le voleur a organisé une course-poursuite avec les pompiers.**

☐ **a.** Vrai. ☐ **b.** Faux. ☐ **c.** On ne peut pas le savoir.

③ **L'incident a eu lieu dans la banlieue.**

☐ **a.** Vrai. ☐ **b.** Faux. ☐ **c.** On ne peut pas le savoir.

④ **Le voleur a été arrêté avant la collision avec le lampadaire.**

☐ **a.** Vrai. ☐ **b.** Faux. ☐ **c.** On ne peut pas le savoir.

⑤ **La voiture volée a été récupérée en bon état.**

☐ **a.** Vrai. ☐ **b.** Faux. ☐ **c.** On ne peut pas le savoir.

⑥ **C'était la première fois que l'homme était impliqué dans un vol de voiture.**

☐ **a.** Vrai. ☐ **b.** Faux. ☐ **c.** On ne peut pas le savoir.

Corrigés

Document n° 1 :	1 a.	2 c.	3 b.	4 b.	5 a.	6 c.
Document n° 2 :	1 b.	2 b.	3 a.	4 b.	5 a.	6 a.
Document n° 3 :	1 b.	2 a.	3 b.	4 b.	5 a.	6 c.
Document n° 4 :	1 b.	2 b.	3 b.	4 b.	5 b.	6 c.
Document n° 5 :	1 b.	2 b.	3 b.	4 a.	5 a.	6 a.
Document n° 6 :	1 c.	2 a.	3 c.	4 b.	5 a.	6 b.
Document n° 7 :	1 a.	2 a.	3 a.	4 b.	5 c.	6 c.
Document n° 8 :	1 b.	2 b.	3 a.	4 b.	5 a.	6 c.
Document n° 9 :	1 a.	2 a.	3 a.	4 a.	5 b.	6 c.
Document n° 10 :	1 b.	2 c.	3 b.	4 a.	5 a.	6 b.
Document n° 11 :	1 a.	2 b.	3 b.	4 a.	5 a.	6 b.
Document n° 12 :	1 a.	2 a.	3 a.	4 b.	5 c.	6 b.
Document n° 13 :	1 a.	2 a.	3 a.	4 a.	5 b.	6 a.
Document n° 14 :	1 a.	2 b.	3 b.	4 b.	5 a.	6 c.
Document n° 15 :	1 a.	2 b.	3 b.	4 b.	5 b.	6 c.

1 Document 1

Le dimanche 30 mars à 14 h 05, deux individus ont été interpellés par les enquêteurs de la Brigade de recherche de la gendarmerie de Nantes (44) au niveau de la Porte océane à Nantes. Les mis en cause se livraient à la revente de lunettes de grandes marques. 146 paires de lunettes de vues, dont certaines avec des étiquettes de magasins récemment cambriolés, ont été saisies. Un des interpellés, qui ne pouvaient justifier de la provenance des objets, était en possession de documents bancaires faisant état de d'un solde de 34 540 euros sur un compte de la Banque des Pays de la Loire.

2 Questions

Pour chaque proposition, choisissez la bonne réponse.

① **Les faits ont eu lieu à Nantes :**

☐ **a.** Vrai. ☐ **b.** Faux. ☐ **c.** On ne peut pas le savoir.

② **Les malfaiteurs étaient au nombre de trois :**

☐ **a.** Vrai. ☐ **b.** Faux. ☐ **c.** On ne peut pas le savoir.

③ **Les malfaiteurs revendaient des bijoux volés :**

☐ **a.** Vrai. ☐ **b.** Faux. ☐ **c.** On ne peut pas le savoir.

④ **Le nombre d'objets saisis est de 148 :**

☐ **a.** Vrai. ☐ **b.** Faux. ☐ **c.** On ne peut pas le savoir.

⑤ **Les interpellés étaient en possession de documents bancaires :**

☐ **a.** Vrai. ☐ **b.** Faux. ☐ **c.** On ne peut pas le savoir.

⑥ **La Police nationale a collaboré à cette enquête :**

☐ **a.** Vrai. ☐ **b.** Faux. ☐ **c.** On ne peut pas le savoir.

1 Document 2

Le lundi 10 août à 4 h 10, à l'angle des rues Saint-Jacques et Charles de-Gaulle à Romans-sur-Isère (26), un individu a mis le feu à un véhicule en stationnement non signalé volé. L'incendie s'est propagé à un second véhicule de marque stationné à proximité. Ces deux voitures sont entièrement détruites. Par ailleurs, la façade d'une pharmacie, située en face du premier véhicule, a été noircie et une poubelle a été détruite. Un individu présentant une brûlure au bras gauche a été maintenu sur les lieux en qualité de témoin puis placé en garde à vue sur instructions du parquet.

2 Questions

Pour chaque proposition, choisissez la bonne réponse.

① **Deux véhicules ont pris feu :**

☐ **a.** Vrai. ☐ **b.** Faux. ☐ **c.** On ne peut pas le savoir.

② **L'incendie est criminel :**

☐ **a.** Vrai. ☐ **b.** Faux. ☐ **c.** On ne peut pas le savoir.

③ **La façade d'une pharmacie a été noircie :**

☐ **a.** Vrai. ☐ **b.** Faux. ☐ **c.** On ne peut pas le savoir.

④ **Les faits ont eu lieu à Romans-sur-Isère :**

☐ **a.** Vrai. ☐ **b.** Faux. ☐ **c.** On ne peut pas le savoir.

⑤ **Une poubelle a également été détruite :**

☐ **a.** Vrai. ☐ **b.** Faux. ☐ **c.** On ne peut pas le savoir.

⑥ **L'individu interpellé n'était pas blessé :**

☐ **a.** Vrai. ☐ **b.** Faux. ☐ **c.** On ne peut pas le savoir.

1 Document 3

Le samedi 8 juillet à 01 h 45, sur le quai 2 à la gare de Saint-Brieuc (22), un jeune homme âgé de 22 ans a tenté de monter dans le train qui s'apprêtait à repartir. La victime a été traînée sur une partie du quai avant que le train ne s'arrête. Souffrant d'une plaie saignante au crâne, celle-ci a été conduite par les sapeurs-pompiers à l'hôpital public. Ses jours ne sont pas en danger. Le trafic n'a pas été perturbé.

2 Questions

Pour chaque proposition, choisissez la bonne réponse.

① **Les pompiers sont intervenus sur les lieux de l'accident :**

☐ **a.** Vrai. ☐ **b.** Faux. ☐ **c.** On ne peut pas le savoir.

② **Le trafic des trains a été perturbé :**

☐ **a.** Vrai. ☐ **b.** Faux. ☐ **c.** On ne peut pas le savoir.

③ **Il s'agit d'une tentative de suicide :**

☐ **a.** Vrai. ☐ **b.** Faux. ☐ **c.** On ne peut pas le savoir.

④ **L'individu a été blessé au crâne :**

☐ **a.** Vrai. ☐ **b.** Faux. ☐ **c.** On ne peut pas le savoir.

⑤ **Les faits ont eu lieu en pleine campagne :**

☐ **a.** Vrai. ☐ **b.** Faux. ☐ **c.** On ne peut pas le savoir.

⑥ **Le blessé a passé plusieurs jours à l'hôpital :**

☐ **a.** Vrai. ☐ **b.** Faux. ☐ **c.** On ne peut pas le savoir.

1 Document 4

Le mardi 22 janvier à 16 h 45, au 23, rue Joseph-de-Maistre à Lyon (69), des sapeurs-pompiers qui intervenaient pour un feu d'appartement ont été pris à partie par un groupe de jeunes individus. Des gendarmes ont été la cible de jets de projectiles avant d'être aspergés de gaz lacrymogène. Un gendarme a été très légèrement blessé à la jambe et au visage. Son état n'a pas nécessité de conduite en milieu hospitalier. Un sapeur-pompier a été légèrement blessé par le chien de l'occupant de l'appartement. Il a été conduit en milieu hospitalier.

2 Questions

Pour chaque proposition, choisissez la bonne réponse.

① **Les gendarmes ont essuyé des jets de pierre :**

☐ **a.** Vrai. ☐ **b.** Faux. ☐ **c.** On ne peut pas le savoir.

② **Les faits ont eu lieu en ville :**

☐ **a.** Vrai. ☐ **b.** Faux. ☐ **c.** On ne peut pas le savoir.

③ **Un gendarme a été grièvement blessé :**

☐ **a.** Vrai. ☐ **b.** Faux. ☐ **c.** On ne peut pas le savoir.

④ **Un pompier a été légèrement blessé :**

☐ **a.** Vrai. ☐ **b.** Faux. ☐ **c.** On ne peut pas le savoir.

⑤ **Un appartement a pris feu :**

☐ **a.** Vrai. ☐ **b.** Faux. ☐ **c.** On ne peut pas le savoir.

⑥ **Les gendarmes ont employé du gaz lacrymogène :**

☐ **a.** Vrai. ☐ **b.** Faux. ☐ **c.** On ne peut pas le savoir.

1 Document 5

Le samedi 10 mai vers 23 h 30, un accident corporel léger de la circulation est survenu devant le 43, rue Bainville à Martigues (13) entre un cyclomotoriste et un véhicule militaire. La victime présente une fracture ouverte de l'auriculaire de la main gauche. Les dépistages alcoolémiques effectués se sont avérés négatifs.

2 Questions

Pour chaque proposition, choisissez la bonne réponse.

① **L'accident a eu lieu la nuit :**

☐ **a.** Vrai. ☐ **b.** Faux. ☐ **c.** On ne peut pas le savoir.

② **Un vélo est impliqué dans cet accident :**

☐ **a.** Vrai. ☐ **b.** Faux. ☐ **c.** On ne peut pas le savoir.

③ **Un véhicule militaire est impliqué dans cet accident :**

☐ **a.** Vrai. ☐ **b.** Faux. ☐ **c.** On ne peut pas le savoir.

④ **Les faits ont eu lieu à Martigues :**

☐ **a.** Vrai. ☐ **b.** Faux. ☐ **c.** On ne peut pas le savoir.

⑤ **Un des conducteurs présentait une alcoolémie :**

☐ **a.** Vrai. ☐ **b.** Faux. ☐ **c.** On ne peut pas le savoir.

⑥ **Les véhicules en cause sont détruits :**

☐ **a.** Vrai. ☐ **b.** Faux. ☐ **c.** On ne peut pas le savoir.

1 Document 6

Le dimanche 2 janvier à 12 h 35, le corps d'une femme de type asiatique, âgée de 30 ans environ, démunie de pièce d'identité, a été repêché dans le canal de Bourgogne, mail Charles-le-Téméraire à Saulieu (21). Le corps ne présente pas de trace suspecte.

2 Questions

Pour chaque proposition, choisissez la bonne réponse.

① **Le corps est celui d'une femme de nationalité chinoise :**

☐ **a.** Vrai. ☐ **b.** Faux. ☐ **c.** On ne peut pas le savoir.

② **Il s'agit d'un décès suspect :**

☐ **a.** Vrai. ☐ **b.** Faux. ☐ **c.** On ne peut pas le savoir.

③ **Le corps a été retrouvé dans l'eau :**

☐ **a.** Vrai. ☐ **b.** Faux. ☐ **c.** On ne peut pas le savoir.

④ **Le canal du Midi a été dragué :**

☐ **a.** Vrai. ☐ **b.** Faux. ☐ **c.** On ne peut pas le savoir.

⑤ **Le corps a été découvert en pleine journée :**

☐ **a.** Vrai. ☐ **b.** Faux. ☐ **c.** On ne peut pas le savoir.

⑥ **La victime a pu être immédiatement identifiée :**

☐ **a.** Vrai. ☐ **b.** Faux. ☐ **c.** On ne peut pas le savoir.

1 Document 7

Le mardi 10 février, à partir de 17 h 15, à l'occasion de l'ouverture du procès à Brest (29) d'un médecin accusé d'homicide volontaire, une trentaine de personnes se sont rassemblées aux abords du palais de justice, place Cathelineau, pour réclamer justice pour les victimes.

2 Questions

Pour chaque proposition, choisissez la bonne réponse.

① **La personne accusée d'homicide est un médecin :**

☐ **a.** Vrai. ☐ **b.** Faux. ☐ **c.** On ne peut pas le savoir.

② **Le rassemblement regroupe une centaine de personnes :**

☐ **a.** Vrai. ☐ **b.** Faux. ☐ **c.** On ne peut pas le savoir.

③ **Le rassemblement a eu lieu un mardi :**

☐ **a.** Vrai. ☐ **b.** Faux. ☐ **c.** On ne peut pas le savoir.

④ **Le rassemblement a duré plusieurs jours :**

☐ **a.** Vrai. ☐ **b.** Faux. ☐ **c.** On ne peut pas le savoir.

⑤ **Il s'agit d'une affaire d'homicide involontaire :**

☐ **a.** Vrai. ☐ **b.** Faux. ☐ **c.** On ne peut pas le savoir.

⑥ **Le palais de justice se situe près de la place Cathelineau :**

☐ **a.** Vrai. ☐ **b.** Faux. ☐ **c.** On ne peut pas le savoir.

1 Document 8

Le mercredi 11 juillet à 18 h 25, les corps d'un homme âgé d'une trentaine d'années et de sa fillette de deux ans et demi ont été retrouvés dans la cour d'un immeuble situé 15, rue Georges-Buis à Hendaye (64). La fillette présente de nombreuses plaies saignantes provoquées par des coups de couteau. L'homme semble être décédé par précipitation dans le vide. Un couteau de chasse ensanglanté a été retrouvé dans l'appartement.

2 Questions

Pour chaque proposition, choisissez la bonne réponse.

① **La fillette est la fille de l'homme décédé :**

☐ **a.** Vrai. ☐ **b.** Faux. ☐ **c.** On ne peut pas le savoir.

② **Les corps ont été retrouvés dans un appartement**

☐ **a.** Vrai. ☐ **b.** Faux. ☐ **c.** On ne peut pas le savoir.

③ **Un fusil a été retrouvé sur les lieux :**

☐ **a.** Vrai. ☐ **b.** Faux. ☐ **c.** On ne peut pas le savoir.

④ **L'homme semble avoir été assassiné :**

☐ **a.** Vrai. ☐ **b.** Faux. ☐ **c.** On ne peut pas le savoir.

⑤ **La mère de la fillette est disparue :**

☐ **a.** Vrai. ☐ **b.** Faux. ☐ **c.** On ne peut pas le savoir.

⑥ **La fillette était âgée de 4 ans :**

☐ **a.** Vrai. ☐ **b.** Faux. ☐ **c.** On ne peut pas le savoir.

1 Document 9

Le jeudi 1er avril, un incendie s'est déclaré dans un appartement, inoccupé au moment des faits, au 2e étage d'un immeuble d'habitation privée, situé 156, boulevard Aristote à Caen (14). Deux sapeurs-pompiers ont été brûlés aux 1er et 2e degrés en pénétrant dans les lieux. Ils ont été dirigés sous escorte motocycliste à l'hôpital de Caen. Le sinistre a été maîtrisé à 19 h 45. Une personne à mobilité réduite a été évacuée par les sapeurs-pompiers. Une résidente enceinte, légèrement incommodée par la fumée, a été dirigée vers l'hôpital de Caen. L'origine de l'incendie est accidentelle.

2 Questions

Pour chaque proposition, choisissez la bonne réponse.

① **Le sinistre est d'origine criminelle :**

☐ **a.** Vrai. ☐ **b.** Faux. ☐ **c.** On ne peut pas le savoir.

② **Trois sapeurs-pompiers ont été blessés lors de l'intervention :**

☐ **a.** Vrai. ☐ **b.** Faux. ☐ **c.** On ne peut pas le savoir.

③ **Les blessés ont été dirigés à l'hôpital de Caen :**

☐ **a.** Vrai. ☐ **b.** Faux. ☐ **c.** On ne peut pas le savoir.

④ **Des motocyclistes ont effectué une escorte sanitaire :**

☐ **a.** Vrai. ☐ **b.** Faux. ☐ **c.** On ne peut pas le savoir.

⑤ **La résidente blessée de l'immeuble attendait un enfant :**

☐ **a.** Vrai. ☐ **b.** Faux. ☐ **c.** On ne peut pas le savoir.

⑥ **L'appartement où a eu lieu l'incendie était vide lors du sinistre :**

☐ **a.** Vrai. ☐ **b.** Faux. ☐ **c.** On ne peut pas le savoir.

1 Document 10

Le dimanche 2 novembre, entre 11 h 30 et 11 h 45, au 5, avenue Maurice-Halna-du-Fretay à Rennes (35), un couple de personnes âgées, qui regagnaient leur domicile, ont été suivies jusque dans le hall de leur immeuble par deux individus. L'un d'eux a immobilisé le mari pendant que le second maintenait la dame par le cou. Le second individu a sorti une pince coupante de sa poche et a coupé le diamant serti sur sa bague. Les deux individus ont pris la fuite sur une petite moto. Le montant du préjudice est estimé à 15 000 euros.

2 Questions

Pour chaque proposition, choisissez la bonne réponse.

① **Les malfaiteurs étaient deux :**

☐ **a.** Vrai. ☐ **b.** Faux. ☐ **c.** On ne peut pas le savoir.

② **Un jeune couple a été agressé :**

☐ **a.** Vrai. ☐ **b.** Faux. ☐ **c.** On ne peut pas le savoir.

③ **Un collier a été volé :**

☐ **a.** Vrai. ☐ **b.** Faux. ☐ **c.** On ne peut pas le savoir.

④ **Les malfaiteurs ont pris la fuite en deux-roues :**

☐ **a.** Vrai. ☐ **b.** Faux. ☐ **c.** On ne peut pas le savoir.

⑤ **Les victimes ont été menacées avec un couteau :**

☐ **a.** Vrai. ☐ **b.** Faux. ☐ **c.** On ne peut pas le savoir.

⑥ **Les victimes sont blessées :**

☐ **a.** Vrai. ☐ **b.** Faux. ☐ **c.** On ne peut pas le savoir.

1 Document 11

Le 28 mai, la gendarmerie nationale a rendu compte du démantèlement d'une filière d'immigration irrégulière chinoise impliquée dans le jeu clandestin et la prostitution, opération menée dans le cadre d'un dispositif commun mis en place avec la police nationale.

Sept personnes impliquées, dont les deux protagonistes de nationalité chinoise, avaient été interpellées et placées en garde à vue.

Le 31 mai, six d'entre eux avaient été déférés devant le magistrat mandant, et mis en examen. Quatre étaient conduits en détention, deux autres étaient placés sous contrôle judiciaire et le dernier laissé libre.

2 Questions

Pour chaque proposition, choisissez la bonne réponse.

① **La police nationale a participé à cette affaire :**

☐ **a.** Vrai. ☐ **b.** Faux. ☐ **c.** On ne peut pas le savoir.

② **Les personnes impliquées dans l'affaire sont de nationalité chinoise :**

☐ **a.** Vrai. ☐ **b.** Faux. ☐ **c.** On ne peut pas le savoir.

③ **Le jeu clandestin n'était pas la seule activité de cette filière :**

☐ **a.** Vrai. ☐ **b.** Faux. ☐ **c.** On ne peut pas le savoir.

④ **Cinq individus étaient placés en détention :**

☐ **a.** Vrai. ☐ **b.** Faux. ☐ **c.** On ne peut pas le savoir.

⑤ **Un individu n'a pas été présenté au juge mandant :**

☐ **a.** Vrai. ☐ **b.** Faux. ☐ **c.** On ne peut pas le savoir.

⑥ **Les individus mis en cause ont été lourdement condamnés :**

☐ **a.** Vrai. ☐ **b.** Faux. ☐ **c.** On ne peut pas le savoir.

1 Document 12

Dans la nuit du 20 juin au 21 juin, la brigade nautique de la gendarmerie française et les garde-côtes néerlandais ont repêché 12 personnes ayant fait naufrage dans des eaux anguillaises.

Trois corps ont été repêchés et trois autres personnes sont portées disparues et activement recherchées.

La gendarmerie est saisie de la procédure judiciaire ouverte pour homicide involontaire et traite des êtres humains.

2 Questions

Pour chaque proposition, choisissez la bonne réponse.

① **Un bateau a fait naufrage :**

☐ **a.** Vrai. ☐ **b.** Faux. ☐ **c.** On ne peut pas le savoir.

② **Une enquête a été ouverte :**

☐ **a.** Vrai. ☐ **b.** Faux. ☐ **c.** On ne peut pas le savoir.

③ **Les gendarmes ont sauvé des vies :**

☐ **a.** Vrai. ☐ **b.** Faux. ☐ **c.** On ne peut pas le savoir.

④ **La gendarmerie a bénéficié de l'aide d'un pays étranger :**

☐ **a.** Vrai. ☐ **b.** Faux. ☐ **c.** On ne peut pas le savoir.

⑤ **Des hommes ont perdu la vie :**

☐ **a.** Vrai. ☐ **b.** Faux. ☐ **c.** On ne peut pas le savoir.

⑥ **Des personnes sont portées disparues :**

☐ **a.** Vrai. ☐ **b.** Faux. ☐ **c.** On ne peut pas le savoir.

1 Document 13

Le 2 janvier à 0 h 55, un requérant composait le « 17 » pour avertir qu'un coup de feu venait d'être tiré au niveau du 2, villa Saint-Martin.

Rapidement sur les lieux, les gendarmes constataient qu'un homme se trouvait à terre, sur la voie publique, à l'adresse indiquée. Choqué et légèrement blessé, il expliquait qu'il venait d'être la victime du vol de son véhicule de location par trois individus porteurs de deux armes de poing et d'un fusil de chasse.

Souffrant de nombreuses contusions, il était transporté à l'hôpital, sans que son état de santé n'inspire d'inquiétude.

Les premières constatations menées sur place aboutissaient à la découverte de deux cartouches de calibre 12 mm, dont une percutée.

2 Questions

Pour chaque proposition, choisissez la bonne réponse.

① **Un homme a été assassiné :**

☐ **a.** Vrai. ☐ **b.** Faux. ☐ **c.** On ne peut pas le savoir.

② **Un véhicule a été volé :**

☐ **a.** Vrai. ☐ **b.** Faux. ☐ **c.** On ne peut pas le savoir.

③ **Les auteurs disposaient d'armes blanches :**

☐ **a.** Vrai. ☐ **b.** Faux. ☐ **c.** On ne peut pas le savoir.

④ **La victime est soignée :**

☐ **a.** Vrai. ☐ **b.** Faux. ☐ **c.** On ne peut pas le savoir.

⑤ **Des indices ont été trouvés sur les lieux :**

☐ **a.** Vrai. ☐ **b.** Faux. ☐ **c.** On ne peut pas le savoir.

⑥ **Les auteurs seront prochainement arrêtés :**

☐ **a.** Vrai. ☐ **b.** Faux. ☐ **c.** On ne peut pas le savoir.

1 Document 14

Le 27 mars à 4 h 10, les gendarmes étaient requis, place des Amaryllis, au 3e étage du bâtiment 8, pour un individu, pris de démence, qui cassait tout dans son domicile.

Sur place, l'équipage intervenant ne parvenait pas à établir le contact avec l'individu qui refusait catégoriquement d'ouvrir la porte aux forces de l'ordre et manifestait son mécontentement en jetant par la fenêtre divers objets provenant de son logement.

2 Questions

Pour chaque proposition, choisissez la bonne réponse.

① **L'individu est suivi en psychiatrie :**

☐ **a.** Vrai. ☐ **b.** Faux. ☐ **c.** On ne peut pas le savoir.

② **L'individu était seul dans l'appartement :**

☐ **a.** Vrai. ☐ **b.** Faux. ☐ **c.** On ne peut pas le savoir.

③ **L'individu est connu des services de police et de gendarmerie :**

☐ **a.** Vrai. ☐ **b.** Faux. ☐ **c.** On ne peut pas le savoir.

④ **L'individu a jeté de la vaisselle par la fenêtre :**

☐ **a.** Vrai. ☐ **b.** Faux. ☐ **c.** On ne peut pas le savoir.

⑤ **L'individu ne se maîtrisait plus :**

☐ **a.** Vrai. ☐ **b.** Faux. ☐ **c.** On ne peut pas le savoir.

⑥ **L'individu a refusé d'ouvrir sa porte :**

☐ **a.** Vrai. ☐ **b.** Faux. ☐ **c.** On ne peut pas le savoir.

1 Document 15

Le 28 février à 14 h 25, un équipage du PSIG (Peloton de surveillance et d'intervention de la Gendarmerie) passant rue de l'Arbrisseau voyait un individu sortir de l'immeuble implanté au 274 de ladite rue et se débarrasser à sa vue d'un petit sachet qui s'avérera contenir de l'herbe de cannabis. Interpellé, il indiquait aussitôt que ses deux fournisseurs se trouvaient toujours dans le hall. Le duo était arrêté à son tour. Poursuivant leur progression dans le bâtiment, les gendarmes accédaient au 7e étage où, intrigués par une porte de logement laissée entrouverte, ils sollicitaient discrètement la présence d'un officier de police judiciaire. L'appartement, duquel se dégageait la forte odeur caractéristique du cannabis, était investi. Ses trois occupants étaient interpellés.

2 Questions

Pour chaque proposition, choisissez la bonne réponse.

① **Il s'agit d'une affaire liée aux stupéfiants :**

☐ **a.** Vrai. ☐ **b.** Faux. ☐ **c.** On ne peut pas le savoir.

② **Un officier de police judiciaire s'est déplacé sur les lieux :**

☐ **a.** Vrai. ☐ **b.** Faux. ☐ **c.** On ne peut pas le savoir.

③ **De la cocaïne a été trouvée sur place :**

☐ **a.** Vrai. ☐ **b.** Faux. ☐ **c.** On ne peut pas le savoir.

④ **Quatre individus ont été interpellés :**

☐ **a.** Vrai. ☐ **b.** Faux. ☐ **c.** On ne peut pas le savoir.

⑤ **Les individus interpellés sont des récidivistes :**

☐ **a.** Vrai. ☐ **b.** Faux. ☐ **c.** On ne peut pas le savoir.

⑥ **Les faits ont eu lieu dans une maison :**

☐ **a.** Vrai. ☐ **b.** Faux. ☐ **c.** On ne peut pas le savoir.

Corrigés

Document n° 1 :	1 a.	2 b.	3 b.	4 b.	5 a.	6 c.
Document n° 2 :	1 a.	2 a.	3 a.	4 a.	5 a.	6 b.
Document n° 3 :	1 a.	2 b.	3 b.	4 a.	5 b.	6 c.
Document n° 4 :	1 c.	2 a.	3 b.	4 a.	5 a.	6 c.
Document n° 5 :	1 a.	2 b.	3 a.	4 a.	5 b.	6 c.
Document n° 6 :	1 c.	2 b.	3 a.	4 b.	5 a.	6 b.
Document n° 7 :	1 a.	2 b.	3 a.	4 c.	5 b.	6 a.
Document n° 8 :	1 a.	2 b.	3 b.	4 c.	5 c.	6 b.
Document n° 9 :	1 b.	2 b.	3 a.	4 a.	5 b.	6 a.
Document n° 10 :	1 a.	2 b.	3 b.	4 a.	5 b.	6 c.
Document n° 11 :	1 a.	2 a.	3 a.	4 b.	5 a.	6 c.
Document n° 12 :	1 a.	2 a.	3 a.	4 a.	5 a.	6 a.
Document n° 13 :	1 b.	2 a.	3 b.	4 a.	5 a.	6 c.
Document n° 14 :	1 c.	2 c.	3 c.	4 c.	5 a.	6 a.
Document n° 15 :	1 a.	2 a.	3 b.	4 b.	5 c.	6 b.

1 Document 1

Elle a le macabre surnom de « route de la mort ». Dans la nuit de jeudi à vendredi, la Nationale 79, reliant Montmarault à Mâcon, a été le théâtre d'un nouveau drame. Douze Portugais, roulant dans un minibus, ont perdu la vie après avoir percuté un poids lourd sur la commune de Montbeugny, située dans le département de l'Allier. Cette route est bien connue pour sa dangerosité. « Elle est assez monotone, la vitesse est limitée à 90 km/h. Il y a ceux qui s'impatientent et ceux qui s'endorment », expliquait une source judiciaire après l'accident. Et il n'y a que quatre zones de dépassement dans le secteur. « Ça fait plus de quarante ans qu'on parle de la mettre en deux fois deux voies », soulignait cette même source.

Source : *Le Figaro.*

2 Questions

Pour chaque proposition, choisissez la bonne réponse.

① **L'accident a eu lieu sur une autoroute :**

☐ **a.** Vrai. ☐ **b.** Faux. ☐ **c.** On ne peut pas le savoir.

② **Les victimes roulaient dans une voiture particulière :**

☐ **a.** Vrai. ☐ **b.** Faux. ☐ **c.** On ne peut pas le savoir.

③ **La route n'avait qu'une seule voie par sens de circulation :**

☐ **a.** Vrai. ☐ **b.** Faux. ☐ **c.** On ne peut pas le savoir.

④ **Quatorze personnes sont mortes dans l'accident :**

☐ **a.** Vrai. ☐ **b.** Faux. ☐ **c.** On ne peut pas le savoir.

⑤ **La collision a eu lieu avec un poids lourd :**

☐ **a.** Vrai. ☐ **b.** Faux. ☐ **c.** On ne peut pas le savoir.

⑥ **La gendarmerie a été saisie de l'enquête :**

☐ **a.** Vrai. ☐ **b.** Faux. ☐ **c.** On ne peut pas le savoir.

1 Document 2

Le *Journal officiel* a publié, ce matin, l'arrêté « portant approbation du cahier des charges national relatif à l'expérimentation d'espaces de réduction des risques par usage supervisé, autrement appelés "salles de consommation à moindre risque" ». Toutes les conditions sont donc réunies désormais pour le lancement de l'expérimentation de lieux « permettant d'inclure plutôt que d'exclure (les toxicomanes), d'accompagner plutôt que de stigmatiser », s'est réjouie la ministre de la Santé, dans un communiqué de presse. L'arrêté fixe les modalités concrètes (présence du matériel médical, horaires d'ouverture, déroulement de la consultation d'accueil, etc.) que devront respecter les associations porteuses de projets de SCMR, en lien avec les collectivités locales. Mais les riverains, opposés à ces fameuses « salles de shoot », restent bien décidés à se battre.

Source : *Le Point.*

2 Questions

Pour chaque proposition, choisissez la bonne réponse.

① **Le texte concerne l'usage de stupéfiants :**

☐ **a.** Vrai. ☐ **b.** Faux. ☐ **c.** On ne peut pas le savoir.

② **Le projet suscite des oppositions :**

☐ **a.** Vrai. ☐ **b.** Faux. ☐ **c.** On ne peut pas le savoir.

③ **Un texte officiel organise la mise en place du projet :**

☐ **a.** Vrai. ☐ **b.** Faux. ☐ **c.** On ne peut pas le savoir.

④ **Les tribunaux vont devoir juger de la légalité de ce projet :**

☐ **a.** Vrai. ☐ **b.** Faux. ☐ **c.** On ne peut pas le savoir.

⑤ **Les collectivités locales ne sont pas concernées par le projet :**

☐ **a.** Vrai. ☐ **b.** Faux. ☐ **c.** On ne peut pas le savoir.

⑥ **Le ministère de la Santé est le maître d'œuvre de ce projet :**

☐ **a.** Vrai. ☐ **b.** Faux. ☐ **c.** On ne peut pas le savoir.

1 Document 3

Un accident de la circulation s'est produit ce lundi, vers 8 h 15, sur la RN165, dans le sens Nantes-Brest, à la hauteur de Ménimur, à Vannes. Six véhicules au total sont impliqués dans ce carambolage, dont un fourgon et une voiture des pompiers. Quatre personnes, blessées, ont été transférées au Centre hospitalier Bretagne-Atlantique.

Après avoir été interrompue dans un premier temps, la circulation a été réduite sur une voie, provoquant dix kilomètres de ralentissement.

Source : *Le télégramme.*

2 Questions

Pour chaque proposition, choisissez la bonne réponse.

① **L'article évoque un cambriolage :**

☐ **a.** Vrai. ☐ **b.** Faux. ☐ **c.** On ne peut pas le savoir.

② **Les faits ont eu lieu sur une route nationale :**

☐ **a.** Vrai. ☐ **b.** Faux. ☐ **c.** On ne peut pas le savoir.

③ **Les pompiers ont également été victimes du carambolage :**

☐ **a.** Vrai. ☐ **b.** Faux. ☐ **c.** On ne peut pas le savoir.

④ **Les blessés sont sérieusement atteints :**

☐ **a.** Vrai. ☐ **b.** Faux. ☐ **c.** On ne peut pas le savoir.

⑤ **La circulation a dû être coupée :**

☐ **a.** Vrai. ☐ **b.** Faux. ☐ **c.** On ne peut pas le savoir.

⑥ **Il y a eu jusqu'à 20 kilomètres de bouchons :**

☐ **a.** Vrai. ☐ **b.** Faux. ☐ **c.** On ne peut pas le savoir.

1 Document 4

Devant le tribunal, les quatre prévenus ont mauvaise mine. Quatre Dellois, la trentaine, tous avec plusieurs condamnations. Ils se connaissent depuis l'enfance et comparaissent pour trafic de stupéfiants, dans le cadre d'une comparution immédiate. Il faut dire qu'ils viennent de passer 96 heures, soit 4 jours, en garde à vue. Un peu beaucoup pour les avocats de la défense. Tout comme le manque de temps pour se préparer face à une montagne de documents. Même la juge a du mal à s'y retrouver. Évidemment, l'enquête a commencé il y a un an. La communauté de brigades de gendarmerie de Delle trouve alors dans une cave de la ville un demi-kilo de résine de cannabis ainsi qu'une balance sur laquelle il y a des empreintes. Celles de l'un des prévenus. La gendarmerie commence son enquête et un témoin anonyme les encourage : il y a un trafic de stups important à Delle. « On parle de cocaïne, d'héroïne, de résine de cannabis », énumère la juge avant que le tribunal ne s'oriente uniquement vers le trafic de cannabis. Dès lors, deux des prévenus sont mis sur écoute téléphonique.

Source : *L'Est républicain.*

2 Questions

Pour chaque proposition, choisissez la bonne réponse.

① **Il s'agit d'une enquête de la Police nationale :**

☐ **a.** Vrai. ☐ **b.** Faux. ☐ **c.** On ne peut pas le savoir.

② **L'enquête a duré près de 6 mois :**

☐ **a.** Vrai. ☐ **b.** Faux. ☐ **c.** On ne peut pas le savoir.

③ **L'enquête concernait au départ plusieurs types de drogues :**

☐ **a.** Vrai. ☐ **b.** Faux. ☐ **c.** On ne peut pas le savoir.

④ **Les mis en cause sont mineurs :**

☐ **a.** Vrai. ☐ **b.** Faux. ☐ **c.** On ne peut pas le savoir.

⑤ **Des écoutes téléphoniques ont été mises en place :**

☐ **a.** Vrai. ☐ **b.** Faux. ☐ **c.** On ne peut pas le savoir.

⑥ **Les mis en cause étaient déjà connus de la justice :**

☐ **a.** Vrai. ☐ **b.** Faux. ☐ **c.** On ne peut pas le savoir.

1 Document 5

Les habitués des audiences au tribunal d'Épinal le diront. Les dossiers de violences conjugales examinés par les magistrats sont de plus en plus nombreux. Pour quelles raisons ? Peu importe, ce sont les faits et les conséquences qui doivent interpeller. Parce que les cas sont de plus en plus graves et parce que le nombre de femmes décédant des coups reçus par leur conjoint ne cesse d'augmenter. La mise en place d'un Grenelle de lutte contre les violences conjugales doit donc répondre aux nombreuses questions entourant ces drames de la vie quotidienne. Drames touchant les femmes dans la plupart des cas, mais de façon collatérale les enfants. Les auteurs ne se souciant aucunement de la présence, ou non, de témoins, spectateurs bien malgré eux.

Source : *Vosges Matin.*

2 Questions

Pour chaque proposition, choisissez la bonne réponse.

① **Les femmes ne sont pas les seules victimes des violences intrafamiliales :**

☐ **a.** Vrai. ☐ **b.** Faux. ☐ **c.** On ne peut pas le savoir.

② **Les faits de violences conjugales sont en progression :**

☐ **a.** Vrai. ☐ **b.** Faux. ☐ **c.** On ne peut pas le savoir.

③ **Les violences conjugales peuvent parfois engendrer la mort des victimes :**

☐ **a.** Vrai. ☐ **b.** Faux. ☐ **c.** On ne peut pas le savoir.

④ **La Justice se préoccupe de la montée des violences faites aux femmes :**

☐ **a.** Vrai. ☐ **b.** Faux. ☐ **c.** On ne peut pas le savoir.

⑤ **L'alcoolisme est la cause principale de ces violences :**

☐ **a.** Vrai. ☐ **b.** Faux. ☐ **c.** On ne peut pas le savoir.

⑥ **Les pouvoirs publics entendent amplifier leur action concernant cette problématique :**

☐ **a.** Vrai. ☐ **b.** Faux. ☐ **c.** On ne peut pas le savoir.

1 Document 6

La justice a examiné aujourd'hui une deuxième demande de remise en liberté de la mère de la petite Fiona, Cécile Bourgeon, qui demande à comparaître libre à son procès en appel pour la mort de sa fille. La chambre de l'instruction de la cour d'appel du Puy-de-Dôme rendra sa décision demain à 14 heures.

Une nouvelle fois, l'avocat général Raphaël Sanesi de Gentile a dit craindre un « risque de pression et de concertation » à l'égard des témoins et des troubles à l'ordre public si Cécile Bourgeon devait obtenir d'être assignée à résidence au domicile de sa mère à Perpignan. Lors du procès, « elle a bien précisé qu'elle voulait sortir pour aller chercher le lieu où était enterrée sa fille. Elle alimenta elle-même ce trouble à l'ordre public », a asséné le magistrat.

Source : *Le Figaro.*

2 Questions

Pour chaque proposition, choisissez la bonne réponse.

① **Cet article évoque la mort d'un enfant :**

☐ **a.** Vrai. ☐ **b.** Faux. ☐ **c.** On ne peut pas le savoir.

② **La mère de l'enfant est incarcérée :**

☐ **a.** Vrai. ☐ **b.** Faux. ☐ **c.** On ne peut pas le savoir.

③ **La mère de l'enfant a été condamnée :**

☐ **a.** Vrai. ☐ **b.** Faux. ☐ **c.** On ne peut pas le savoir.

④ **Le parquet s'oppose à la mise en liberté de la mère de l'enfant :**

☐ **a.** Vrai. ☐ **b.** Faux. ☐ **c.** On ne peut pas le savoir.

⑤ **La décision qui aura lieu est en appel d'une première décision :**

☐ **a.** Vrai. ☐ **b.** Faux. ☐ **c.** On ne peut pas le savoir.

⑥ **Le père de l'enfant est lui aussi mis en cause :**

☐ **a.** Vrai. ☐ **b.** Faux. ☐ **c.** On ne peut pas le savoir.

1 Document 7

C'est la plus grosse saisie de drogue jamais réalisée en Corse. Les enquêteurs s'orientent désormais vers la piste d'un réseau organisé entre les Pays-Bas et l'île.

Dans cette affaire, neuf personnes ont été mises en examen ce dimanche pour trafic de stupéfiants, blanchiment d'argent et association de malfaiteurs. Cinq personnes ont déjà été incarcérées ce dimanche, et quatre ont été placées sous contrôle judiciaire.

Cinq autres suspects étaient présentés devant un juge d'instruction ce lundi. Trois ont déjà été mis en examen, et les deux autres devraient l'être dans la soirée. Ils risquent dix ans de prison, voire le double pour les récidivistes.

La police, qui menait l'enquête depuis plus d'un an, ne s'attendait pas à tomber sur une telle cargaison. En tout, 16 kg de cocaïne, « de très bonne qualité » selon les enquêteurs, 6 kg de résine de cannabis, 1 kg d'herbe et entre 70 000 et 80 000 euros en billets. De source proche de l'enquête, les suspects n'appartiendraient pas au grand banditisme.

Source : *France Info*.

2 Questions

Pour chaque proposition, choisissez la bonne réponse.

① **Des armes ont été saisies :**

☐ **a.** Vrai. ☐ **b.** Faux. ☐ **c.** On ne peut pas le savoir.

② **L'argent saisi est en devises étrangères :**

☐ **a.** Vrai. ☐ **b.** Faux. ☐ **c.** On ne peut pas le savoir.

③ **Les personnes interpellées étaient déjà connues de la justice :**

☐ **a.** Vrai. ☐ **b.** Faux. ☐ **c.** On ne peut pas le savoir.

④ **Plusieurs types de drogues ont été saisis :**

☐ **a.** Vrai. ☐ **b.** Faux. ☐ **c.** On ne peut pas le savoir.

⑤ **Le trafic s'opérait entre la Corse et l'Amérique du Sud :**

☐ **a.** Vrai. ☐ **b.** Faux. ☐ **c.** On ne peut pas le savoir.

⑥ **L'enquête a été bouclée en un trimestre :**

☐ **a.** Vrai. ☐ **b.** Faux. ☐ **c.** On ne peut pas le savoir.

1 Document 8

Samedi 21 avril, les unités de la gendarmerie du Nord (59) ont mis en œuvre une opération de contrôles coordonnés d'alcoolémie et de stupéfiants sur Lille et sa région. Au cours de cette opération, 2 075 véhicules ont été contrôlés par les effectifs de police et de gendarmerie engagés. Sur 2 047 dépistages d'alcoolémie effectués, 94 se sont révélés positifs. Sur 21 dépistages salivaires permettant d'établir la présence de produits stupéfiants, 6 ont été positifs. Par ailleurs, 12 autres délits ont été constatés et 104 contraventions ont été établies.

2 Questions

Pour chaque proposition, choisissez la bonne réponse.

① **Cette opération a eu lieu dans le sud de la France :**

☐ **a.** Vrai. ☐ **b.** Faux. ☐ **c.** On ne peut pas le savoir.

② **Au cours de l'opération, 487 motos ont été contrôlées :**

☐ **a.** Vrai. ☐ **b.** Faux. ☐ **c.** On ne peut pas le savoir.

③ **L'opération visait aussi bien le dépistage de l'alcoolémie que des stupéfiants :**

☐ **a.** Vrai. ☐ **b.** Faux. ☐ **c.** On ne peut pas le savoir.

④ **La Police nationale était associée à l'opération :**

☐ **a.** Vrai. ☐ **b.** Faux. ☐ **c.** On ne peut pas le savoir.

⑤ **L'opération s'est déroulée la nuit :**

☐ **a.** Vrai. ☐ **b.** Faux. ☐ **c.** On ne peut pas le savoir.

⑥ **L'opération n'a concerné que la ville de Lille :**

☐ **a.** Vrai. ☐ **b.** Faux. ☐ **c.** On ne peut pas le savoir.

1 Document 9

Le vendredi 23 juillet à 9 h 20, un mineur âgé de 15 ans, auteur d'un vol sous la menace d'une arme blanche, a été interpellé devant l'église des Templiers à Luz-Saint-Sauveur (65). Des gendarmes ont procédé au contrôle d'un individu qui correspondait en tout point au signalement donné par la victime, alors qu'il tentait de se débarrasser de son sac. Formellement reconnu par cette dernière, il a été conduit à la brigade de gendarmerie et placé en garde à vue.

2 Questions

Pour chaque proposition, choisissez la bonne réponse.

① **L'auteur des faits est mineur :**

☐ **a.** Vrai. ☐ **b.** Faux. ☐ **c.** On ne peut pas le savoir.

② **Le sac de la victime a été retrouvé :**

☐ **a.** Vrai. ☐ **b.** Faux. ☐ **c.** On ne peut pas le savoir.

③ **L'auteur des faits a été identifié :**

☐ **a.** Vrai. ☐ **b.** Faux. ☐ **c.** On ne peut pas le savoir.

④ **Les gendarmes ont retrouvé la victime de l'agression :**

☐ **a.** Vrai. ☐ **b.** Faux. ☐ **c.** On ne peut pas le savoir.

⑤ **La victime a été blessée par un coup de couteau :**

☐ **a.** Vrai. ☐ **b.** Faux. ☐ **c.** On ne peut pas le savoir.

⑥ **La victime a reconnu son agresseur :**

☐ **a.** Vrai. ☐ **b.** Faux. ☐ **c.** On ne peut pas le savoir.

1 Document 10

Le samedi 3 août à 13 heures, le corps sans vie d'un homme sans domicile fixe a été découvert dans un « Algeco », stocké dans un entrepôt, au 13, rue Jünger à Rouen (76). Le défunt, un homme d'une quarantaine d'années, non identifié, présente des traces de coups au niveau de la tête. Les causes de la mort sont ignorées.

2 Questions

Pour chaque proposition, choisissez la bonne réponse.

① **Le décès est suspect :**

☐ **a.** Vrai. ☐ **b.** Faux. ☐ **c.** On ne peut pas le savoir.

② **Le corps a été retrouvé au petit matin :**

☐ **a.** Vrai. ☐ **b.** Faux. ☐ **c.** On ne peut pas le savoir.

③ **La victime est une jeune fille :**

☐ **a.** Vrai. ☐ **b.** Faux. ☐ **c.** On ne peut pas le savoir.

④ **Des traces de sang ont été constatées :**

☐ **a.** Vrai. ☐ **b.** Faux. ☐ **c.** On ne peut pas le savoir.

⑤ **L'identité de la victime est connue :**

☐ **a.** Vrai. ☐ **b.** Faux. ☐ **c.** On ne peut pas le savoir.

⑥ **La victime a été retrouvée dans son domicile :**

☐ **a.** Vrai. ☐ **b.** Faux. ☐ **c.** On ne peut pas le savoir.

1 Document 11

Entre le 21 et le 23 novembre, un cambriolage a été commis dans l'enceinte du collège Henri-Vincenot sis 5, rue de Compostelle à Noyers-sur-Serein (89). L'(ou les) auteur(s) ont dérobé les clés permettant d'accéder à l'intégralité des pièces de l'établissement ainsi qu'un véhicule utilitaire appartenant à l'établissement. Une porte permettant d'accéder à un atelier a été détruite.

2 Questions

Pour chaque proposition, choisissez la bonne réponse.

① **Plusieurs auteurs ont commis le vol :**

☐ **a.** Vrai. ☐ **b.** Faux. ☐ **c.** On ne peut pas le savoir.

② **Un véhicule a été volé :**

☐ **a.** Vrai. ☐ **b.** Faux. ☐ **c.** On ne peut pas le savoir.

③ **On connaît avec exactitude le moment où les faits ont été commis :**

☐ **a.** Vrai. ☐ **b.** Faux. ☐ **c.** On ne peut pas le savoir.

④ **Il n'y a aucune dégradation matérielle dans l'enceinte du collège :**

☐ **a.** Vrai. ☐ **b.** Faux. ☐ **c.** On ne peut pas le savoir.

⑤ **L'effraction a eu lieu la nuit :**

☐ **a.** Vrai. ☐ **b.** Faux. ☐ **c.** On ne peut pas le savoir.

⑥ **Des clés ont été dérobées :**

☐ **a.** Vrai. ☐ **b.** Faux. ☐ **c.** On ne peut pas le savoir.

1 Document 12

Le lundi 8 mai à 2 h 10, au 2, avenue de la Division-du-Général-Leclerc à La Chapelle-en-Vercors (26), une fuite de gaz enflammée s'est produite au pied d'un immeuble d'habitation de quatre étages pour une raison indéterminée. Les occupants ont été évacués sans incident. Les sapeurs-pompiers ont procédé à la prospection des appartements. Il n'y a pas de blessé. Ils ont dû faire creuser une tranchée à 200 mètres de l'immeuble pour écraser la canalisation de gaz. L'incendie a été éteint à 5 h 20.

2 Questions

Pour chaque proposition, choisissez la bonne réponse.

① **Le sinistre a duré moins d'une heure :**

☐ **a.** Vrai. ☐ **b.** Faux. ☐ **c.** On ne peut pas le savoir.

② **L'immeuble compte trois étages :**

☐ **a.** Vrai. ☐ **b.** Faux. ☐ **c.** On ne peut pas le savoir.

③ **Les occupants de l'immeuble ont pu rester chez eux pendant l'intervention :**

☐ **a.** Vrai. ☐ **b.** Faux. ☐ **c.** On ne peut pas le savoir.

④ **Plusieurs personnes ont été blessées :**

☐ **a.** Vrai. ☐ **b.** Faux. ☐ **c.** On ne peut pas le savoir.

⑤ **Les pompiers sont intervenus :**

☐ **a.** Vrai. ☐ **b.** Faux. ☐ **c.** On ne peut pas le savoir.

⑥ **Il s'agit d'un immeuble de bureaux :**

☐ **a.** Vrai. ☐ **b.** Faux. ☐ **c.** On ne peut pas le savoir.

1 Document 13

Le samedi 10 octobre, la trentaine de militants du syndicat FTR qui stationnait depuis 9 h 00 dans le bureau du secrétaire général de l'hôpital Jérôme Lejeune, au 17, avenue Saint-Thomas d'Aquin à Dax (40) pour protester contre les restructurations en cours dans l'hôpital, ont quitté les lieux à 18 h 30 après l'arrivée du directeur de l'établissement et le début de négociations avec une délégation dans une salle de l'hôpital.

2 Questions

Pour chaque proposition, choisissez la bonne réponse.

① **Il s'agit d'un conflit du travail :**

☐ **a.** Vrai. ☐ **b.** Faux. ☐ **c.** On ne peut pas le savoir.

② **Certains locaux hospitaliers ont été occupés par les manifestants :**

☐ **a.** Vrai. ☐ **b.** Faux. ☐ **c.** On ne peut pas le savoir.

③ **Le directeur de l'hôpital est intervenu :**

☐ **a.** Vrai. ☐ **b.** Faux. ☐ **c.** On ne peut pas le savoir.

④ **L'hôpital est en cours de restructuration :**

☐ **a.** Vrai. ☐ **b.** Faux. ☐ **c.** On ne peut pas le savoir.

⑤ **Les manifestants ont été reçus par la direction de l'hôpital :**

☐ **a.** Vrai. ☐ **b.** Faux. ☐ **c.** On ne peut pas le savoir.

⑥ **Les gendarmes ont dû déloger les manifestants :**

☐ **a.** Vrai. ☐ **b.** Faux. ☐ **c.** On ne peut pas le savoir.

1 Document 14

Le lundi 10 mai à 13 h 00, environ 70 manifestants opposés au régime poldève se sont rassemblés place de la Reine Hortense à Bayonne (64), non loin du consulat de Poldavie (pays imaginaire). Invités à regagner la place du Sénégal où le rassemblement était autorisé, les manifestants ont refusé de s'y rendre. Ils ont alors tenté de gagner les abords immédiats du consulat de Poldavie avant d'être contenus par les gendarmes mobiles. Le signataire du rassemblement, qui n'a pas respecté le lieu de celui-ci, va faire l'objet d'une procédure judiciaire. Les manifestants ont été raccompagnés dans les transports en commun pour s'y disperser par petits groupes à 17 h 10.

2 Questions

Pour chaque proposition, choisissez la bonne réponse.

① **Cet événement a débuté le matin :**

☐ **a.** Vrai. ☐ **b.** Faux. ☐ **c.** On ne peut pas le savoir.

② **Les manifestants étaient une centaine :**

☐ **a.** Vrai. ☐ **b.** Faux. ☐ **c.** On ne peut pas le savoir.

③ **Au départ, cette manifestation était autorisée :**

☐ **a.** Vrai. ☐ **b.** Faux. ☐ **c.** On ne peut pas le savoir.

④ **La manifestation s'est poursuivie à Biarritz :**

☐ **a.** Vrai. ☐ **b.** Faux. ☐ **c.** On ne peut pas le savoir.

⑤ **Le maintien de l'ordre a été confié aux gendarmes mobiles :**

☐ **a.** Vrai. ☐ **b.** Faux. ☐ **c.** On ne peut pas le savoir.

⑥ **Le signataire du rassemblement fera l'objet d'une procédure judiciaire :**

☐ **a.** Vrai. ☐ **b.** Faux. ☐ **c.** On ne peut pas le savoir.

1 Document 15

Le jeudi 12 décembre à 18 heures, un particulier a fait savoir qu'il venait d'être victime d'un vol par effraction à son domicile au 97, rue Paul Morand à Villefranche-sur-Mer (06). Les faits se sont produits entre 15 h 30 et 17 h 30 le même jour. Le ou les auteurs ont pénétré dans les lieux en fracturant la porte d'entrée ; ils se sont emparés de plusieurs bijoux dont la valeur est estimée à 600 000 euros au total par le couple de victimes. La brigade de recherche de Nice est chargée de l'enquête.

2 Questions

Pour chaque proposition, choisissez la bonne réponse.

① **Le cambriolage a eu lieu un mercredi :**

☐ **a.** Vrai. ☐ **b.** Faux. ☐ **c.** On ne peut pas le savoir.

② **Des tableaux ont été volés :**

☐ **a.** Vrai. ☐ **b.** Faux. ☐ **c.** On ne peut pas le savoir.

③ **Les gendarmes de Villefranche-sur-Mer procéderont aux investigations sur ce cambriolage :**

☐ **a.** Vrai. ☐ **b.** Faux. ☐ **c.** On ne peut pas le savoir.

④ **Le cambriolage a eu lieu dans des locaux professionnels :**

☐ **a.** Vrai. ☐ **b.** Faux. ☐ **c.** On ne peut pas le savoir.

⑤ **Il y a eu plusieurs auteurs :**

☐ **a.** Vrai. ☐ **b.** Faux. ☐ **c.** On ne peut pas le savoir.

⑥ **Le cambriolage a eu lieu alors que propriétaires étaient absents :**

☐ **a.** Vrai. ☐ **b.** Faux. ☐ **c.** On ne peut pas le savoir.

Corrigés

	1	2	3	4	5	6
Document n° 1 :	b.	b.	a.	b.	a.	c.
Document n° 2 :	a.	a.	a.	c.	b.	a.
Document n° 3 :	b.	a.	a.	c.	a.	b.
Document n° 4 :	b.	b.	b.	b.	a.	a.
Document n° 5 :	a.	a.	a.	a.	c.	a.
Document n° 6 :	a.	a.	a.	a.	a.	c.
Document n° 7 :	b.	b.	c.	a.	b.	b.
Document n° 8 :	b.	c.	a.	a.	c.	b.
Document n° 9 :	a.	a.	a.	a.	b.	a.
Document n° 10 :	a.	b.	b.	c.	b.	b.
Document n° 11 :	c.	a.	b.	b.	c.	a.
Document n° 12 :	b.	b.	b.	b.	a.	b.
Document n° 13 :	a.	a.	a.	a.	a.	b.
Document n° 14 :	b.	b.	a.	b.	a.	a.
Document n° 15 :	b.	b.	b.	b.	c.	c.

1 Document 1

Malgré la présence des forces française, africaine et onusienne, la dégradation de la situation sécuritaire et les revers subis renforcent les doutes sur la capacité de l'armée malienne à faire face aux agissements djihadistes et aux autres violences auxquelles ce vaste pays est en proie depuis 2012 et qui ont fait des milliers de morts, civils et combattants. Plus largement, l'ensemble des armées nationales des pays sahéliens, parmi les plus pauvres au monde, semblent incapables d'enrayer la progression des attaques.

La France espère que d'autres pays européens contribueront à la lutte armée contre les djihadistes en envoyant des forces spéciales au Mali, alors que, parallèlement, Paris anime au sein de l'organisation G5 Sahel (Mauritanie, Niger, Mali, Burkina Faso, Tchad) un volet de développement de ces pays pour lutter aussi par ce biais contre les mouvements djihadistes, en appelant différents pays et institutions à financer des projets.

Source : *Le Monde*.

2 Questions

Pour chaque proposition, choisissez la bonne réponse.

① **L'article concerne l'Afrique :**

☐ **a.** Vrai. ☐ **b.** Faux. ☐ **c.** On ne peut pas le savoir.

② **La France intervient militairement dans cette zone :**

☐ **a.** Vrai. ☐ **b.** Faux. ☐ **c.** On ne peut pas le savoir.

③ **L'armée malienne est forte :**

☐ **a.** Vrai. ☐ **b.** Faux. ☐ **c.** On ne peut pas le savoir.

④ **Les morts se comptent par milliers :**

☐ **a.** Vrai. ☐ **b.** Faux. ☐ **c.** On ne peut pas le savoir.

⑤ **Les pays de la zone dont il est question dans l'article sont très pauvres :**

☐ **a.** Vrai. ☐ **b.** Faux. ☐ **c.** On ne peut pas le savoir.

⑥ **Les djihadistes sont soutenus en secret par des États étrangers :**

☐ **a.** Vrai. ☐ **b.** Faux. ☐ **c.** On ne peut pas le savoir.

1 Document 2

Appelés pour venir en aide à une femme de 82 ans, victime de déshydratation, les pompiers ne s'attendaient pas à découvrir, dans cette maison de Mont-Saint-Aignan, près de Rouen, le corps sans vie d'un homme. Pire encore, le décès remonterait à six ans.

Paris-Normandie raconte que le défunt qui avait été placé dans la baignoire de la salle de bains, n'était autre que le propre fils de la vieille dame. Celle-ci a expliqué aux secouristes qu'elle s'occupait du corps momifié depuis toutes ces années. Elle lui faisait la toilette et lui enfilait même des vêtements.

Les voisins, qui avaient l'habitude de voir la mère et le fils ensemble, pensaient que l'homme avait déménagé.

Source : *Sud-Ouest*.

2 Questions

Pour chaque proposition, choisissez la bonne réponse.

① **La personne morte a été découverte de manière fortuite :**

☐ **a.** Vrai. ☐ **b.** Faux. ☐ **c.** On ne peut pas le savoir.

② **La vieille dame a appelé elle-même les pompiers :**

☐ **a.** Vrai. ☐ **b.** Faux. ☐ **c.** On ne peut pas le savoir.

③ **Le défunt était le mari de la vieille dame :**

☐ **a.** Vrai. ☐ **b.** Faux. ☐ **c.** On ne peut pas le savoir.

④ **Le défunt est mort de manière accidentelle :**

☐ **a.** Vrai. ☐ **b.** Faux. ☐ **c.** On ne peut pas le savoir.

⑤ **Les voisins ne se sont rendu compte de rien :**

☐ **a.** Vrai. ☐ **b.** Faux. ☐ **c.** On ne peut pas le savoir.

⑥ **La police s'est rendue sur place :**

☐ **a.** Vrai. ☐ **b.** Faux. ☐ **c.** On ne peut pas le savoir.

1 Document 3

Le 3 décembre à 19 h 55, les gendarmes étaient requis à l'arrêt de bus sis 12, route de Lyon à la suite de l'agression de contrôleurs.

Sur place, les équipages intervenants étaient mis en présence des victimes qui leur relataient qu'elles contrôlaient quatre individus démunis de tickets quand l'un des mis en cause portait un coup de pied au plexus de l'un des agents lui provoquant rapidement un infarctus du myocarde (ITT de 28 jours). Le même homme blessait un second contrôleur en saisissant la lanière d'un appareil qu'il portait autour du cou lui occasionnant une coupure au niveau du doigt.

Un second mis en cause tentait de porter un coup de poing à un troisième agent. Les deux malfrats prenaient rapidement la fuite.

2 Questions

Pour chaque proposition, choisissez la bonne réponse.

① **Il s'agissait de faits ayant eu lieu dans les transports en commun :**

☐ **a.** Vrai. ☐ **b.** Faux. ☐ **c.** On ne peut pas le savoir.

② **Au départ, il s'agissait d'un contrôle de voyageurs démunis de titre de transport :**

☐ **a.** Vrai. ☐ **b.** Faux. ☐ **c.** On ne peut pas le savoir.

③ **Deux contrôleurs ont été blessés :**

☐ **a.** Vrai. ☐ **b.** Faux. ☐ **c.** On ne peut pas le savoir.

④ **Les auteurs sont en fuite :**

☐ **a.** Vrai. ☐ **b.** Faux. ☐ **c.** On ne peut pas le savoir.

⑤ **Les agents de contrôle étaient au moins trois :**

☐ **a.** Vrai. ☐ **b.** Faux. ☐ **c.** On ne peut pas le savoir.

⑥ **Un coup de poing a été porté :**

☐ **a.** Vrai. ☐ **b.** Faux. ☐ **c.** On ne peut pas le savoir.

1 Document 4

Le 10 mars, à 18 h 07, la gendarmerie a été informée que sur un camion stationné sur la commune de Triffouilly (49), à proximité de la voie ferrée reliant Nantes à Paris, se dégageait une fuite de propane. Pour des raisons de sécurité, la circulation des trains a été interrompue.

Les sapeurs-pompiers sont rapidement intervenus pour mettre fin à cette fuite.

La circulation ferroviaire a repris progressivement vers 20 h 05.

Cet incident a engendré la suppression de 15 trains.

2 Questions

Pour chaque proposition, choisissez la bonne réponse.

① **La circulation ferroviaire a repris de manière immédiate :**

☐ **a.** Vrai. ☐ **b.** Faux. ☐ **c.** On ne peut pas le savoir.

② **Il s'agissait de deux camions :**

☐ **a.** Vrai. ☐ **b.** Faux. ☐ **c.** On ne peut pas le savoir.

③ **La police est également intervenue :**

☐ **a.** Vrai. ☐ **b.** Faux. ☐ **c.** On ne peut pas le savoir.

④ **La circulation routière a été également interrompue :**

☐ **a.** Vrai. ☐ **b.** Faux. ☐ **c.** On ne peut pas le savoir.

⑤ **Plus de vingt trains ont été supprimés :**

☐ **a.** Vrai. ☐ **b.** Faux. ☐ **c.** On ne peut pas le savoir.

⑥ **La voie ferrée reliait Nantes à Paris :**

☐ **a.** Vrai. ☐ **b.** Faux. ☐ **c.** On ne peut pas le savoir.

1 Document 5

Samedi matin, un kayakiste de nationalité espagnole s'est trouvé en difficulté au large d'Hendaye, à la pointe Sainte-Anne. Les secours ont été coordonnés par le Maritime Rescue Coordination Center (MRCC) de Bilbao et de Madrid, qui ont sollicité via le Centre Régional Opérationnel de Surveillance et de Sauvetage de l'Atlantique (Cross) d'Etel l'intervention de la vedette de la SNSM d'Hendaye.

Le kayakiste a été récupéré par l'embarcation de la Société Nationale des Sauveteurs en Mer (SNSM) dans un état de très forte hypothermie. L'homme secouru a été ramené à Fontarabie (nord du Guipuscoa) et pris en charge par la Croix rouge espagnole.

Source : *Sudouest.fr.*

2 Questions

Pour chaque proposition, choisissez la bonne réponse.

① **La victime s'est pratiquement noyée :**

☐ **a.** Vrai. ☐ **b.** Faux. ☐ **c.** On ne peut pas le savoir.

② **L'opération de secours a été coordonnée par la France et l'Espagne :**

☐ **a.** Vrai. ☐ **b.** Faux. ☐ **c.** On ne peut pas le savoir.

③ **La victime a été secourue en Espagne :**

☐ **a.** Vrai. ☐ **b.** Faux. ☐ **c.** On ne peut pas le savoir.

④ **La victime a souffert du froid :**

☐ **a.** Vrai. ☐ **b.** Faux. ☐ **c.** On ne peut pas le savoir.

⑤ **Au moins un bateau a été déployé lors de l'opération de sauvetage :**

☐ **a.** Vrai. ☐ **b.** Faux. ☐ **c.** On ne peut pas le savoir.

⑥ **La victime était française :**

☐ **a.** Vrai. ☐ **b.** Faux. ☐ **c.** On ne peut pas le savoir.

1 Document 6

Le Code de la route prévoit des peines d'amendes pour contravention de la première à la quatrième classe […].

• Sauf stipulation contraire, le cycliste doit respecter les règles du Code de la route. Néanmoins, quelques largesses perdurent. Le cycliste échappe, par exemple, à toute infraction à la vitesse que le Code de la route réserve aux seuls véhicules à moteur.

• […] si la peine d'amende et la suspension du permis de conduire peuvent être infligées à la suite d'une infraction au Code de la route commise à vélo […] le cycliste ne perdra pas de points sur son permis de conduire.

Source : *Le Figaro.*

2 Questions

Pour chaque proposition, choisissez la bonne réponse.

① **La circulation à vélo n'est pas régie par le Code de la route :**

☐ **a.** Vrai. ☐ **b.** Faux. ☐ **c.** On ne peut pas le savoir.

② **La circulation à vélo n'a pas d'incidence sur le permis de conduire :**

☐ **a.** Vrai. ☐ **b.** Faux. ☐ **c.** On ne peut pas le savoir.

③ **Un excès de vitesse est possible à vélo :**

☐ **a.** Vrai. ☐ **b.** Faux. ☐ **c.** On ne peut pas le savoir.

④ **Conduire à vélo implique le respect de certaines règles :**

☐ **a.** Vrai. ☐ **b.** Faux. ☐ **c.** On ne peut pas le savoir.

⑤ **Des amendes pouvant aller jusqu'à 135 euros peuvent être infligées aux cyclistes :**

☐ **a.** Vrai. ☐ **b.** Faux. ☐ **c.** On ne peut pas le savoir.

⑥ **L'impunité n'existe pas pour les cyclistes :**

☐ **a.** Vrai. ☐ **b.** Faux. ☐ **c.** On ne peut pas le savoir.

1 Document 7

Un homme âgé d'environ 75 ans est toujours retranché, avec son fusil, dans sa vaste propriété de Magnieu, dans l'Ain. Pompiers et forces de l'ordre sont sur place avec le renfort du GIGN. « L'homme avait quelques soucis familiaux mais rien de grave, nous explique un voisin. C'est un homme calme et apprécié. »

En tout début d'après-midi vers 13 h 30 un homme s'est retranché chez lui, dans sa maison de Magnieu dans l'Ain. Il aurait menacé son épouse avec une arme mais celle-ci a réussi à s'enfuir. Il s'est ensuite barricadé à son domicile après avoir tiré trois coups de feu, rapporte le Progrès. Ce samedi soir, un périmètre de sécurité était toujours en place près de la maison, nous rapporte un riverain. L'homme serait seul à l'intérieur.

Source : *Lyoncapitale.fr.*

2 Questions

Pour chaque proposition, choisissez la bonne réponse.

① **Les policiers sont intervenus :**

☐ **a.** Vrai. ☐ **b.** Faux. ☐ **c.** On ne peut pas le savoir.

② **Les gendarmes sont intervenus :**

☐ **a.** Vrai. ☐ **b.** Faux. ☐ **c.** On ne peut pas le savoir.

③ **Il est certain qu'au moins une personne est retenue en otage dans la maison :**

☐ **a.** Vrai. ☐ **b.** Faux. ☐ **c.** On ne peut pas le savoir.

④ **L'homme retranché dispose d'une arme à feu :**

☐ **a.** Vrai. ☐ **b.** Faux. ☐ **c.** On ne peut pas le savoir.

⑤ **L'homme retranché a fini par se rendre :**

☐ **a.** Vrai. ☐ **b.** Faux. ☐ **c.** On ne peut pas le savoir.

⑥ **La femme de l'homme retranché a été blessée :**

☐ **a.** Vrai. ☐ **b.** Faux. ☐ **c.** On ne peut pas le savoir.

1 Document 8

Deux personnes sont mortes et au moins dix ont été blessées lors d'une fusillade dans un pub d'un quartier défavorisé de Göteborg, deuxième ville de Suède, dans un apparent règlement de compte entre bandes rivales.

Selon des témoins, deux hommes cagoulés ont fait irruption mercredi en fin de soirée, dans un pub de Biskopsgården, quartier de la périphérie de Göteborg où la criminalité est une préoccupation croissante, et ont ouvert le feu à l'arme automatique.

« Deux hommes ont été tués et dix à quinze personnes blessées, dont trois, quatre grièvement », a déclaré à l'AFP un porte-parole de la police Björ Blixter. Les personnes décédées avaient 20 et 25 ans.

Source : *L'Express*.

2 Questions

Pour chaque proposition, choisissez la bonne réponse.

① **Neuf personnes ont été blessées :**

☐ **a.** Vrai. ☐ **b.** Faux. ☐ **c.** On ne peut pas le savoir.

② **Les faits se sont passés dans un quartier défavorisé :**

☐ **a.** Vrai. ☐ **b.** Faux. ☐ **c.** On ne peut pas le savoir.

③ **Göteborg est une ville importante de Suède :**

☐ **a.** Vrai. ☐ **b.** Faux. ☐ **c.** On ne peut pas le savoir.

④ **Des explosifs ont été utilisés :**

☐ **a.** Vrai. ☐ **b.** Faux. ☐ **c.** On ne peut pas le savoir.

⑤ **Les personnes décédées sont un homme et une femme :**

☐ **a.** Vrai. ☐ **b.** Faux. ☐ **c.** On ne peut pas le savoir.

⑥ **Les malfaiteurs ont agi à visage découvert :**

☐ **a.** Vrai. ☐ **b.** Faux. ☐ **c.** On ne peut pas le savoir.

1 Document 9

Dans la nuit du vendredi 22 au samedi 23 juin, un homme a été tué par un gendarme, qu'il menaçait d'une arme factice. Les faits se sont passés à Chinon, en Indre-et-Loire.

« Les gendarmes ont été appelés pour un tapage nocturne, ils ont été confrontés à un individu excité et a priori alcoolisé. L'un des deux gendarmes essaye de le calmer, de dialoguer. L'individu a une main dans le dos, s'avance vers les gendarmes et sort un pistolet », a déclaré Jean-Luc Beck, le procureur de Tours. Une arme qui se révèle finalement être « factice », mais « de bonne facture », selon le magistrat. L'un des gendarmes a alors tiré à deux reprises, touchant notamment l'individu au ventre. Une blessure mortelle. L'homme tué, né en 1969, était connu des services de police et comptait une dizaine de condamnations à son casier judiciaire. [...] Selon les premiers éléments de l'enquête, les gendarmes étaient déjà intervenus quelques semaines auparavant, « il vociférait et menaçait avec un fusil ».

Claire Gaveau, *AFP*, 28 juin 2018.

2 Questions

Pour chaque proposition, choisissez la bonne réponse.

① **Les gendarmes ont été appelés pour un tapage nocturne.**

☐ **a.** Vrai. ☐ **b.** Faux. ☐ **c.** On ne peut pas le savoir.

② **Les faits se sont passés vers minuit.**

☐ **a.** Vrai. ☐ **b.** Faux. ☐ **c.** On ne peut pas le savoir.

③ **L'individu était *a priori* alcoolisé.**

☐ **a.** Vrai. ☐ **b.** Faux. ☐ **c.** On ne peut pas le savoir.

④ **L'individu a brandi un pistolet avec ses deux mains.**

☐ **a.** Vrai. ☐ **b.** Faux. ☐ **c.** On ne peut pas le savoir.

⑤ **Les deux gendarmes ont fait feu en même temps.**

☐ **a.** Vrai. ☐ **b.** Faux. ☐ **c.** On ne peut pas le savoir.

⑥ **L'individu avait déjà fait l'objet d'une arrestation un mois auparavant.**

☐ **a.** Vrai. ☐ **b.** Faux. ☐ **c.** On ne peut pas le savoir.

1 Document 10

Il n'aura fallu qu'une heure pour apaiser ce secteur de Lisses. Gendarmes du peloton de surveillance et d'intervention de la gendarmerie (PSIG) et gendarmes mobiles, policiers nationaux et municipaux sont intervenus en nombre, samedi après-midi, dans le quartier du Long-Rayage. Ces forces étaient déployées pour faire cesser les agissements d'une cinquantaine de jeunes.

Selon des témoins, certains d'entre eux, dotés de barres de fer et autres armes par destination, s'en prenaient à des arrêts de bus. « Deux ont été cassés », déplore Thierry Lafon, le maire (DVD) de Lisses. [...]

Avant que le calme revienne, plusieurs interpellations ont été menées, et les investigations se poursuivent aujourd'hui. [...]

Si, la tension retombée, c'est la surprise qui anime toujours les habitués de ce quartier de la commune, peu coutumier de tels faits de délinquance. [...]

Surpris au premier chef par cet événement, Thierry Lafon compte bien faire preuve de pédagogie dans les jours qui viennent. « Parmi les jeunes interpellés, il y en a qui ont moins de 13 ans, glisse-t-il. »

Le Parisien, 20 octobre 2018.

2 Questions

Pour chaque proposition, choisissez la bonne réponse.

① **Les forces d'intervention sont intervenues pendant plus de deux heures.**

☐ **a.** Vrai. ☐ **b.** Faux. ☐ **c.** On ne peut pas le savoir.

② **Les jeunes étaient une cinquantaine.**

☐ **a.** Vrai. ☐ **b.** Faux. ☐ **c.** On ne peut pas le savoir.

③ **Deux arrêts de bus ont été saccagés.**

☐ **a.** Vrai. ☐ **b.** Faux. ☐ **c.** On ne peut pas le savoir.

④ **Une dizaine d'interpellations ont eu lieu.**

☐ **a.** Vrai. ☐ **b.** Faux. ☐ **c.** On ne peut pas le savoir.

⑤ **Le maire de la commune a été surpris par ces événements.**

☐ **a.** Vrai. ☐ **b.** Faux. ☐ **c.** On ne peut pas le savoir.

⑥ **Parmi ces jeunes interpellés, quatre étaient âgés de 13 ans.**

☐ **a.** Vrai. ☐ **b.** Faux. ☐ **c.** On ne peut pas le savoir.

1 Document 11

Le drame aurait eu lieu durant la toilette de l'enfant. La mère d'une petite fille de 18 mois a été mise en examen ce week-end pour violences aggravées après que son enfant a été ébouillanté à Clermont-Ferrand (Puy-de-Dôme). Le beau-père de la petite a également été mis en examen, indique *La Montagne*.

Dans la nuit de jeudi à vendredi, les pompiers clermontois sont alertés : un bébé a été brûlé pendant sa toilette. À son arrivée à l'hôpital, son pronostic vital est engagé, et il est décidé d'envoyer la petite au centre des grands brûlés de Lyon (Rhône). Dimanche, le bébé s'y trouvait toujours, mais ses jours ne seraient plus en danger.

Dès vendredi, les parents étaient placés en garde à vue. Une information judiciaire pour violences sur mineur de moins de 15 ans par personne ayant autorité et engendrant une interruption totale de travail (ITT) supérieure à 90 jours pour la fillette a été ouverte par le parquet. La mère, âgée de 21 ans, et son compagnon, âgé de 23 ans, ont été placés sous contrôle judiciaire. La thèse accidentelle n'est pas exclue par les enquêteurs.

Le Parisien, 26 novembre 2018.

2 Questions

Pour chaque proposition, choisissez la bonne réponse.

① **La fillette aurait été ébouillantée dans la baignoire.**

☐ **a.** Vrai. ☐ **b.** Faux. ☐ **c.** On ne peut pas le savoir.

② **Elle a été transportée au centre des grands brûlés de Marseille.**

☐ **a.** Vrai. ☐ **b.** Faux. ☐ **c.** On ne peut pas le savoir.

③ **La mère a été mise en examen pour non-assistance à personne en danger.**

☐ **a.** Vrai. ☐ **b.** Faux. ☐ **c.** On ne peut pas le savoir.

④ **C'est le beau-père de l'enfant qui a alerté les pompiers.**

☐ **a.** Vrai. ☐ **b.** Faux. ☐ **c.** On ne peut pas le savoir.

⑤ **L'enfant ne serait plus en danger.**

☐ **a.** Vrai. ☐ **b.** Faux. ☐ **c.** On ne peut pas le savoir.

⑥ **Les parents ont été placés en garde à vue le samedi.**

☐ **a.** Vrai. ☐ **b.** Faux. ☐ **c.** On ne peut pas le savoir.

1 Document 12

L'enquête sur l'attentat meurtrier du 7 mars contre le bar-restaurant « La Terrasse » à Bamako avance. Les services du renseignement maliens ont arrêté deux hommes, complices présumés des auteurs de l'attaque, a appris l'AFP jeudi 19 mars de sources gouvernementales.

Ce sont « deux importants maillons dans l'organisation de l'attaque. (Ils) ont été arrêtés mercredi et dans la nuit de mercredi à jeudi à Bamako par les forces spéciales des services du renseignement », a affirmé une source gouvernementale, les identifiant comme « Boubacar Adama Traoré et Maouloud ».

Source : *Jeuneafrique.com.*

2 Questions

Pour chaque proposition, choisissez la bonne réponse.

① **Les faits se sont déroulés au Mali :**

☐ **a.** Vrai. ☐ **b.** Faux. ☐ **c.** On ne peut pas le savoir.

② **Les auteurs de l'attaque ont avoué les faits :**

☐ **a.** Vrai. ☐ **b.** Faux. ☐ **c.** On ne peut pas le savoir.

③ **L'arrestation a été délicate :**

☐ **a.** Vrai. ☐ **b.** Faux. ☐ **c.** On ne peut pas le savoir.

④ **Les auteurs ont été identifiés :**

☐ **a.** Vrai. ☐ **b.** Faux. ☐ **c.** On ne peut pas le savoir.

⑤ **Le gouvernement malien a communiqué sur cette affaire :**

☐ **a.** Vrai. ☐ **b.** Faux. ☐ **c.** On ne peut pas le savoir.

⑥ **Les attaquants étaient des terroristes islamistes :**

☐ **a.** Vrai. ☐ **b.** Faux. ☐ **c.** On ne peut pas le savoir.

1 Document 13

Les autorités tanzaniennes ont annoncé que l'homme qui avait tué quatre personnes, avant d'être abattu, dans le quartier des ambassades de la capitale économique de la Tanzanie, Dar es Salam, était un terroriste islamiste, radicalisé sur les réseaux sociaux. L'enquête a révélé que l'assaillant, Hamza Mohamed, avait appris sur internet les « types d'incidents terroristes » comme ceux menés par Al-Shabab et de l'État islamique. Cette attaque, pas encore revendiquée, ayant fait quatre victimes et six blessées, avait eu lieu Ali Hassan Mwinyi Road, une importante avenue de Dar es Salam sur laquelle se trouvent plusieurs ambassades et représentations étrangères. Les forces de l'ordre et l'attaquant ont été échangés des tirs, avant que ce dernier ne soit abattu devant l'ambassade de France. Des vidéos l'exposaient « portant un kufi » (calotte de prière musulmane) blanc ».

2 Questions

Pour chaque proposition, choisissez la bonne réponse.

① **Ce texte concerne une attaque terroriste :**

☐ **a.** Vrai. ☐ **b.** Faux. ☐ **c.** On ne peut pas le savoir.

② **Les faits ont eu lieu en Asie :**

☐ **a.** Vrai. ☐ **b.** Faux. ☐ **c.** On ne peut pas le savoir.

③ **L'auteur des faits est un musulman radicalisé :**

☐ **a.** Vrai. ☐ **b.** Faux. ☐ **c.** On ne peut pas le savoir.

④ **L'attaque a eu lieu dans un quartier d'ambassades :**

☐ **a.** Vrai. ☐ **b.** Faux. ☐ **c.** On ne peut pas le savoir.

⑤ **L'auteur des faits est en fuite :**

☐ **a.** Vrai. ☐ **b.** Faux. ☐ **c.** On ne peut pas le savoir.

⑥ **L'auteur des faits avait une seule arme :**

☐ **a.** Vrai. ☐ **b.** Faux. ☐ **c.** On ne peut pas le savoir.

1 Document 14

Depuis la mi-mars, au moins trois Françaises, et plusieurs de leurs enfants, se sont évadées du camp d'Al-Hol, dans le Nord-Est syrien. Dans ce camp, ceinturé de barbelés usés et difficile à surveiller, vivent 66 000 personnes dans des tentes, en majorité des femmes et des enfants, membres de familles liées à L'État islamique.

Une autre Française s'est, elle, échappée du camp d'Al-Roj, mieux gardé. Elle a été rattrapée et emprisonnée par les forces kurdes.

Le plus probable est qu'elles tentent de franchir la frontière turque. Si elles réussissent, elles bénéficieront du protocole Cazeneuve, un accord de coopération policière qui permet à la Turquie de les renvoyer en France, où elles seront arrêtées, placées en garde à vue ou directement mises en examen et incarcérées.

Elles peuvent aussi tenter, si elles ont les contacts et sont toujours radicalisées, de rejoindre des groupes de L'État islamique présents dans la région. Ils restent actifs, voire regagnent en puissance dans la zone de Deir ez-Zor, où des cellules se manifestent à nouveau, menaçant ceux qui travaillent avec les autorités locales de l'administration autonome kurde et relançant les rackets.

2 Questions

Pour chaque proposition, choisissez la bonne réponse.

① **Ce texte concerne des femmes :**

☐ **a.** Vrai. ☐ **b.** Faux. ☐ **c.** On ne peut pas le savoir.

② **Ce texte évoque une seule évasion :**

☐ **a.** Vrai. ☐ **b.** Faux. ☐ **c.** On ne peut pas le savoir.

③ **Les faits se passent au Moyen-Orient :**

☐ **a.** Vrai. ☐ **b.** Faux. ☐ **c.** On ne peut pas le savoir.

④ **La Turquie peu renvoyer les femmes djihadistes en France :**

☐ **a.** Vrai. ☐ **b.** Faux. ☐ **c.** On ne peut pas le savoir.

⑤ **Les personnes évoquées dans le texte sont radicalisées :**

☐ **a.** Vrai. ☐ **b.** Faux. ☐ **c.** On ne peut pas le savoir.

⑥ **Les femmes souffrent de problèmes psychiques :**

☐ **a.** Vrai. ☐ **b.** Faux. ☐ **c.** On ne peut pas le savoir.

1 Document 15

Pour construire cinq logements, plusieurs personnes [...] ont volé 47 commerçants. Une enquête pour escroquerie a été ouverte à Tonneins.

[...] Des proches d'une même famille ont construit cinq logements dans la campagne tonneinquaise sans débourser un centime. Mais en utilisant des « chèques en bois » et des crédits obtenus frauduleusement. [...]

Sur [...] quatre mois, 140 chèques ont été émis par plusieurs personnes [...]. Des professionnels de la construction installés en Lot-et-Garonne, pour la plupart, [...] en Dordogne et en Gironde, l'escroquerie ne pouvant être réitérée au même endroit… Aucun n'a pu être honoré, les comptes en banque n'étant pas provisionnés. Montant total de l'escroquerie par chèque : 210 000 euros.

Source : *Sudouest.fr.*

2 Questions

Pour chaque proposition, choisissez la bonne réponse.

① **Des escroqueries ont été réalisées au moyen de cartes bleues contrefaites :**

☐ **a.** Vrai. ☐ **b.** Faux. ☐ **c.** On ne peut pas le savoir.

② **Le préjudice dépasse le million d'euros :**

☐ **a.** Vrai. ☐ **b.** Faux. ☐ **c.** On ne peut pas le savoir.

③ **Une cinquantaine de commerçants sont victimes dans cette affaire :**

☐ **a.** Vrai. ☐ **b.** Faux. ☐ **c.** On ne peut pas le savoir.

④ **Les escroqueries ont eu lieu dans la région Aquitaine :**

☐ **a.** Vrai. ☐ **b.** Faux. ☐ **c.** On ne peut pas le savoir.

⑤ **Les escroqueries ont été réalisées grâce à des chèques :**

☐ **a.** Vrai. ☐ **b.** Faux. ☐ **c.** On ne peut pas le savoir.

⑥ **Les comptes bancaires n'avaient pas la provision suffisante pour honorer les paiements :**

☐ **a.** Vrai. ☐ **b.** Faux. ☐ **c.** On ne peut pas le savoir.

Corrigés

Document n° 1 :	1 a.	2 a.	3 b.	4 a.	5 a.	6 c.
Document n° 2 :	1 a.	2 c.	3 b.	4 c.	5 a.	6 c.
Document n° 3 :	1 a.	2 a.	3 a.	4 a.	5 a.	6 b.
Document n° 4 :	1 b.	2 b.	3 c.	4 c.	5 b.	6 a.
Document n° 5 :	1 b.	2 a.	3 b.	4 a.	5 a.	6 b.
Document n° 6 :	1 b.	2 b.	3 b.	4 a.	5 a.	6 a.
Document n° 7 :	1 b.	2 a.	3 c.	4 a.	5 c.	6 c.
Document n° 8 :	1 b.	2 a.	3 a.	4 b.	5 c.	6 b.
Document n° 9 :	1 a.	2 c.	3 a.	4 b.	5 b.	6 c.
Document n° 10 :	1 b.	2 a.	3 a.	4 c.	5 a.	6 c.
Document n° 11 :	1 c.	2 b.	3 b.	4 c.	5 a.	6 b.
Document n° 12 :	1 a.	2 c.	3 c.	4 a.	5 a.	6 a.
Document n° 13 :	1 a.	2 b.	3 a.	4 a.	5 b.	6 b.
Document n° 14 :	1 a.	2 b.	3 a.	4 a.	5 a.	6 c.
Document n° 15 :	1 b.	2 b.	3 a.	4 a.	5 a.	6 a.

Sujet corrigé : compréhension de textes

http://lienmini.fr/220070-01

Questions

Réussir l'épreuve de test de personnalité

PLANNING DE RÉVISIONS

À titre indicatif, nous vous indiquons un planning de préparation au test de personnalité :

PÉRIODES	CONTENU DES RÉVISIONS	NOS OUTILS	NOS ASTUCES
Période 1 (1 ou 2 semaines)	Présentation du test de personnalité	Page 241	**Développer l'estime de soi** http://lienmini.fr/238623-02
Période 2 (1 ou 2 semaines)	Exemples de questions du test de personnalité	Page 245	

1 Présentation de l'épreuve

Le test de personnalité (également appelé « test psychométrique ») a pour vocation de déterminer quelle est la structure exacte de la personnalité d'un candidat. Compte tenu des pouvoirs dévolus aux gendarmes adjoints volontaires, de leur armement, des responsabilités pouvant peser sur leurs épaules et des situations de danger auxquelles ils peuvent être confrontés, il est important de s'assurer que la personnalité du candidat est stable et équilibrée.

Ce test est conçu et interprété par des psychologues afin de déterminer les grands traits de personnalité. Lors de ce test de personnalité, des éléments psychologiques importants pour un gendarme adjoint volontaire, comme la capacité d'adaptation, l'aptitude à l'exercice de l'autorité ou la force de caractère, doivent apparaître. De même, il est essentiel de pouvoir détecter un trouble majeur de la personnalité. Sans même que ce trouble majeur de la personnalité présente de dangerosité ou de caractère pathologique, il peut s'avérer peu ou pas compatible avec l'exercice de la profession de gendarme adjoint volontaire. Il est également possible que la structure générale de la personnalité d'un individu ne soit pas suffisamment en adéquation avec les attentes propres au métier de gendarme.

Ce test de personnalité se présente toujours sous la forme de questions ou d'affirmations à la suite desquelles plusieurs propositions de réponses sont formulées :

- **a.** Oui, toujours / **b.** Oui, parfois / **c.** Non, jamais.

Le jour du concours, il sera effectué de manière dématérialisée, à l'aide de tablettes fournies aux candidats.

Dans la mesure où il s'agit d'un test de personnalité, il ne se prépare pas de la même manière que les autres épreuves de sélection. Pour autant, vous devez être familiarisé avec ce type particulier de questions, qui peuvent parfois être très personnelles. Ce test peut également comporter des questions de « mise en situation professionnelle ».

Pour répondre à ce type de questions, il n'est nul besoin d'être déjà gendarme ou spécialement préparé. Répondez selon votre ressenti et après un court moment de réflexion.

La liste des questions posées représente une cinquantaine de questions au total. Ces questions peuvent porter sur les éléments suivants :

- les relations interpersonnelles (la famille, les amis et les collègues) ;
- les loisirs et les goûts personnels ;
- les motivations à exercer la profession ;
- les croyances et opinions ;
- le parcours de vie et les émotions vécues ;
- les attitudes face à un événement particulier ;
- l'image de soi et la confiance en soi ;
- l'aptitude à composer avec les autres ;
- le comportement face aux difficultés et au danger ;
- la stabilité des émotions ;

- la faculté de jugement (au sens de la capacité à prendre rapidement des décisions rationnelles) ;
- la capacité d'interagir avec l'environnement social (être introverti ou extraverti, avec toutes les attitudes intermédiaires).

Il n'est pas certain que vous puissiez répondre à toutes les questions dans le temps imparti.

Il est également normal que certaines questions, posées quelque peu différemment, semblent être identiques ou se recouper.

2 Répondre aux questions du test de personnalité

Lors du test écrit de personnalité, il est important d'être sincère, quelle que soit votre réponse. De même, répondez de manière assez spontanée : le test comporte de nombreuses questions et, en réfléchissant trop à vos réponses, vous risquez de vous contredire. Ce test est rédigé et analysé par des professionnels : un candidat qui chercherait à dissimuler sa véritable personnalité serait immanquablement détecté et éliminé.

Même si la question peut vous sembler très intime ou même déplacée, ne la fuyez pas. Répondez quand même, car une absence de réponse serait perçue comme une stratégie de fuite qui finirait par vous porter préjudice.

Soyez également honnête : il est normal pour tout le monde d'avoir des faiblesses et des défauts. Le fait d'avoir conscience de ses points faibles est souvent jugé comme un signe de maturité et d'équilibre de la personnalité. Un défaut assumé est souvent corrigé en société et ne constituera pas forcément un obstacle à l'exercice du métier de gendarme.

Lors des questions de mise en situation professionnelle ou celles ayant un lien, même indirect, avec le métier de gendarme, efforcez-vous de prendre une certaine hauteur de vue et de vous « mettre dans la peau » d'un gendarme. À ce titre, projetez-vous dans la situation concrète, soyez pragmatique et réactif, faites preuve de sang-froid et prenez en compte l'intérêt général.

La seule réelle difficulté est souvent de ne pouvoir répondre que par l'une des trois réponses proposées à des questions pour lesquelles vous auriez aimé répondre de manière plus longue et nuancée. Dans ce cas, il vous faudra choisir la réponse vers laquelle vous penchez le plus.

Exemples de questions et de propositions de réponses :

① **Avez-vous du mal à vous endormir ?**

☐ **a.** Oui, beaucoup ☐ **b.** Oui, parfois ☐ **c.** Non, jamais

② **Aimez-vous les jeux d'argent (poker, paris sportifs, cartes à gratter...) ?**

☐ **a.** Oui, beaucoup ☐ **b.** Oui, parfois ☐ **c.** Non, jamais

③ **Avez-vous peur de prendre la parole en public ?**

☐ **a.** Oui, beaucoup ☐ **b.** Oui, parfois ☐ **c.** Non, jamais

④ **Préférez-vous être en groupe que rester seul ?**

☐ **a.** Oui, beaucoup ☐ **b.** Oui, parfois ☐ **c.** Non, jamais

⑤ **Est-ce que le fait d'être armé en tant que gendarme vous inquiète ?**

☐ **a.** Oui, beaucoup ☐ **b.** Oui, parfois ☐ **c.** Non, jamais

Il n'existe aucune réponse-type ou attendu à ces questions. Au contraire, il est important de répondre avec une totale franchise.

3 Les suites possibles du test de personnalité

Il est possible que, pour approfondir les résultats de ce test, vous soyez convoqué pour passer un entretien avec un officier conseil, qui sera en fait un entretien avec un psychologue. Dans ce cas, ne vous inquiétez pas : il s'agit d'une procédure tout à fait habituelle et qui concerne de nombreux candidats.

Même s'il est parfaitement compréhensible qu'un entretien avec un psychologue s'avère anxiogène pour certains candidats, cet entretien doit être abordé le plus sereinement possible. Le psychologue qui sera en face de vous cherchera simplement à comprendre comment vous vous percevez (notamment quant à vos qualités et défauts personnels), quel est votre parcours personnel et ce qui vous a conduit à vouloir devenir gendarme adjoint volontaire.

Par conséquent, cet entretien se prépare de la même manière que l'oral avec le jury en réfléchissant au préalable à vos motivations personnelles et aux éléments positifs que vous pouvez apporter à la Gendarmerie nationale.

De même, il est absolument essentiel de répondre de manière réfléchie et avec une totale franchise aux questions qui vous seront posées. N'oubliez pas que le psychologue est un professionnel averti, qui détectera très facilement les candidats qui ne se montreraient pas sincères.

10 CONSEILS À SUIVRE

- Se familiariser avec le type et la variété des questions de personnalité.
- S'entraîner à répondre de manière rapide car les questions sont nombreuses.
- Interroger ses proches quant à sa personnalité (caractère, qualités et défauts). Apprendre également à parler de soi.
- Être spontané dans ses réponses.
- Ne pas se dénigrer dans les réponses.
- Mais ne pas non plus se survaloriser dans les réponses.
- Ne pas se sentir surpris ou bousculé par des questions trop personnelles.
- Même si bien souvent le choix de la réponse est entre deux propositions, choisir celle qui semble la plus appropriée.
- Ne pas se sentir embarrassé si, entre deux réponses à des questions différentes, vous pensez vous contredire.
- Se détendre juste avant de commencer le questionnaire : s'étirer et respirer profondément.

10 ERREURS À NE PAS COMMETTRE

- Ne pas écouter les consignes données juste avant l'épreuve.
- Ne pas lire attentivement les questions et les réponses proposées.
- Trop réfléchir à la réponse à apporter à une question.
- Ne pas être sincère dans les réponses aux questions, ou bien ne pas répondre à une question.
- Être stressé.
- Sauter une question et passer à la suivante (le jury peut comprendre que vous n'ayez pas le temps de répondre à toutes les questions, mais il est mal accepté de sauter une question et de passer à la suivante).
- Chercher à tout prix à répondre à toutes les questions en répondant trop vite.
- S'efforcer de correspondre à un hypothétique profil-type que rechercheraient les correcteurs.
- Copier les réponses de son voisin.
- Faire des ratures sur la copie.

QUESTIONS POSSIBLES COMMENTÉES

1 Exemples de questions commentées

Dans les questions qui suivent, nous ne vous indiquerons aucune réponse car celles-ci dépendent uniquement de vous. Montrez-vous naturel, sincère et spontané. Les éléments indiqués sous chaque question vous permettront de mieux comprendre la logique propre de chaque question et la manière dont il est souhaitable d'orienter sa réponse (sachant qu'il faut répondre par « oui » ou par « non »).

- **Votre humeur peut changer très rapidement.**

  La stabilité émotionnelle est un élément psychologique très important pour un gendarme.

- **Vous vous inquiétez rarement des conséquences de vos actions sur les autres.**

  Être gendarme correspond à un travail d'équipe. Il faut absolument savoir composer avec les autres et les prendre en compte. Pour autant, un gendarme peut être amené à sanctionner autrui et à savoir le faire de manière impartiale.

- **Vous êtes une personne relativement calme et réservée.**

  Cette attitude, comme son contraire (le caractère extraverti), est tout à fait légitime. Ne dramatisez donc pas les questions : répondez selon vos intuitions personnelles et l'image que vous avez de vous-même.

- **Lors d'un travail d'équipe, il est plus important d'avoir raison que d'être coopératif.**

  Le propre du travail en équipe est de coopérer afin de réaliser un objectif commun, quelles que soient les opinions de chacun.

- **Vous rencontrez des difficultés à vous présenter à de nouvelles personnes.**

  La timidité ou un certain manque de confiance de soi peuvent être compréhensibles. Répondez donc ici avec sincérité car ces traits de personnalité peuvent être évalués par d'autres questions et il ne faut pas vous contredire.

- **Vous vous efforcez de répondre le plus rapidement possible à vos e-mails et n'aimez que votre boîte de messagerie soit mal ordonnée.**

  La rigueur est toujours appréciable. Même si la capacité à composer avec un certain désordre traduit une faculté d'adaptation qui reste indispensable à tout gendarme.

- **Vous vous sentez supérieur aux autres.**

  Répondre « oui » à cette question peut vous sembler donner une image négative de vous. Mais, une réponse positive peut aussi traduire de la confiance en soi. Aussi, encore une fois, il est important de répondre conformément à votre propre perception.

- **Vous préférez être organisé plutôt que flexible.**

  Bien entendu, il est aussi important d'être organisé que d'être flexible. La gendarmerie nationale a autant besoin de personnels organisés que de personnels capables de souplesse.

- **Au quotidien, vous êtes très motivé et plein d'énergie.**

  Ne voyez pas cette question comme une question à laquelle il vous faut répondre absolument « oui ». N'oubliez pas qu'un psychologue interprétera vos réponses aux questions de personnalité. Il ne faut donc pas mentir et risquer de vous contredire par rapport à des réponses à d'autres questions de personnalité ou quant à l'image que vous donnerez de vous lors de l'oral avec le jury.

- **Cela ne vous dérange pas d'être le centre de l'attention.**
  Cette question est en lien avec la confiance en soi, mais peut aussi renvoyer à une certaine forme de narcissisme.
- **Les gens peuvent rarement vous faire changer d'avis.**
  Si on doit pouvoir défendre un point de vue personnel, il vous faut savoir aussi écouter les opinions des autres. Un gendarme doit à la fois être un agent de l'autorité et être ouvert.

2 Autres exemples de questions possibles

- Avez-vous déjà pensé du mal de quelqu'un ?
- Vous sentez-vous l'âme d'un chef ?
- Êtes-vous quelqu'un de spontané ?
- Est-ce que vous pouvez passer une journée entière sans sortir de chez vous ?
- Êtes-vous superstitieux ?
- Pensez-vous que toutes les vérités sont bonnes à dire ?
- Êtes-vous toujours content de vous ?
- Faites-vous souvent le premier pas après une dispute ?
- Pleurez-vous souvent ? Ou jamais ?
- Croyez-vous en l'astrologie ?
- Vous confie-t-on souvent des secrets ?
- Vous arrive-t-il de vous mettre en colère ?
- Vous arrive-t-il de faire en sorte de réconcilier des personnes qui se sont disputées ?
- Préférez-vous la ville ou la campagne ?
- Vous arrive-t-il de boire de l'alcool ?
- Votre cousin franchit un feu rouge devant vous, alors que vous êtes en service. Est-ce que vous le verbalisez ?
- Avez-vous le goût du risque ?
- Avez-vous quelqu'un à qui vous confier ?
- Réfléchissez-vous beaucoup avant d'agir ?
- Votre chambre est-elle toujours rangée ?
- Vous arrive-t-il de vous sentir vidé d'énergie à votre réveil ?
- Essayez-vous toujours de comprendre les autres ?
- Pensez-vous être facile à vivre ?
- Pensez-vous avoir de nombreux amis ?
- Est-ce que vous voyez régulièrement des médecins ?
- Aimez-vous vous débrouiller tout seul pour le plus de choses possible ?
- Pensez-vous que la liberté d'expression doit être sans limite ?

- Vous arrive-t-il de tricher ?
- Avez-vous le sentiment d'avoir réussi votre vie jusqu'ici ?
- Est-ce que vous ne vous vexez pas facilement ?
- Préférez-vous travailler seul ou en équipe
- Êtes-vous quelqu'un d'ambitieux ?
- Est-ce que vous aimeriez gagner un salaire élevé ?
- Doit-on obligatoirement s'entendre avec ses parents ?
- Avez-vous du mal à sortir du lit le matin ?
- Est-ce qu'un film ou une musique peut vous rendre triste ?
- Maîtrisez-vous toujours vos émotions ?
- Aimez-vous la vitesse ?
- Est-ce que vous vous mettez facilement en colère ?
- Avez-vous déjà envié d'autres personnes ?
- Êtes-vous toujours à l'écoute des autres ?
- Avez-vous déjà éprouvé un sentiment de désespoir ?
- Le stress peut-il être positif ?
- Êtes-vous quelqu'un d'organisé ?
- Êtes-vous sujet à des vertiges ?
- Vous arrive-t-il de préférer les animaux aux êtres humains ?
- Faut-il sanctionner pour faire comprendre ?
- Avez-vous peur de conduire une voiture ?
- Est-ce que le découragement vous atteint facilement ?
- Avez-vous déjà frappé quelqu'un ?
- Le mensonge peut-il être utile ?
- Avez-vous déjà pris des antidépresseurs ?
- Est-ce que la nouveauté vous stimule ou bien vous inquiète ?
- Pensez-vous valoir mieux que beaucoup d'autres ?
- Pensez-vous que certaines personnes vous détestent ?
- La hiérarchie est-elle toujours indispensable ?
- Avez-vous déjà pensé au suicide ?
- Pensez-vous que vous êtes un leader naturel ?
- Un de vos collègues boit pendant le service, est-ce que vous en informez votre officier ?
- Vous arrive-t-il de prendre une décision importante sur un coup de tête ?
- Pour vivre libre, a-t-on besoin de règles et de contraintes ?
- Avez-vous besoin d'une certaine pression pour travailler ?
- Peut-on vous qualifier d'énergique ?
- L'humour doit-il avoir des limites ?

- Aimez-vous affirmer votre point de vue sur les choses ?
- Pouvez-vous rester concentré pendant plusieurs heures sur un même travail ?
- Vous considérez-vous comme quelqu'un de chanceux ou de malchanceux ?
- Est-ce que vous avez besoin que votre chambre ou votre bureau soit toujours bien ordonnés ?
- Préférez-vous les longs moments de solitude ou la frénésie des grandes villes ?
- Êtes-vous quelqu'un d'impulsif ?
- Pensez-vous d'abord au mauvais côté des choses ?
- Vous êtes-vous déjà beaucoup disputé avec une personne qui ne partageait pas votre point de vue ?
- Aimez-vous apprendre dans les livres ?
- Hésitez-vous longtemps avant de prendre une décision ?
- Vous considérez-vous comme quelqu'un de timide ?
- Avez-vous peur des armes à feu ?
- Est-ce qu'il vous est difficile de pardonner une méchanceté qui vous visait ?
- Est-ce que vous pouvez vous sentir oppressé dans la foule ?
- Vous arrive-t-il de pleurer sans raison ?
- Aimez-vous vos parents ?
- Pensez-vous avoir eu de la chance dans la vie ?
- Êtes-vous quelqu'un de solitaire ?
- Pensez-vous souvent à la mort ?
- Aimez-vous l'argent ?
- Êtes-vous souvent envieux des autres ?
- Est-ce que, de manière habituelle, vous lancez les conversations ?
- Pensez-vous que la délinquance est toujours un choix ?
- Préférez-vous la solitude ou la foule ?
- Remettez-vous souvent en cause vos propres choix ?
- Aimez-vous avoir toujours le dernier mot ?
- Pensez-vous que tout finit toujours par s'arranger ?

PARTIE 3

Réussir les épreuves d'admission

Réussir
sa lettre de motivation

30 minutes

MÉTHODOLOGIE ET CONSEILS

Désormais, la lettre de motivation est rédigée par le candidat en centre de sélection, le même jour que l'entretien avec le chargé de recrutement. Une durée de 30 minutes sera alors consacrée à sa rédaction.

Bien entendu, cette lettre devra être préparée bien en amont par le candidat. En premier lieu, une maîtrise parfaite de l'orthographe, de la grammaire et de la syntaxe est attendue. Si vous avez des lacunes en la matière, vous devrez porter un effort particulier dans ce domaine.

En second lieu, et à titre principal, il est bien évident que la lettre de motivation doit vous démarquer positivement des autres candidats en faisant valoir la maturité de votre choix de servir en gendarmerie et vos qualités personnelles.

Cette lettre de motivation servira notamment de fil conducteur à votre entretien avec le chargé de recrutement et permettra également de donner un premier aperçu positif de votre candidature.

1 Préparer sa lettre de motivation

Afin de vous préparer à la rédaction de votre lettre de motivation, nous vous invitons à réfléchir au préalable à vos motivations pour servir en tant que gendarme adjoint volontaire et à ce que vous estimez pouvoir apporter à la gendarmerie. Vous pouvez structurer ces éléments en trois parties distinctes : sérieux de la motivation, qualités personnelles et compétences acquises. Ainsi, vous rendrez plus cohérente votre lettre de motivation et celle-ci sera de nature à valoriser votre candidature aux yeux du chargé de recrutement.

De manière non exhaustive, on peut évoquer quelques éléments qui peuvent ainsi structurer votre lettre de motivation :

- motivation du candidat : volonté ancienne et solide de devenir gendarme, exemples familiaux ou amicaux de gendarmes (sans tomber non plus dans le mimétisme : ces exemples vous ont éclairé sur l'intérêt d'une carrière en gendarmerie, mais vous n'êtes pas ici pour reproduire tel ou tel modèle), connaissance de la gendarmerie (faire notamment état des démarches entreprises pour vous renseigner sur la gendarmerie et le métier de gendarme, montrer également votre perception des nombreuses missions de l'institution), volonté de servir son pays dans un contexte de menace terroriste, sens du devoir et du service à la nation, souhait de travailler en équipe sur le terrain… ;
- qualités personnelles : tout en se montrant modeste et pondéré, il est toujours utile de faire part des qualités qui peuvent être reconnues par votre entourage. Ces qualités proviennent de votre parcours personnel et de vos traits de personnalité. Les qualités essentielles pour devenir gendarme adjoint volontaire sont notamment le sérieux (être digne de confiance), l'honnêteté, la capacité de travailler en équipe, la discipline, l'aptitude à l'engagement physique, la rigueur professionnelle, la capacité à mener une mission jusqu'au bout, le sens du devoir, la capacité à servir de manière désintéressée la collectivité… ;

- compétences acquises : vos études, vos rencontres, vos lectures, vos loisirs, vos centres d'intérêt ou vos expériences personnelles vous ont certainement fait acquérir des compétences et aptitudes qui peuvent être utiles à un gendarme. En faisant votre bilan personnel de vos compétences et aptitudes personnelles, voyez large : pensez aux langues étrangères, au droit, à l'informatique, aux sports de combat, au sens de l'observation, à l'endurance physique, aux premiers secours, à la capacité rédactionnelle, à l'esprit de synthèse, à la volonté d'apprendre toujours davantage de choses dans l'exercice d'un métier, à l'aptitude à exercer des responsabilités ou à encadrer des jeunes.

Dans le cadre de cette préparation, nous vous recommandons très vivement de ne pas inclure d'éléments fantaisistes (expériences ou diplômes imaginaires…) ou excessifs (motivation affichée sans aucun sens de la mesure, qualités hors du commun…). En effet, cela produirait un effet désastreux sur le chargé de recrutement. De plus, lors de l'entretien, vous risqueriez fort de faire les frais d'une lettre de motivation mensongère ou trop immodeste.

De même, puisque votre lettre de motivation sera utilisée pour guider une partie de votre entretien, attendez-vous à être interrogé sur tel ou tel élément (études, expériences professionnelles et personnelles, motivation exprimée...). La lettre de motivation vous offre ainsi une chance de tourner à votre avantage une partie de l'entretien avec le chargé de recrutement en présentant de manière positive votre candidature.

2 Rédiger sa lettre de motivation

Une fois que vous aurez préalablement établi les différents éléments de fond de votre lettre de motivation (motivation personnelle, qualités personnelles et compétences acquises), il faudra mettre en forme votre lettre de motivation.

Pour la mise en forme de la lettre de motivation, nous vous adressons les recommandations suivantes :

A. Présentation

- Puisque la lettre de motivation sera rédigée lors du passage en centre de sélection, elle sera manuscrite. Écrivez donc de manière lisible et aérée (faites des paragraphes et sautez des lignes entre chaque paragraphe). Plus la lettre sera lisible, plus elle sera lue avec intérêt par le chargé de recrutement.
- Sur le plan de la longueur, une à deux pages suffisent. Au-delà de trois pages, la longueur devient réellement pénalisante pour le candidat.

B. Formalisme

Nous vous recommandons le formalisme ci-dessous :

Identité et adresse du candidat

Lieu et date

Formule d'appel : « Madame, Monsieur » (ou toute autre personne à qui s'adresse la lettre de motivation : sollicitez sur ce point votre interlocuteur lors de votre passage en centre de sélection).

Phases de présentation du candidat :

– Âge et diplômes éventuels (exemple : « âgé de 22 ans et titulaire d'une licence d'anglais »). Mentionnez toujours le diplôme le plus élevé et le plus récent (si vous avez un diplôme universitaire, il est inutile d'évoquer le brevet des collèges et le baccalauréat).

– Situation de famille et résidence (exemple : « Je suis célibataire et je vis chez mes parents à Tours. »).

Description des motivations personnelles :

– Présentation de vos motivations personnelles pour servir en tant que gendarme adjoint volontaire : plutôt que de reprendre des formules types qui émailleront les lettres de motivation de la plupart des candidats, rédigez vous-même l'expression de vos motivations. Souvenez-vous de la naissance de votre vocation de gendarme et cherchez ce qui vous attire dans ce métier (goût de l'action, esprit militaire, volonté de travailler en équipe, envie de travailler sur le terrain et au service des concitoyens, variété des missions, sentiment patriotique, défense de la France et de ses habitants face aux nouvelles menaces terroristes...). Remettez en forme ces différents éléments en plusieurs phrases distinctes et succinctes, en les articulant entre elles.

– Commencez par évoquer la genèse de vos motivations (exemples : « J'ai voulu devenir gendarme après avoir rencontré un gendarme qui m'a expliqué ses nombreuses missions... » ; « À la recherche d'un métier d'action au service de mes concitoyens, j'ai choisi de devenir gendarme... » ; « À la suite des derniers attentats, j'ai voulu servir directement mon pays... »).

– Par la suite, décrivez en deux ou trois phrases ce qui vous attire dans le métier de gendarme : diversité des missions, absence de routine, esprit de corps, progression de carrière, sens du service public, travail en équipe... (exemples : « J'aspire à exercer un métier qui me permette de ne pas connaître de routine quotidienne et de contribuer à la sécurité de mon pays. » ; « Je désire travailler sur le terrain à la sécurité de mes concitoyens. »).

– Veillez également à préciser que le contrat de gendarme adjoint volontaire étant limité à six ans, c'est une carrière en tant que gendarme à laquelle vous vous destinez. Être gendarme adjoint volontaire ne peut jamais être une fin en soi. Ce ne peut donc qu'être une porte d'entrée en gendarmerie pour devenir sous-officier en réussissant le concours réservé aux gendarmes adjoints volontaires (le second concours de sous-officier de gendarmerie), et réaliser ainsi une longue carrière dans l'institution.

Qualités personnelles et compétences acquises :

– Ces deux éléments vous permettront de valoriser votre candidature. Montrez-vous modeste, tout en étant ferme et précis dans ce que vous avancez.

– Étayez vos qualités par des exemples ou des arguments (exemples : « Plusieurs années de judo pratiqué en compétition m'ont permis d'acquérir une certaine maîtrise de moi et un goût de l'engagement physique » ; « Mes proches reconnaissent mon sens du sérieux et du travail bien fait » ; « En étant surveillant dans un collège, j'ai appris à dialoguer avec les jeunes, et j'ai apprécié de me voir confier des responsabilités »). Pensez aux qualités morales, physiques et intellectuelles qui sont en adéquation avec votre personnalité et qui peuvent correspondre à un emploi en gendarmerie. Ne cherchez pas à coller à un hypothétique profil type ou idéal d'un gendarme : il n'y en a pas. Soyez vous-même, mais restez toujours dans une démarche positive et dynamique de présentation de votre candidature.

– Vos compétences particulières peuvent venir d'expériences personnelles ou de vos études (exemples : « Des études de droit m'ont permis de découvrir le droit pénal et la procédure pénale » ; « J'ai pu apprendre les premiers secours auprès de la Croix-Rouge » ; « Grâce à ma famille maternelle, je parle couramment l'espagnol », « Je pense disposer d'une bonne maîtrise de l'outil informatique »...). Ne cherchez pas forcément à faire une liste exhaustive de vos compétences, mais ciblez uniquement deux ou trois compétences qui seraient utiles pour servir en tant que gendarme adjoint volontaire.

Formule de fin :

– Remercier pour l'attention portée à la candidature.

– Formule de politesse (exemple : « Je vous prie de croire, Madame, Monsieur, en l'assurance de ma respectueuse considération »).

Signature

Une fois que vous aurez rédigé au préalable votre lettre de motivation en respectant cette architecture, soumettez-la à la lecture critique de vos proches et essayez de l'améliorer. Lisez-la vous-même en n'y touchant pas pendant plusieurs jours. Puis tâchez d'y apporter sur le fond et la forme quelques corrections afin de toujours chercher à vous démarquer positivement des autres candidats.

Il ne s'agit pas forcément de connaître par cœur votre lettre de motivation le jour du concours, mais plutôt de bien maîtriser son architecture générale, de savoir respecter son formalisme et de mettre en avant les éléments positifs propres à votre candidature.

Enfin, lorsque vous rédigerez votre lettre de motivation en centre de sélection, pensez toujours à garder quelques instants pour vous relire avant de transmettre votre lettre. Vous éviterez ainsi de possibles fautes d'orthographe ou petits oublis préjudiciables.

10 CONSEILS À SUIVRE

- Bien réfléchir à son parcours personnel : études, expériences personnelles, emplois, même très courts et ponctuels, etc.
- S'efforcer de dégager les points positifs de ce parcours personnel, notamment sur le plan du caractère et des compétences acquises.
- Prendre le temps de faire au préalable un CV.
- Préparer pendant au moins deux semaines sa lettre de motivation.
- Se renseigner sur la Gendarmerie nationale et les missions d'un gendarme adjoint volontaire (voir notamment ce manuel aux pages 13, 19, 21 et suivantes).
- Faire relire sa lettre de motivation par des proches.
- Accepter la critique de ses proches sur sa lettre de motivation.
- Revoir, sur la base de la critique de ses proches, sa lettre de motivation.
- Laisser quelques jours entre deux versions de sa lettre de motivation pour la regarder sous un œil neuf.
- Une fois qu'une version finale paraît satisfaisante dans son architecture et ses idées-forces, ne plus y toucher.

10 ERREURS À NE PAS COMMETTRE

- Chercher à tout prix à connaître par cœur un modèle unique de lettre de motivation.
- Oublier l'architecture générale et les idées-forces de la lettre de motivation préparée préalablement.
- Utiliser une autre encre que l'encre noire ou bleue.
- Ne pas relire sa lettre de motivation.
- Faire une lettre de motivation trop courte ou trop longue.
- Employer des expressions familières ou argotiques dans sa lettre de motivation.
- Laisser des fautes d'orthographe ou de grammaire dans sa lettre de motivation.
- Communiquer une lettre de motivation mal présentée (sans paragraphes, écriture difficile à déchiffrer, etc.).
- Ne pas évoquer clairement pourquoi l'on souhaite devenir gendarme adjoint volontaire.
- Chercher à tout prix à plaire au jury en racontant des choses qui ne sont pas exactes sur soi ou son parcours.

3 Deux exemples commentés

A. Exemple de lettre de motivation maladroite

Dans l'exemple, nous vous indiquons quelles erreurs réalisent le candidat en rédigeant sa lettre de motivation. Il ne peut s'agir que d'un exemple, ayant pour seul but de vous montrer les principaux écueils à éviter (nos commentaires et conseils sont en italique).

Monsieur Morin Erwan *(ne pas insérer de « Monsieur » et écrire le prénom avant le nom de famille)*

16, avenue Mozart

80000 Amiens

Tél. : 06 07 68 25 62 *(inutile de mentionner votre numéro de téléphone)*

steve.rallyeman@aol.fr *(ne mentionnez pas votre adresse électronique, surtout si elle n'est pas construite à partir de votre nom)*

Bonjour, *(formulation bien trop familière : il faut écrire « Madame, Monsieur »)*

Je veux être gendarme *(l'emploi du conditionnel, « je voudrais être... », est bien plus adapté)* depuis tout petit *(grossière exagération)*. Pour moi, c'est vraiment un métier super *(expression bien trop familière)* dans lequel je pourrai me faire plaisir *(plutôt que de parler de ce qui vous plairait, mettez d'abord en avant ce que vous pouvez personnellement apporter à la Gendarmerie nationale)*.

J'apprécie énormément l'action et je sais que dans la gendarmerie, on n'en manque pas ! *(outre le fait qu'il faut absolument proscrire les points d'exclamation, vos motivations ne doivent pas reposer sur une image caricaturale de la gendarmerie.)* En plus, le concours de gendarme adjoint volontaire est fait pour les gens comme moi qui n'étaient pas très bons à l'école *(bien entendu, il est exact que l'on peut se porter candidat aux sélections de gendarme adjoint volontaire sans condition de diplôme, mais ce ne peut être la motivation première, et il convient également de présenter sa candidature de manière positive)*. Je sais que je n'ai pas un super niveau scolaire, mais j'ai de la motivation à revendre ! *(le candidat se dit « motivé », mais n'explique toujours pas pourquoi il veut entrer dans la Gendarmerie nationale.)*

En ce moment, ma recherche de boulot ne marche pas trop et je galère pas mal *(expressions beaucoup trop familières et présentation toujours négative de la candidature)*. Un de mes copains m'a dit qu'il était facile d'entrer dans la gendarmerie comme gendarme adjoint volontaire, alors me voilà ! *(à aucun moment les missions ne sont évoquées, et le candidat démontre une connaissance minimale de la Gendarmerie nationale)*. L'uniforme me plaît bien, et c'est vrai que les nombreuses vacances et le logement gratuit sont de bons avantages *(on n'entre pas dans la gendarmerie pour des avantages matériels)*.

Je vous remercie de m'avoir lu et je croise les doigts !

Monsieur Morin Erwan *(inutile de rappeler son nom de cette manière)*.

Outre les erreurs indiquées entre parenthèses, le candidat qui rédigerait une telle lettre de motivation commettrait plusieurs erreurs majeures :

- il ne prend pas le temps de se présenter véritablement au jury : âge, situation de famille, études, parcours professionnel et personnel ;
- il n'explique pas ce qu'il pourrait apporter à la Gendarmerie nationale et ne démontre pas non plus qu'il connaît réellement le statut et les missions d'un gendarme adjoint volontaire ;
- aucun projet professionnel n'est mis en avant ;
- une tonalité générale trop négative (mauvais élève, recherche d'emploi infructueuse, etc.), alors qu'il vaut toujours mieux présenter sa candidature sous un jour positif ;
- la lettre de motivation est bien trop courte ;
- un style beaucoup trop familier.

B. Exemple de lettre de motivation réussie

La lettre de motivation reproduite ci-dessous n'est qu'un exemple. En aucun cas, elle ne peut être recopiée de manière littérale. Cette lettre constitue simplement une illustration qui vous démontre le canevas général d'une lettre de motivation et la manière avec laquelle vous démarquer positivement des autres candidats.

Ne l'apprenez pas par cœur, mais considérez-la comme un exemple d'une lettre de motivation bien construite. N'oubliez pas qu'il vaut mieux retenir quelques idées-forces et l'architecture générale plutôt qu'une lettre apprise par cœur car il vous faudra rédiger par vous-même votre lettre de motivation en centre de sélection. (nos commentaires et conseils sont en *italique*)

Lieu du centre de sélection, le 15 mars 20XX.

David DESLANDES

9, rue Roland-Costa-de-Beauregard

26240 La Chapelle-en-Vercors

Madame, Monsieur,

Âgé de 23 ans et titulaire d'un CAP de menuisier, je souhaite me porter candidat pour servir en tant que gendarme adjoint volontaire *(le terme « servir » est très utilisé en gendarmerie)*. Je vis actuellement chez mes parents, dans un village du Vercors, dans le département de la Drôme *(il est toujours utile de vous ancrer géographiquement car le jury pourra ensuite lors de l'oral vous poser des questions sur votre région d'origine)*, et je suis célibataire. J'ai obtenu mon CAP il y a trois ans et j'ai travaillé de manière quasiment continue depuis l'obtention de ce diplôme. La plupart de mes emplois étaient en lien avec ma formation initiale de menuisier *(même si votre parcours scolaire reste modeste, il est important de démontrer que l'on travaille ou que l'on a une réelle envie de travailler)*.

Les événements qui ont marqué la France, il y a quelques années, en particulier la triste suite des attentats qui l'ont frappé, ont été pour moi l'occasion d'une prise de conscience *(expliquez comment vous est venue l'envie d'entrer dans la gendarmerie comme gendarme adjoint volontaire ; vous pouvez tout à fait citer un tout autre élément qui a pu faire naître votre envie de devenir gendarme adjoint volontaire : rencontre avec des gendarmes, reportage ou article qui a suscité votre curiosité et qui vous a donné envie d'en savoir davantage, etc.).* J'ai éprouvé le besoin de me sentir utile et de venir en aide aux autres, en particulier à l'égard de ceux victimes de la violence et de cette forme particulière de barbarie qu'est le terrorisme. J'ai pris le temps de réfléchir à la manière dont je pouvais orienter mes choix personnels et professionnels vers cette volonté du service à autrui *(il est important de rappeler combien votre décision est mûrie).* Le choix de la Gendarmerie nationale m'est alors apparu comme logique et parfaitement adapté à mes aspirations.

En effet, la Gendarmerie nationale propose de nombreux et très variés « métiers ». Mais tous me semblent répondre à ce souhait de me consacrer avant tout à l'intérêt national, à la protection de mon pays et à la protection des victimes de violence et de la délinquance *(efforcez-vous ainsi de structurer vos arguments).* Au fur et à mesure que j'ai grandi, j'ai pris conscience de la fragilité du monde dans lequel nous vivons et de la nécessité d'en protéger les équilibres et la paix publique. Cela est, je pense *(montrez-vous modeste dans les idées que vous avancez)*, la vocation première de la Gendarmerie nationale.

J'ai toujours vécu et travaillé en milieu plutôt rural. La gendarmerie fait partie des institutions les plus ancrées dans ces territoires. Mais, pour mieux connaître la Gendarmerie nationale et ses missions, j'ai eu plusieurs longues conversations avec deux amis gendarmes *(il est important de rappeler que vous avez fait la démarche de vous renseigner sur la Gendarmerie nationale et les différentes missions d'un gendarme).* Ce sont deux amis d'enfance. Le premier est gendarme mobile en région parisienne, à Drancy. Il effectue de nombreux déplacements en France, à l'occasion de matchs de football ou de grands événements, ou bien lors de maintien de l'ordre à Paris et en outremer. Mon autre ami est gendarme adjoint volontaire dans une brigade territoriale de la Drôme. Il effectue notamment des missions suite à des appels « police secours », ainsi que des missions de sécurisation et de contrôles routiers *(essayez, si vous maîtrisez ces notions, d'employer un vocabulaire adapté).*

Au cours de nos discussions, j'ai découvert un peu de leur quotidien professionnel *(l'emploi du terme « un peu » permet de vous montrer modeste et réaliste : personne ne peut prétendre avoir une vue complète du métier de gendarme).* Je suis bien conscient de certaines difficultés du métier, comme les horaires décalés et la difficulté de faire face à certaines situations, par exemple un accident mortel de la circulation qui impliquerait une famille *(vous devez être conscient que le métier de gendarme peut parfois être difficile, notamment dans le fait d'être confronté à des situations moralement éprouvantes, à la violence, à la mort, etc.).* Mais, grâce à nos échanges, j'ai aussi compris que je pourrai réellement m'épanouir dans la Gendarmerie nationale. J'apprécie en effet beaucoup le travail en équipe, le fait d'être sur le terrain et de me sentir utile *(revenez à plusieurs reprises dans votre lettre de motivation sur ce qui vous pousse à vouloir entrer dans la Gendarmerie nationale).*

Compte tenu du fait que je ne suis pas titulaire du baccalauréat, je ne peux être candidat au concours de sous-officier de gendarmerie. Le parcours de sélection de gendarme adjoint volontaire m'offre donc une bonne opportunité d'une première expérience concrète au sein de la Gendarmerie nationale *(le contrat de gendarme adjoint volontaire est limité à six ans : le temps est donc limité, et ce point doit ressortir de votre lettre de motivation)* et me permet de préparer dans de bonnes conditions le concours de sous-officier de gendarmerie, réservé aux gendarmes adjoints volontaires *(votre candidature au recrutement de gendarme adjoint volontaire doit s'inscrire dans un projet professionnel).*

Je pense avoir un certain nombre de qualités qui me permettraient de me rendre utile en tant que policier. En exerçant le métier de menuisier dans des conditions parfois difficiles (longues journées de travail, conditions climatiques pouvant être pénibles, nécessité de se montrer très rigoureux et organisé dans l'exécution des tâches confiées, etc.), j'ai appris à mener à bien une mission, quels que soient les aléas, à avoir un goût de l'effort et à aimer le travail en équipe sous l'autorité d'un chef *(adaptez vos qualités personnelles en fonction de votre parcours et de vos expériences professionnelles)*. De même, en entrant relativement tôt sur le monde du travail, je pense *(soyez modeste en évoquant vos qualités)* avoir gagné en maturité personnelle et en sérieux dans l'accomplissement des tâches qui me sont confiées.

Pour toutes ces raisons, je désire devenir gendarme adjoint volontaire, et je crois avoir les qualités qui me permettraient de donner satisfaction dans le cadre des missions qui me seraient dévolues *(phrase de conclusion)*.

En vous remerciant par avance de l'attention que vous porterez à ma candidature, je vous prie de croire, Madame, Monsieur, en l'assurance de ma respectueuse considération *(terminez votre lettre de motivation par une formule de politesse)*.

Signature du candidat *(n'indiquez pas votre nom à côté de votre signature)*

Outre ses qualités évidentes d'argumentation, vous observerez que cette lettre de motivation est structurée en trois parties, comme indiqué dans la méthodologie :

- solidité de la motivation du candidat ;
- qualités personnelles ;
- compétences acquises.

Réussir l'épreuve d'entretien avec le référent recrutement

20 minutes

PLANNING DE RÉVISIONS

De nombreux candidats appréhendent l'épreuve d'entretien. Cette crainte est infondée : le chargé de recrutement qui vous recevra (et qui sera le plus souvent un sous-officier de gendarmerie) ne souhaite pas vous piéger, son rôle est d'engager un véritable dialogue avec vous afin de mieux vous connaître et de déterminer votre aptitude à servir en gendarmerie. Pour autant, l'entretien avec le référent recrutement doit faire l'objet d'une préparation réelle et sérieuse par les candidats.

À titre indicatif, nous vous indiquons un planning de préparation à l'épreuve d'entretien :

PÉRIODES	CONTENU DES RÉVISIONS	NOS OUTILS	NOS ASTUCES
Période 1 (1 ou 2 semaines)	◉ Présentation de l'épreuve d'entretien	Page 263	
Période 2 (1 ou 2 semaines)	◉ Connaissance de la Gendarmerie nationale ◉ Connaissance du métier de gendarme	Page 276 Pages 13 et suivantes	Maîtriser le langage non-verbal http://lienmini.fr/238626-03
Période 3 (1 ou 2 semaines)	◉ Se présenter ◉ Savoir répondre aux questions posées	Pages 265 et suivantes Pages 267 et 273	
Période 4 (1 ou 2 semaines)	◉ Simulations d'entretien à l'aide des exemples de questions posées	Pages 296 et 300	

- **Période 1** : il est important de connaître le déroulement général de l'entretien et les principaux points d'évaluation du candidat.
- **Période 2** : les candidats doivent, notamment par leur connaissance de la Gendarmerie nationale et du métier de gendarme, témoigner de leur motivation.
- **Période 3** : la manière de se présenter, l'attitude générale, comme le fond et la forme de vos propos, seront les principaux critères d'appréciation de votre candidature.
- **Période 4** : grâce aux exemples de questions posées, vous pourrez vous exercer à l'épreuve d'entretien en effectuant des simulations. Faites-le dans les conditions du concours.

PRÉSENTATION DE L'ÉPREUVE

Contrairement à une idée reçue chez de nombreux candidats, l'épreuve d'entretien doit faire l'objet d'une préparation rigoureuse. Il est essentiel d'en connaître le déroulement et les finalités, ainsi que de vous entraîner à répondre aux questions pouvant vous être posées. Même s'il vous faut rester sincère et naturel au cours de l'entretien, il est possible, en vous y préparant à l'avance, de mettre davantage de chances de votre côté. Il s'agit pour vous de démontrer que le choix d'une carrière en gendarmerie est mûrement réfléchi et que vous possédez les qualités requises.

1 L'épreuve d'entretien avec le référent recrutement

Si vous réussissez les tests, vous serez convoqué à un entretien individuel avec un chargé de recrutement. Cet entretien durera une vingtaine de minutes.

Deux jours avant l'entretien, vous visionnerez une présentation (sous forme de vidéo d'une vingtaine de minutes) des missions de gendarme adjoint volontaire. Vous recevrez un lien internet qui vous permettra de visionner cette vidéo.

48 heures avant votre rendez-vous, vous devrez regarder une vidéo d'information sur le parcours de recrutement, la formation en école et la vie de gendarme adjoint. Ensuite, à la date que vous avez choisie, vous serez reçu par un référent-recrutement sur une demi-journée. Ensuite, vous vous rendrez à l'entretien avec le chargé de recrutement.

Préalablement à cet entretien, vous pourrez poser vos questions lors d'un échange en groupe avec d'autres candidats.

Puis, vous passerez un entretien individuel avec le référent-recrutement. Il vous interrogera sur votre parcours et ce qui vous motive à rejoindre la Gendarmerie nationale.

Au cours de l'entretien individuel avec le chargé de recrutement, celui-ci vous demandera de vous présenter puis une série de questions vous sera posée. Le but de cet entretien est d'évaluer votre capacité à servir en tant que gendarme adjoint volontaire.

Les questions posées peuvent concerner :

- votre vie personnelle (enfance, études, travail éventuel, situation de famille…) ;
- vos passions et loisirs ;
- votre culture générale ;
- votre caractère et votre personnalité ;
- votre motivation pour entrer dans la gendarmerie ;
- votre connaissance de la gendarmerie ;
- vos projets professionnels éventuels au sein de la gendarmerie.

2 L'épreuve d'entretien pour les gendarmes adjoints volontaires destinés à occuper un emploi particulier

Après le test de personnalité, vous serez convoqué à un entretien individuel avec un chargé de recrutement. Cet entretien durera une vingtaine de minutes.

Deux jours avant, l'entretien, vous visionnerez une présentation (sous forme de vidéo d'une vingtaine de minutes) des missions de gendarme adjoint volontaire. Vous recevrez un lien internet qui vous permettra de visionner cette vidéo.

48 heures avant votre rendez-vous, vous devrez regarder une vidéo d'information sur le parcours de recrutement, la formation en école et la vie de gendarme adjoint. Ensuite, à la date que vous avez choisie, vous serez reçu par un référent-recrutement sur une demi-journée. Ensuite, vous vous rendrez à l'entretien avec le chargé de recrutement.

Préalablement à cet entretien, vous pourrez poser vos questions lors d'un échange en groupe avec d'autres candidats.

Puis, vous passerez un entretien individuel avec le référent-recrutement. Il vous interrogera sur votre parcours et ce qui vous motive à rejoindre la Gendarmerie nationale.

L'entretien débutera par une présentation du candidat, puis le chargé de recrutement posera une série de questions. La finalité de cet entretien est de déterminer votre capacité à servir en gendarmerie, notamment à l'emploi particulier auquel vous postulez.

Les questions posées peuvent concerner :

- votre vie personnelle (enfance, études, travail éventuel, situation de famille…) ;
- votre qualification professionnelle et votre expérience dans l'emploi particulier pour lequel vous postulez ;
- vos passions et loisirs ;
- votre culture générale ;
- votre caractère et votre personnalité ;
- votre motivation pour entrer dans la gendarmerie ;
- votre connaissance de la gendarmerie ;
- vos projets professionnels éventuels au sein de la gendarmerie.

3 L'évaluation de l'entretien

Les questions seront donc variées. Votre personnalité et votre parcours personnel seront notamment analysés. Les différents domaines évalués lors de l'épreuve d'entretien peuvent être résumés dans le tableau suivant :

SAVOIR-ÊTRE	SAVOIR-FAIRE
• Présentation • Expression orale • Culture générale • Motivation • Cohérence du choix professionnel	• Aptitude à la vie collective • Forme physique • Sens du service public • Expérience vécue par le candidat

Il faut préciser ici que cet entretien sera cordial et détendu. En aucun cas, on ne cherchera à vous piéger ou à vous déstabiliser. L'important est de bien vous connaître.

Même s'il n'existe pas de grille fixée pour l'évaluation des candidats, il est possible de distinguer plusieurs critères objectifs d'évaluation :

- **la présentation du candidat** : un candidat se doit d'avoir une tenue vestimentaire correcte et une coiffure ordonnée ;
- **l'attitude générale** : la posture physique, le regard sur le référent recrutement (et pas sur la table ou les pieds du candidat), l'aisance du candidat, le sourire et la politesse seront évalués ;
- **la manière de répondre aux questions** : il faut veiller à répondre par des phrases bien construites, à employer un vocabulaire riche et adapté. La capacité du candidat à argumenter sera également évaluée. De même, le candidat doit adopter une attitude coopérative en répondant de manière ouverte et développée aux questions posées ;
- **la connaissance de la gendarmerie et la motivation** : ces deux points sont indissociables. Vous devez démontrer que vous n'êtes pas là par hasard et que vous vous êtes renseigné sur le métier auquel vous vous destinez. Servir en gendarmerie implique également un réel sens du service public. Le recrutement en tant que gendarme adjoint volontaire est souvent un préalable à une carrière de gendarme. Il est donc important de connaître l'institution et de présenter des motivations convaincantes ;
- **la culture générale et l'ouverture d'esprit** : la gendarmerie recherche des personnes ouvertes, curieuses et au profil diversifié. L'intérêt pour l'actualité est également apprécié ;
- **les qualités morales et le caractère** : il n'existe pas de profil type en la matière. Néanmoins, un candidat se doit d'avoir un sens naturel de l'honnêteté, un goût de l'effort, une aptitude au travail en équipe et à la prise d'initiatives. De même, le candidat doit rester maître de lui face à des questions ou des situations risquant éventuellement de le déstabiliser.

A. Se présenter

Le chargé de recrutement qui vous recevra vous demandera, le plus souvent, de vous présenter avant de commencer véritablement à vous poser des questions. Votre présentation ne devra durer que quelques minutes (quatre au maximum). Les premiers instants seront déterminants, dans la mesure où il est difficile de revenir en peu de temps sur une mauvaise « première impression ».

Donc, le meilleur conseil que l'on puisse vous donner est de rester simple et naturel. Un candidat qui cherchera à dissimuler sa personnalité et ses motivations sera immédiatement détecté (n'oubliez pas qu'il s'agit d'un professionnel ayant l'habitude de participer à des recrutements). Restez sincère, ne cherchez pas impressionner votre interlocuteur, n'employez pas de formules toutes faites (« Gendarme, c'est le plus beau métier du monde »...).

Après avoir salué (les développements de l'introduction de ce manuel portant sur les personnels de la gendarmerie vous apprendront à reconnaître les grades) en le regardant dans les yeux et vous être assis après y avoir été invité, commencez votre présentation en déclinant :

- votre identité (prénom puis nom) ;
- votre âge ;
- le lieu où vous vivez ;
- votre situation de famille ;
- vos études passées et éventuellement actuelles ;
- vos diplômes et qualifications diverses (brevets de secourisme, par exemple) ;
- vos expériences professionnelles passées et éventuellement actuelles.

Ensuite, si on vous le demande, expliquez en quelques minutes (deux ou trois) pourquoi vous voulez devenir gendarme :

- ici encore, évitez les formules toutes prêtes (« Je veux faire gendarme depuis tout petit »...) qui n'apporteront rien à votre candidature ;
- choisissez plutôt d'expliquer pourquoi ce métier vous attire, comment est né votre désir de l'exercer, quels sont pour vous les attraits de la profession de gendarme (le travail d'équipe, la cohésion, le goût de l'action, le cadre hiérarchique et l'uniforme, les missions, le sens du service public...) ;
- de même, montrez au jury que vous connaissez la gendarmerie, que vous avez rencontré des gendarmes et parlé avec eux, que vous vous êtes rendu dans une gendarmerie... ;
- éventuellement, vous pouvez préciser quel déroulement de carrière vous envisagez au sein de la gendarmerie (franchissement de grade, qualification d'officier de police judiciaire, spécialité...).

Par la suite, vous pouvez très bien évoquer votre passion pour telle ou telle chose, votre éventuel engagement associatif, vos activités sportives... Ici, vous pourrez vous démarquer des autres candidats (n'oubliez pas que vous passez un concours) et donner l'envie de reparler par la suite de ces points-là avec vous.

Enfin, terminez par une conclusion ou une phrase qui permette de comprendre que vous avez fini votre présentation.

B. Les questions posées

Après votre présentation, pendant 3 à 5 minutes, le chargé de recrutement vous posera un certain nombre de questions. N'abordez pas cette partie de façon stressée : ce n'est pas un interrogatoire. Au contraire, voyez plutôt ces questions comme une façon d'entamer un dialogue avec la personne qui sera en face de vous.

À l'occasion de ces questions, votre interlocuteur cherchera à mieux vous connaître, à cerner vos motivations, la cohérence de vos choix et votre aptitude à exercer le métier de gendarme.

Dans vos réponses :

- soyez, à nouveau, franc (inutile de dire que vous faites quatre heures de sport par jour si vous êtes un sportif du dimanche) et naturel (ne soyez ni trop sérieux, ni trop intimidé) ;
- ne vous laissez pas déstabiliser par des questions qui vous sembleraient trop abruptes : répondez de manière posée et nuancée ;
- montrez que vous connaissez bien le métier de gendarme et le cadre d'emploi (vie en caserne, discipline, hiérarchie, organisation, statut, contraintes, obligations professionnelles, missions...) ;
- ne répondez pas uniquement par « oui » ou par « non ». N'oubliez pas que chaque réponse doit être l'occasion de valoriser votre candidature ;
- prenez le temps de réfléchir à ce que vous allez dire, surtout lorsque l'on vous demande votre opinion personnelle.

C. Comment réussir l'épreuve d'entretien

De manière synthétique, il est possible de considérer qu'un candidat a réussi son entretien s'il :

- a fait une bonne impression sur sa présentation générale (tenue, posture physique, absence de trac) ;
- a pu démontrer des qualités personnelles en adéquation avec celles attendues chez un gendarme ;
- a prouvé que son choix d'une carrière en gendarmerie est bien réfléchi ;
- a retenu l'attention du chargé de recrutement (n'oubliez pas qu'il fait passer des entretiens toute la journée, et souvent plusieurs jours d'affilée, il importe donc de captiver son attention et de se démarquer positivement des autres candidats).

MÉTHODOLOGIE ET CONSEILS

L'épreuve d'entretien est importante dans la mesure où, en raison de sa nature éliminatoire, elle va véritablement déterminer si oui ou non vous allez pouvoir intégrer la gendarmerie. Il est donc essentiel de bien s'y préparer avant le concours, afin de faire la meilleure impression possible et de pouvoir mettre vos qualités en avant.

1 Se préparer à se présenter

Pour vous préparer à vous présenter, vous devrez au préalable rédiger votre CV (le CV fera partie des documents demandés par le chargé de recrutement) : état civil, formation (études, diplômes, qualifications), expériences professionnelles, loisirs et engagements éventuels (association…). En face de vos formations, expériences professionnelles et engagements personnels, essayez de décrire en quelques mots ce que cela vous a apporté de positif. Cet exercice vous permettra de structurer la première partie de votre présentation.

Concernant la seconde partie de votre présentation (évocation de vos motivations pour devenir gendarme), vous pouvez vous préparer de la façon suivante :

- retracez en quelques lignes les raisons principales de votre candidature ;
- ces éléments doivent vous aider à bâtir l'architecture générale de votre propos, mais en aucun cas il ne faut apprendre par cœur un discours. Gardez donc à l'esprit uniquement les « grandes lignes » ;
- dans votre parcours, vos formations ou vos expériences, essayez de voir ce qui peut vous valoriser et faire la différence avec d'autres candidats, tout en étant bien conscient qu'il vous faut rester modeste et pondéré ;
- restez toujours positif au cours de votre présentation.

Votre conclusion doit, elle aussi, être préparée, mais uniquement dans son « canevas » (n'apprenez pas votre présentation par cœur : vous devrez être naturel au cours de l'entretien).

Vous pouvez également vous entraîner en étant filmé par un proche :

- faites-vous filmer en train de vous présenter : regardez le temps passé (il ne doit pas être supérieur à quatre minutes, ni inférieur à une minute) et jugez par vous-même votre prestation ;
- visionnez-vous une seconde fois, mais en coupant le son afin de pouvoir bien vous rendre compte de votre posture physique au cours de votre présentation (votre regard doit se porter en direction du chargé de recrutement, vos mains doivent se situer au-dessus de la table mais ne pas bouger exagérément, vous devez garder les genoux serrés…) ;
- si vous en ressentez le besoin, faites filmer à plusieurs reprises votre présentation, mais ne récitez jamais un discours préparé à l'avance.

A. Établir son CV

Le fait d'établir votre CV permet notamment de faire le point sur votre parcours et de faire en sorte de pouvoir le valoriser au maximum devant le jury dans le cadre de votre présentation personnelle.

Ce CV doit vous aider à vous démarquer positivement des autres candidats en faisant valoir la maturité de votre choix de devenir gendarme adjoint volontaire et vos qualités personnelles.

Ce CV pourra notamment servir de fil conducteur à votre entretien avec le jury et permettra également de donner un premier aperçu positif de votre candidature.

1. Préparer les éléments de fond du CV

Afin de vous préparer à la rédaction de votre CV, nous vous invitons à réfléchir au préalable à vos motivations pour devenir gendarme adjoint volontaire et à ce que vous estimez pouvoir apporter à la Gendarmerie nationale.

Vous pouvez structurer ces éléments en plusieurs parties distinctes : qualités personnelles et compétences acquises, sérieux de la motivation. Ainsi, vous rendrez plus cohérent votre CV et celui-ci sera de nature à valoriser votre candidature aux yeux du jury.

De manière non exhaustive, on peut évoquer quelques éléments qui peuvent ainsi structurer votre CV.

- **Compétences acquises lors du parcours scolaire et extrascolaire :** vos études, vos rencontres, vos lectures, vos loisirs, vos centres d'intérêt ou vos expériences personnelles vous ont certainement fait acquérir des compétences et aptitudes qui peuvent être utiles à un gendarme. En faisant votre propre bilan de compétences et aptitudes personnelles, voyez large : pensez aux langues étrangères, au droit, à l'informatique, aux sports de combat, au sens de l'observation, à l'endurance physique, aux premiers secours, à la capacité rédactionnelle, à l'esprit de synthèse, à la volonté d'apprendre toujours davantage de choses dans l'exercice d'un métier, à l'aptitude à exercer des responsabilités ou à encadrer des jeunes, à l'esprit d'équipe, au sens du contact avec le public…

- **Qualités personnelles :** tout en vous montrant modeste et pondéré, il est toujours utile de faire part des qualités qui peuvent être reconnues par votre entourage. Ces qualités proviennent de votre parcours personnel et de vos traits de personnalité. Les qualités essentielles pour devenir gendarme sont notamment le sérieux (être digne de confiance), l'honnêteté, la capacité de travailler en équipe, la discipline, l'aptitude à l'engagement physique, la rigueur professionnelle, la capacité à mener une mission jusqu'au bout, le sens du devoir, la capacité à servir de manière désintéressée la collectivité…

- **Motivations :** volonté ancienne et solide de devenir gendarme (n'oubliez pas que la suite normale de votre engagement de gendarme adjoint volontaire est de réussir le concours interne de sous-officier de gendarmerie et de faire une carrière longue dans l'institution), exemples familiaux ou amicaux de gendarmes (sans tomber non plus dans le mimétisme : ces exemples vous ont éclairé sur l'intérêt d'une carrière dans la Gendarmerie nationale, mais vous n'êtes pas ici pour reproduire tel ou tel modèle), connaissance de la Gendarmerie nationale (faites notamment état des démarches entreprises pour vous renseigner sur la gendarmerie et le métier de gendarme adjoint volontaire, montrez également votre perception des nombreuses missions de l'institution), volonté de servir son pays dans un contexte de menace terroriste, adhésion aux valeurs militaires, sens du devoir et du service à la Nation, souhait de travailler en équipe sur le terrain…

Dans le cadre de cette préparation de votre présentation, nous vous recommandons très vivement de ne pas inclure d'éléments fantaisistes (expériences ou diplômes imaginaires…) ou excessifs (motivation affichée sans aucun sens de la mesure, qualités hors du commun…). En effet, cela produirait un effet désastreux sur le jury.

De plus, lors de l'entretien, vous risqueriez fort de faire les frais d'une présentation mensongère ou trop immodeste.

De même, puisque votre présentation sera utilisée pour guider une partie de votre entretien, attendez-vous à être interrogé sur tel ou tel élément (études, expériences professionnelles et personnelles, motivation exprimée…). Cette présentation vous offre ainsi une chance de tourner à votre avantage une partie de l'entretien avec le jury en exprimant de manière positive votre parcours et les motivations de votre candidature.

2. Rédiger son CV

Une fois que vous aurez préalablement établi les différents éléments de fond de votre CV (compétences acquises, qualités personnelles et motivation personnelle), il faudra mettre en forme votre CV détaillé.

Pour la mise en forme de votre CV détaillé, nous vous adressons les recommandations suivantes :

a Présentation

Le CV détaillé sera imprimé après rédaction sur l'ordinateur. Présentez-le de manière lisible et aérée (faites des paragraphes et sautez des lignes entre chaque paragraphe). Plus le CV sera lisible, plus il sera lu avec intérêt par le jury.

Les polices de caractères « Times New Roman », « Garamond » ou « Cambria » sont agréables à lire et correspondent aux standards d'un CV. Il est bien entendu possible d'opter pour une autre police de caractères, mais évitez les polices fantaisistes.

Les corps 12 pour le texte et 14 pour les titres sont recommandés.

Sur le plan de la longueur, une page doit suffire.

b Formalisme du CV

Nous vous recommandons le formalisme suivant :

- Identité et adresse du candidat
- Date et lieu de naissance
- État civil

1. Phase de parcours scolaire et extrascolaire du candidat

- **Diplômes éventuels** : mentionnez vos diplômes dans l'ordre chronologique de leur obtention.
- **Parcours professionnel** : indiquez vos différents emplois, y compris les petits boulots d'été.
- **Loisirs** : portez à l'attention du jury vos loisirs principaux, vos éventuels engagements associatifs…

2. Qualités personnelles et compétences acquises

Ces deux éléments vous permettront de valoriser votre candidature. Montrez-vous modeste et synthétique, tout en étant ferme et précis dans ce que vous avancez.

Étayez les deux ou trois qualités évoquées par des exemples ou des arguments (exemples : « Plusieurs années de judo pratiqué en compétition m'ont permis d'acquérir une certaine maîtrise de moi et un goût de l'engagement physique » ; « Mes proches reconnaissent mon sens du sérieux et du travail bien fait » ; « En étant surveillant dans un collège, j'ai appris à dialoguer avec les jeunes, et j'ai été heureux de me voir confier des responsabilités »...).

Pensez aux qualités morales, physiques et intellectuelles qui sont en adéquation avec votre personnalité et qui peuvent correspondre à un emploi dans la Gendarmerie nationale. Ne cherchez pas à coller à un hypothétique profil type ou idéal d'un gendarme : il n'y en a pas.

Soyez vous-même, mais restez toujours dans une démarche positive et dynamique de présentation de votre candidature.

3. Description des motivations personnelles

- **Présentation de vos motivations personnelles pour devenir gendarme adjoint volontaire** : plutôt que de reprendre des formules types qui émailleront les présentations de la plupart des candidats, rédigez vous-même l'expression de vos motivations. Souvenez-vous de la naissance de votre vocation de gendarme et cherchez ce qui vous attire dans ce métier (exemples : goût de l'action, volonté de travailler en équipe, envie de travailler sur le terrain et au service des concitoyens, variété des missions, sentiment patriotique, défense de la France et de ses habitants face aux nouvelles menaces terroristes...). Remettez en forme ces différents éléments en quelques phrases distinctes et succinctes, en les articulant entre elles.
- **Commencez par évoquer la genèse de vos motivations.** Exemples : « J'ai voulu devenir gendarme après avoir rencontré un sous-officier de gendarmerie qui m'a expliqué ses nombreuses missions... » ; « À la recherche d'un métier d'action au service de mes concitoyens, j'ai choisi de devenir gendarme... » ; « À la suite des derniers attentats, j'ai voulu servir directement mon pays... ».
- Par la suite, décrivez en deux ou trois phrases **ce qui vous attire dans le métier de gendarme adjoint volontaire.** Exemples : diversité des missions, absence de routine, esprit de corps, progression de carrière, sens du service public, travail en équipe... ; « Je veux exercer un métier qui ne connaisse pas de routine quotidienne et qui me permette de contribuer à la sécurité de mon pays... » ; « Je désire travailler sur le terrain à la sécurité de mes concitoyens... ».

C Relecture du CV

Une fois que vous avez rédigé votre CV en respectant cette architecture, soumettez-le à la lecture critique de vos proches et essayez de l'améliorer.

Relisez-le vous-même après ne plus y avoir touché pas pendant plusieurs jours. Puis tâchez d'y apporter sur le fond et la forme quelques corrections afin de chercher toujours à vous démarquer positivement des autres candidats.

B. Bâtir sa présentation personnelle à partir du CV

En rédigeant en amont un CV reprenant votre parcours et vos motivations, vous serez à même de bâtir votre présentation devant le jury.

L'architecture générale de votre présentation sera la suivante.

- **Présentation personnelle :** prénom, nom, âge, situation de famille, endroit où vous vivez actuellement et activité éventuelle (études, travail...).
- **Présentation de votre parcours scolaire.**
- **Présentation de votre parcours professionnel**, même s'il ne s'agit potentiellement que de stages au cours de vos études ou d'emplois saisonniers au cours de vos vacances.

Bien qu'il s'agisse souvent d'univers très éloignés de la Gendarmerie nationale, vous pouvez toujours dégager des compétences transversales qui valoriseront votre candidature : travail en équipe, travail physique, polyvalence, rigueur, capacité d'adaptation, travail en horaires décalés impliquant une grande disponibilité, sens de l'autorité, contact avec le public, sens des responsabilités…

- **Présentation éventuelle de vos expériences extraprofessionnelles** (sport, engagement associatif, bénévolat…), en essayant à nouveau de valoriser des compétences transversales.
- **Motivations pour servir dans la Gendarmerie nationale** en tant que gendarme adjoint volontaire : patriotisme, volonté de servir et protéger son pays, variété des missions, travail en équipe, goût de l'action, engagement sur le terrain, projet professionnel en gendarmerie…

10 CONSEILS À SUIVRE

- Bien réfléchir à son parcours personnel : études, expériences personnelles, emplois même très courts et ponctuels...
- S'efforcer de dégager des points positifs de ce parcours personnel, notamment sur le plan du caractère et des compétences acquises.
- Prendre le temps de faire au préalable un CV classique (sans éléments de motivation).
- Préparer pendant au moins deux semaines ses éléments de motivation.
- Se renseigner sur la Gendarmerie nationale et les missions d'un gendarme adjoint volontaire.
- Faire relire son CV et sa présentation par des proches.
- Accepter la critique de ses proches sur son CV et sa présentation.
- Revoir sur la base de la critique de ses proches son CV et sa présentation.
- Laisser passer quelques jours entre deux versions de son CV et de sa présentation pour le regarder sous un œil neuf.
- Une fois qu'une version finale paraît satisfaisante dans son architecture et ses idées-forces, ne plus y toucher.

10 ERREURS À NE PAS COMMETTRE

- Chercher à tout prix à avoir un modèle parfait de CV et de présentation.
- Ne pas avoir dans son CV et sa présentation d'architecture générale, ni d'idées-forces.
- Utiliser une présentation fantaisiste.
- Ne pas relire son CV et sa présentation.
- Rédiger un CV détaillé trop court ou trop long.
- Employer des expressions familières ou argotiques.
- Laisser des fautes d'orthographe ou de grammaire dans son CV détaillé.
- Communiquer un CV mal présenté (sans paragraphes, police de caractères trop petite...).
- Ne pas évoquer clairement pourquoi l'on souhaite devenir gendarme adjoint volontaire.
- Chercher à tout prix à plaire au jury en racontant des choses qui ne sont pas exactes sur soi ou son parcours.

2 Se préparer aux questions posées

Avant d'aborder la préparation des questions, vous devez être bien conscient que le chargé de recrutement n'est pas là pour vous piéger. Ses questions ont pour seul but de mieux vous connaître, de comprendre la cohérence de votre démarche et de déterminer si vous présentez les qualités requises pour devenir gendarme. Pour autant, afin de déterminer la sincérité de votre démarche et de vos propos, il est possible que l'on vous pose la même question à dix minutes d'intervalle, mais formulée différemment. Si vous n'avez pas été franc et naturel, cela se détectera immédiatement et vous pénalisera lourdement.

En répondant aux questions posées, vous devrez vous attacher à valoriser votre candidature. Vous démontrerez vos qualités physiques, morales et intellectuelles, en rapport avec le métier de gendarme. Vous devrez également prouver que vous connaissez la gendarmerie : vous ne vous présentez pas à ce concours par hasard.

Dans ce manuel, vous trouverez par la suite une liste de questions susceptibles de vous être posées le jour du concours. Vous pouvez donc également vous entraîner à y répondre, tout en étant filmé par un proche.

Pour vous préparer aux questions pouvant être posées, il est également important de :
• vous tenir informé de l'actualité (prenez l'habitude de lire tous les jours le journal et également un hebdomadaire d'information) ;
• connaître les gendarmes et leur environnement professionnel (organisation, carrière, contraintes...) : cherchez à discuter avec des gendarmes, lisez attentivement l'introduction de ce manuel, consultez le site Internet www.gendarmerie.interieur.gouv.fr.

3 Renforcer sa culture générale

Outre les qualités requises pour l'exercice du métier, le jury de l'épreuve orale s'attache à évaluer la culture générale du candidat. La culture générale est entendue ici comme les connaissances sur les institutions publiques françaises, mais aussi tous les éléments pouvant constituer le patrimoine culturel français et européen. Bien entendu, l'évaluation de la culture générale du candidat au cours des échanges avec le jury ne sera pas une suite de questions de connaissances, mais plutôt un bilan de sa curiosité intellectuelle.

Selon vos goûts, il vous appartient de vous montrer curieux et de vous intéresser à tout : l'art, l'histoire, la littérature, l'artisanat, la gastronomie, les monuments, la variété des paysages urbains et naturels... Tous ces éléments sont ceux qui ont façonné nos régions, notre pays et notre continent au cours des siècles. Chacun peut ainsi être touché par ce qui demeure notre héritage, selon sa propre sensibilité.

De manière concrète, il est nécessaire de délaisser les écrans et les réseaux sociaux pour se recentrer sur la lecture et les visites de sites ou de musées. Même si vous avez peu de connaissances ou d'intérêt pour l'histoire de France, vous pouvez débuter par un ouvrage simple de vulgarisation générale. De même, toutes les régions françaises ont été marquées par des épisodes particuliers de notre histoire (guerres, activité économique centrée sur un domaine particulier, christianisation, personnage emblématique…) dont vous pourrez trouver des traces dans les musées, les monuments, les centres-villes anciens ou les églises.

La littérature française a également parfois souffert chez les jeunes de mauvais souvenirs scolaires. Si c'est le cas, considérez cela comme un rendez-vous manqué et donnez une nouvelle chance aux auteurs classiques. Une anthologie de poésie française, un roman de Balzac ou une pièce de théâtre méritent d'être redécouverts.

D'une manière générale, la lecture est indispensable pour apprendre, pour se former intellectuellement, pour s'approprier et apprendre à utiliser au mieux la langue française, qui tend à s'appauvrir.

4 Développer son esprit critique

Il arrive également fréquemment que le jury interroge les candidats sur leur connaissance de l'actualité et quant à leur opinion personnelle sur des faits d'actualité.

Un travail de veille sur l'actualité est donc nécessaire. Il doit être réalisé de plusieurs manières : lecture de la presse quotidienne (*Le Figaro*, *Le Monde*, presse quotidienne régionale…) et des magazines (*Le Point*, *Marianne*, *Le Monde diplomatique*…), écoute de la radio et des chaînes d'information continue (LCI, Cnews…).

Les informations reçues dans le cadre de ce travail de veille sur l'actualité doivent être considérées avec un esprit critique, qu'il vous appartiendra de cultiver le plus possible. L'esprit critique désigne tout simplement la capacité à se forger sa propre opinion et être en capacité de la défendre.

Pour cela, il est nécessaire de varier les sources d'information, de consulter également des médias alternatifs aux médias de masse qui appartiennent tous ou presque à de grands groupes financiers, de chercher systématiquement les différents aspects d'un sujet et de ne pas céder à la dictature de l'émotion. Ainsi seulement, vous pourrez prendre du recul et vous extraire de partis pris idéologiques.

Cet exercice vous permettra d'apparaître aux yeux du jury comme un candidat curieux, réfléchi et rationnel, ce qui est l'un des attendus du concours.

5 Conseils pour le jour de l'épreuve d'entretien

A. Conseils concernant votre tenue

Présentez vous devant le chargé de recrutement avec une tenue sobre :

- pour les hommes, soyez rasé de frais et bien coiffé (court, mais sans excès) ;
- pas de bijoux pour les hommes (sauf montre ou alliance), pas d'excès pour les jeunes femmes ;
- pour les hommes, le mieux est de porter une veste et une cravate (même si ce n'est en rien obligatoire) ;

- pour les femmes, une tenue correcte, type tailleur, est recommandée ;
- si votre tenue pour l'oral est neuve, essayez de la porter quelques jours avant pour vous y habituer ;
- si vous avez des tatouages ou des « piercings », faites en sorte que votre tenue ne les laisse pas apparaître.

B. Conseils concernant votre attitude

Quand vous entrez dans la salle, saluez (Bonjour, ...) en le regardant.

Ne vous asseyez que quand on vous le propose.

Lors de votre présentation, ne regardez jamais votre montre (ni à aucun autre moment de l'oral).

Quand vous vous exprimez, regardez qui est en face de vous.

Tenez-vous droit sur le dossier de votre chaise.

Conservez les mains au-dessus de la table, mais ne les agitez pas trop.

Tenez vos jambes droites.

C. Conseils pour gérer votre stress

L'épreuve d'entretien est importante, il est donc normal qu'elle intimide ou impressionne de nombreux candidats. En revanche, elle ne doit pas vous faire perdre tous vos moyens.

Le chargé de recrutement qui est en face de vous est un professionnel qui doit évaluer votre candidature. Il n'a aucun *a priori* négatif sur vous et n'est pas là pour vous piéger.

La respiration est importante : respirez bien profondément, parlez de manière calme et fluide afin de vous ménager des moments de respiration.

Si vous ressentez du stress au cours de l'entretien, essayez d'en cacher le plus possible les manifestations : tâchez de maîtriser votre voix, ne tapotez pas vos pieds, n'essuyez pas vos mains moites sur votre pantalon

D. Conseils concernant vos propos

Ne parlez pas trop vite, gardez un débit de voix calme et pondéré.

Faites attention à ne pas vous répéter.

Ne coupez pas la parole lorsqu'il s'exprime ou vous interroge (même si vous connaissez ou pressentez la réponse à donner, attendez que l'on vous ait effectivement posé la question).

Répondez de manière ouverte et développée aux questions posées. Ne vous contentez pas de « oui » ou « non » : l'épreuve d'entretien doit permettre de nouer un véritable dialogue.

Si vous ne savez pas répondre à une question, n'hésitez pas à répondre « Je ne sais pas ».

Parlez suffisamment fort pour que l'on puisse bien vous entendre.

Prenez le temps de réfléchir avant de répondre aux questions.

Dans votre propos, restez toujours positif et nuancé.

Lors de votre présentation et dans vos réponses, essayez de valoriser votre candidature, tout en restant modeste.

TOUT LE COURS

PRÉSENTATION DE LA GENDARMERIE NATIONALE

Cette présentation de la Gendarmerie nationale vous permettra de mieux connaître le corps dans lequel vous souhaitez servir. Ces informations vous seront utiles notamment dans la perspective de l'épreuve d'entretien avec le jury.

1 Quelle est l'histoire de la gendarmerie ?

Au Moyen Âge, il existait déjà en France différents corps de militaires responsables de l'ordre public. Succédant aux sergents d'armes, la maréchaussée est chargée par le roi François Ier en 1536 de lutter contre les « crimes de grand chemin ». Organisée selon un maillage territorial, la maréchaussée est l'ancêtre de la Gendarmerie nationale actuelle.

A. La Révolution et l'Empire

L'article premier de la loi du 16 février 1791 déclare : « La maréchaussée portera désormais le nom de la Gendarmerie nationale. » Officiellement intégrée à l'armée, la gendarmerie perd les quelques missions de justice qu'elle assurait jusqu'alors.

Son rôle est clairement défini par la loi du 28 germinal an VI (17 avril 1798) : « Le corps de la Gendarmerie nationale est une force instituée pour assurer dans l'intérieur de la République le maintien de l'ordre et l'exécution des lois. » Cette définition rend parfaitement compte du double aspect de ses missions : police administrative (prévention des troubles) d'une part, et police judiciaire (répression des crimes et délits) d'autre part.

Sous le Consulat et l'Empire, Napoléon renforce de façon importante la Gendarmerie, notamment pour mieux contrôler l'ordre public dans les provinces, mais également au cours des campagnes militaires.

B. Les XIXe et XXe siècles

Sous la Restauration, entre 1815 et 1848, la gendarmerie tombe quelque peu en disgrâce aux yeux du pouvoir royal. Napoléon III et la IIIe République revalorisent son rôle et augmentent ses effectifs. En 1849, la garde municipale de Paris devient la garde républicaine.

Durant la IIIe République, la Gendarmerie nationale s'organise peu à peu. La situation sociale et politique fait ressentir aux gouvernants le besoin d'une force efficace de maintien de l'ordre, ce qui conduit à la création des pelotons mobiles de gendarmerie. En 1954, ils deviendront les escadrons de gendarmerie mobile.

Au cours des deux guerres mondiales et des conflits coloniaux, la gendarmerie poursuit ses missions de justice aux armées (la prévôté), et de lutte contre les déserteurs et insoumis.

Après la Seconde Guerre mondiale, la Gendarmerie nationale devient véritablement autonome au sein du ministère de la Défense. La féminisation des effectifs et le développement de l'investigation (brigades de recherche) sont deux facteurs importants de modernisation. Ses missions se diversifiant largement, la Gendarmerie nationale est amenée à créer en son sein des services spécialisés (gendarmerie maritime, gendarmerie des transports aériens...). Pour autant, la grande majorité des effectifs et des missions se trouve concentrée dans la gendarmerie départementale (les brigades territoriales) et la gendarmerie mobile (maintien de l'ordre).

C. La période actuelle

Depuis 2002, les forces de gendarmerie sont rattachées au ministère de l'Intérieur pour ce qui concerne l'accomplissement de leurs missions de sécurité intérieure. En 2009, la Direction générale de la Gendarmerie nationale quitte le ministère de la Défense pour rejoindre celui de l'Intérieur. Le rapprochement avec la Police nationale est alors pleinement effectif, même si les gendarmes continuent de relever d'un statut militaire, auquel ils sont fort attachés.

2 Quelles sont ses missions actuelles ?

La Gendarmerie nationale se définit comme « une force militaire instituée pour veiller à la sûreté publique (elle garantit la protection des personnes et des biens, renseigne, alerte et porte secours), assurer le maintien de l'ordre public et l'exécution des lois. Par ailleurs, elle participe à la défense de la nation et à la protection des institutions » (source : ministère de l'Intérieur).

A. La police judiciaire

La police judiciaire consiste à rechercher les infractions à la loi pénale, à les constater, à en rassembler les preuves et en rechercher les auteurs. Elle est exercée sous le contrôle des magistrats, dont le procureur de la République et le juge d'instruction en cas de commission rogatoire. Mobilisant 40 % de l'activité quotidienne de la Gendarmerie nationale, la police judiciaire implique aussi bien ses unités territoriales que ses services spécialisés (IRCGN, départements cybercriminalité, etc.).

B. La police administrative

La police administrative vise à prévenir les troubles à l'ordre public. Elle présente donc un aspect essentiellement préventif et recouvre un très large domaine : police rurale, police de la route, renseignement, police sanitaire des personnes et des animaux, police de l'environnement, police des étrangers, professions réglementées, législation sur les débits de boissons, populations non sédentaires, etc.

C. La sécurité routière

La Gendarmerie nationale est compétente sur plus de 800 000 kilomètres de voie (routes, autoroutes). Elle s'emploie à surveiller le réseau, à prévenir et réprimer les comportements accidentogènes, ainsi qu'à porter assistance et secours aux personnes en difficulté.

D. Le secours

Chaque année, les gendarmes effectuent de nombreuses missions de secours. Les milieux montagneux, souterrains, maritimes et fluviaux sont les domaines d'intervention pour lesquels la gendarmerie est spécialisée.

E. La lutte contre l'immigration irrégulière

À l'instar de la Police nationale, la Gendarmerie nationale est fortement impliquée dans la lutte contre l'immigration irrégulière, tant en métropole qu'en outre-mer.

F. L'ordre public et la sécurité générale

Grâce à la gendarmerie mobile, la Gendarmerie nationale dispose d'une force de réserve générale à même d'agir sur tout le territoire national afin de renforcer l'action des services locaux chaque fois que cela s'avère nécessaire.

Ces missions de renfort peuvent être très diverses : protection d'édifices sensibles, sécurisation de rencontres sportives, escortes sensibles, maintien de l'ordre dans des quartiers sensibles, engagement lors d'opérations extérieures...

G. Les missions de défense

Plusieurs unités de la gendarmerie sont investies de missions de défense qu'il s'agisse de lutter contre le terrorisme (GIGN, UCLAT), ou de protéger nos infrastructures militaires et de défense (escadron de l'Île Longue ou unités maritimes, des GAV peuvent être concernés par ces missions). De même, la gendarmerie intervient régulièrement au côté de l'armée lors d'opérations extérieures où elle est notamment chargée de la prévôté (la police militaire) et d'une partie de la justice militaire des soldats français sur le théâtre d'opérations.

3 Comment la Gendarmerie nationale est-elle organisée ?

Comme la Police nationale, la gendarmerie est chargée de la protection des personnes et des biens, ainsi que du respect de l'ordre public. Sous cette formule assez générale, on peut décliner de multiples missions différentes. Cette variété de missions a conduit à la création de structures spécialisées au sein de la Gendarmerie nationale.

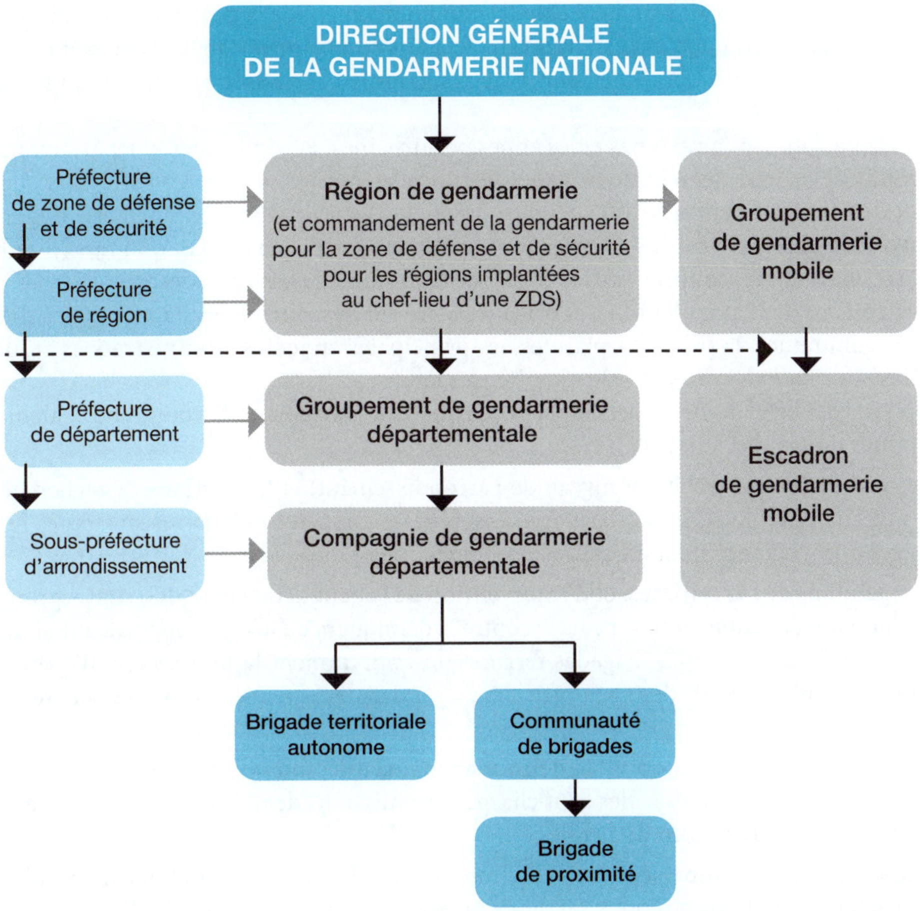

Source : *DGGN.*

Sur le plan de la répartition des compétences, la Police nationale sera responsable de la sécurité publique pour les villes de plus de 10 000 habitants. Dans les campagnes et les zones périurbaines, ce sera la Gendarmerie nationale. Au total, la Gendarmerie nationale comprend environ 99 000 personnels (96 000 militaires et environ 3 000 personnels civils).

La Gendarmerie nationale est compétente sur 95 % du territoire français, au profit de 50 % de la population. Schématiquement, la Police nationale est saisie des trois quarts des crimes et délits commis en France, la Gendarmerie nationale du quart restant.

A. Comment s'articule la gendarmerie départementale ?

La chaîne de commandement territorial de la gendarmerie s'articule en 13 régions de gendarmerie, qui correspondent au découpage de la France métropolitaine en 13 régions administratives. Chaque commandant de région exerce son autorité sur l'ensemble des unités territoriales de sa région et est directement subordonné au directeur général de la Gendarmerie nationale.

Au niveau du département, l'échelon de commandement de la gendarmerie est le groupement. Chaque groupement est divisé en plusieurs compagnies. On trouve généralement une compagnie par arrondissement. Une compagnie est divisée en plusieurs brigades territoriales.

Présente dans les campagnes et les zones périurbaines, la gendarmerie départementale se compose principalement de brigades territoriales présentes dans les différents chefs-lieux de canton. Environ 67 000 gendarmes sont affectés dans la gendarmerie départementale. Il existe environ 3 100 brigades sur tout le territoire national, un grand nombre d'entre elles sont regroupées sous la forme de communautés de brigades.

Au contact de la population, ces brigades assurent la sécurité des habitants des différentes communes, la prise des plaintes, les principales enquêtes administratives et judiciaires, ainsi que des missions de sécurité routière.

En plus des brigades territoriales, la gendarmerie départementale comprend également certaines unités spécialisées :

- les **unités de recherche** (au niveau de l'arrondissement) et les sections de recherche (au niveau des régions de gendarmerie) assurent les enquêtes judiciaires sur toutes les affaires d'importance dont est saisie la gendarmerie ;
- les **pelotons de surveillance et d'intervention de la gendarmerie** (PSIG) sont regroupés au niveau des compagnies. La lutte contre la délinquance est leur principale mission. Ils viennent en renfort des brigades territoriales, notamment la nuit ou lors d'événements particuliers. Seuls des sous-officiers de gendarmerie peuvent servir au sein d'un PSIG ;
- les **brigades de répression de la délinquance juvénile**, intervenant en priorité dans les zones les plus sensibles : elles sont chargées de missions de dissuasion et de prévention auprès des mineurs en difficulté ;
- plusieurs **unités motorisées** (brigades motorisées, pelotons autoroutiers et brigades rapides d'intervention) ont pour missions principales le respect du Code de la route et la sécurité routière ;
- des **unités de montagne** : les pelotons de gendarmerie de haute montagne (PGHM) et les pelotons de gendarmerie de montagne sont principalement chargés du secours en montagne ;
- des **sections aériennes** équipées d'hélicoptères.

B. Et la gendarmerie mobile ?

Comme leurs homologues des compagnies républicaines de sécurité, les gendarmes mobiles sont investis principalement de missions de maintien de l'ordre (appelé aussi « MO »). Environ 17 000 gendarmes sont regroupés au sein de la gendarmerie mobile.

Sur le plan de son organisation interne, la gendarmerie mobile est principalement composée de :

- **109 escadrons** employant chacun environ 120 gendarmes. Chaque escadron est commandé par un capitaine et comprend 5 pelotons ;
- un **groupement blindé** situé au camp de Satory (Yvelines), qui comprend principalement 7 escadrons équipés de véhicules blindés (VBRG) ;

- un **Sous-Groupement Opérationnel NRBC** (nucléaire, radiologique, bactériologique et chimique) est susceptible d'être projetée de manière autonome ou en soutien. Elle est également chargée de missions de formation.

Les gendarmes mobiles sont chargés essentiellement du maintien de l'ordre lors de manifestations ou de phénomènes de violences urbaines, mais ils peuvent aussi assurer des missions de sécurisation. Il faut également préciser que les gendarmes mobiles peuvent être employés en outre-mer et à l'étranger (missions ponctuelles dites « Opex », qui est le diminutif d'« opération extérieure »).

C. Quels sont les services spécialisés de la Gendarmerie nationale ?

Plusieurs services de gendarmerie ont des attributions bien spécifiques. Parmi les principaux services, il faut citer :

- la **gendarmerie maritime**. Elle assure des missions de surveillance du littoral, de sauvegarde et de police maritime, de police judiciaire, ainsi que de protection des équipements de la Marine nationale. La gendarmerie maritime est plus particulièrement compétente dans les ports militaires, les arsenaux, les établissements et les bases de la Marine nationale ;
- la **gendarmerie de l'air**. Elle est chargée de la sûreté, de la sécurité et de la police à l'intérieur des bases de l'armée de l'air et de leurs abords immédiats. Elle est saisie des enquêtes relatives aux accidents d'aéronefs militaires ;
- la **gendarmerie des transports aériens**. Elle est investie de missions de police aérienne et de sécurité dans les aérodromes et installations aéronautiques civiles. Elle concourt également à la sûreté et à la sécurité de l'aviation civile ;
- la **gendarmerie de l'armement**. Elle s'occupe des missions de protection industrielle et de sécurisation dans les établissements de la Direction générale de l'armement, notamment les armements nucléaires. Elle a compétence de police judiciaire dans ces mêmes lieux.

Enfin, d'autres unités spécialisées de la Gendarmerie nationale bénéficient d'une notoriété et d'un prestige importants :

- la **garde républicaine**. Elle assure des missions de sécurité et d'honneur pour les plus hautes autorités de l'État, tant dans les palais nationaux, comme l'Élysée ou Matignon, que lors de cérémonies. À Paris, certaines missions de sécurité publique sont assurées par des patrouilles équestres. Plus de 3 200 gendarmes composent la Garde républicaine (2 régiments d'infanterie, 1 de cavalerie) ;
- le **Groupe d'intervention de la Gendarmerie nationale (GIGN)**. À l'instar du RAID pour la Police nationale, le GIGN a pour vocation d'intervenir lors de situations très délicates, comme les prises d'otages ou les forcenés. Ses missions comprennent également la protection rapprochée de personnalités et l'assistance au profit d'unités judiciaires de la gendarmerie. Le GIGN participe, en outre, aux plans gouvernementaux de lutte contre le terrorisme et les pirateries aériennes et maritimes ;
- l'**Institut de recherches criminelles de la Gendarmerie nationale (IRCGN)** est basé à Pontoise, en région parisienne, et assure des missions de police scientifique et d'identification criminelle.

4 Quels sont ses effectifs ?

Il est important de préciser que les gendarmes et officiers de gendarmerie sont statutairement des militaires. Les gendarmes et gradés de gendarmerie appartiennent au corps des sous-officiers.

En raison de leur statut militaire, les gendarmes n'ont pas de droits syndicaux, ni de droit de grève. Néanmoins, ils peuvent se présenter à des élections. Ils sont également soumis à un strict devoir de réserve quant à leurs opinions et croyances personnelles.

Enfin, pour nécessité absolue de service, les gendarmes et leurs familles sont logés par la gendarmerie à proximité immédiate de leur lieu d'affectation.

A. Gendarmes adjoints et réservistes

Le corps des gendarmes adjoints volontaires a été créé en 1998. Les gendarmes adjoints volontaires, agent de police judiciaire adjoint (GAV) sont actuellement environ 13 900. Les gendarmes adjoints volontaires assurent le soutien des gendarmes sous-officiers auxquels ils sont subordonnés. Ils les secondent dans les missions dévolues à la gendarmerie, c'est-à-dire les enquêtes judiciaires, la prévention de la délinquance, l'assistance et les secours, les interventions sur les accidents, etc.

La Gendarmerie nationale, en fonction de ses besoins, peut faire également appel à des réservistes (60 000 environ). La vocation première de la réserve est le soutien aux forces territoriales de gendarmerie. Les réservistes peuvent assurer les mêmes missions que les gendarmes d'active, à l'exception des compétences spécifiques liées à l'exercice de la police judiciaire. En 2020, 25 000 hommes et femmes ont signé un engagement à servir dans la réserve de gendarmerie. L'objectif du gouvernement est de pouvoir disposer de 100 000 personnels réservistes.

B. Sous-officiers

Au nombre d'environ 70 000 (sur un total de 99 000 personnels), le corps des sous-officiers de gendarmerie comporte plusieurs grades. Par ordre croissant, ces grades sont :

- gendarme sous contrat ;
- gendarme ;
- maréchal des logis-chef : appelé « chef » ;
- adjudant ;
- adjudant-chef ;
- major.

C. Officiers

Les officiers de gendarmerie sont près de 6 700 pour les services opérationnels et environ 250 pour les corps techniques et de soutien. Ils sont formés au sein de l'École des officiers de la Gendarmerie nationale (EOGN), située à Melun. Les élèves de l'EOGN sont recrutés parmi les diplômés des grandes écoles militaires, par recrutement externe auprès d'étudiants titulaires de diplômes de l'enseignement supérieur de fonctionnaires de catégorie A, aux officiers des armées ou bien par recrutement interne parmi les sous-officiers de gendarmerie.

Les officiers de gendarmerie sont par ordre croissant :

- officiers subalternes : grades d'élève-officier, d'aspirant, de sous-lieutenant, de lieutenant et de capitaine : les premiers grades seront appelés « mon lieutenant » ;
- officiers supérieurs : grades de commandant (aussi appelé « chef d'escadrons »), de lieutenant-colonel et de colonel ;
- officiers généraux : grades de général de brigade, de division, de corps d'armée et d'armée.

Pour un homme, on dira « mon » suivi du grade. Pour une femme, on dira simplement le grade. À noter que le recrutement féminin pour les sous-officiers atteint 22 %.

5 Qu'est-ce que la déontologie ? et le régime disciplinaire ?

Depuis le 1er janvier 2014, il existe un Code de déontologie commun à la Police nationale et à la Gendarmerie nationale. Nous vous invitons à la consulter en suivant ce lien : http://www.police-nationale.interieur.gouv.fr/Presentation-generale/Deontologie-et-controle. La charte du gendarme et les obligations découlant du statut militaire des personnels de la Gendarmerie nationale subordonnent l'exercice des missions au strict respect de la Déclaration des droits de l'homme et du citoyen, de la Constitution, des conventions internationales et des lois de la République.

Le Code de déontologie

https://www.lienmini.fr/221497-1

À ce titre, les gendarmes doivent respecter :

- la loyauté envers les institutions de la République ;
- l'intégrité (l'honnêteté) ;
- l'impartialité ;
- l'obligation d'intervenir pour porter aide et assistance même en dehors de leur temps de service ;
- l'obligation de réserve (un gendarme ne doit en aucun cas exprimer ses opinions politiques, philosophiques ou religieuses au cours de son service et, dans une certaine mesure, également en dehors du travail) ;
- le respect du secret professionnel ;
- l'interdiction du cumul d'activités (un gendarme ne peut exercer plusieurs emplois, sauf dans quelques exceptions très limitées) ;
- l'obéissance hiérarchique (ce principe est complété par une obligation de « désobéissance » lorsque l'ordre reçu par le gendarme est manifestement illégal et de nature à compromettre gravement un intérêt public).

En cas de non-respect de ces obligations, les gendarmes encourent :

- des sanctions disciplinaires ;
- des poursuites pénales en cas d'infraction avérée.

L'action des gendarmes est contrôlée à la fois :

- en interne :
  - par la hiérarchie de la Gendarmerie nationale ;

- par des corps d'inspection et d'enquêtes internes, qui sont chargés des investigations disciplinaires et judiciaires sur les fautes susceptibles d'être reprochées aux gendarmes ;

- en externe :
  - par l'autorité judiciaire, sous l'autorité de laquelle sont du reste conduites les actions liées à l'exercice de la police judiciaire ;
  - par le défenseur des droits. Le défenseur des droits est une autorité administrative indépendante chargée notamment de veiller au respect de la déontologie par les personnes exerçant des activités de sécurité sur le territoire de la République. Toute personne peut la saisir. Le défenseur des droits remet chaque année un rapport d'activité au président de la République.

6 Notions déontologiques à maîtriser

A. Le cas des ordres illégaux

Personnellement responsables de leurs actes, les gendarmes ont le devoir de s'abstenir d'exécuter les ordres manifestement illégaux et de nature à compromettre gravement un intérêt public en faisant connaître au donneur d'ordre ou à défaut, à l'échelon hiérarchique supérieur, voire à l'autorité supérieure immédiatement joignable, les raisons de leur refus d'obéissance.

En cas de difficulté, ils ont maintenant la possibilité de solliciter un écrit confirmant l'ordre donné. Cet écrit ne leur permet cependant pas de transgresser la légalité.

Par ailleurs, cet écrit ne les exonère pas de leur responsabilité, en cas d'exécution d'un ordre manifestement illégal. Un ordre est manifestement illégal dès lors que la légalité de l'acte prescrit ne peut être objectivement soutenue. L'illégalité doit donc revêtir un caractère évident. Les gendarmes ne doivent en aucune circonstance exécuter un ordre manifestement illégal.

B. Le secret professionnel

Le secret est fondé sur le droit et le besoin d'en connaître. Les obligations liées au secret professionnel sont plus exigeantes que celles résultant de la loi pénale (secret de l'enquête et de l'instruction, secret professionnel, secret de la défense nationale).

La divulgation d'information peut porter atteinte au respect de la vie privée et nuire à la bonne marche de l'Administration et/ou des enquêtes en cours.

Il est donc interdit au gendarme de communiquer aux personnes non autorisées ou non habilitées, y compris au sein même des institutions, toute information ou tout renseignement dont il a connaissance dans le cadre de ses fonctions.

C. La probité

Les gendarmes agissent avec désintéressement. Leurs intérêts privés ne doivent pas interférer avec leurs obligations professionnelles. À cette fin, ils évitent, ou le cas échéant, ils signalent toute situation pouvant les mettre dans une position de conflit d'intérêts.

La probité s'oppose à toute forme de corruption, de vénalité, de favoritisme et de népotisme.

Cette obligation est particulièrement étendue et recouvre l'ensemble des comportements fautifs d'un agent qui a tiré ou tenté de tirer un avantage matériel de sa fonction, à l'occasion de sa fonction ou en lien avec sa fonction.

Dans cet esprit, il convient ainsi d'orienter l'usager qui souhaite faire un don vers les institutions caritatives de la gendarmerie (Maison de la Gendarmerie, par exemple).

D. Le discernement

Dans l'exercice de ses missions, le gendarme doit avant toute action procéder à une analyse de la situation et adapter son comportement en fonction de l'environnement dans lequel il intervient.

Au regard des délais qui lui sont impartis, ses réactions doivent être adaptées au contexte et il doit prendre en compte les éléments d'information dont il dispose. Dès lors que le gendarme est dans une situation où il ne dispose pas d'alternatives légales, ou du temps de réflexion nécessaire, il ne pourra se voir reprocher d'avoir manqué de discernement.

Pour autant, il doit faire preuve de bon sens et avoir l'intelligence des situations en graduant son action selon différents paramètres (danger, sécurité de soi-même ou d'autrui, prise en compte des vulnérabilités…) et en ne perdant jamais de vue la notion de service public.

Enfin, le gendarme doit appréhender chaque situation de façon différenciée afin d'éviter toute routine qui nuit souvent à la qualité du service rendu, voire à la sécurité des personnels eux-mêmes.

C'est après avoir étudié les conséquences des différentes solutions retenues que le gendarme apportera la réponse la plus adaptée à la situation.

E. L'impartialité

L'impartialité requiert l'absence de discrimination de la part des membres des forces de l'ordre. Elle est une valeur primordiale attendue par la population, en particulier dans la cadre des enquêtes judiciaires qu'il diligente. Quand un gendarme a connaissance d'un litige entre particuliers, il doit agir avec le souci de l'équité et l'aborder sans parti pris en restant neutre. Il traite chacun avec le même professionnalisme, la même attention et le même souci.

F. L'exemplarité

Le devoir d'exemplarité découle directement du statut et de la qualité du gendarme. Susceptible d'être assimilé à l'institution qu'il sert, il doit en tenir compte dans sa vie professionnelle et personnelle. En dehors du service, un gendarme ne saurait adopter un comportement ou une attitude (tenue, propos…) susceptibles d'altérer la crédibilité de son action en service et/ou de porter atteinte à l'image et la réputation de l'institution qu'il représente.

À la différence de l'atteinte à l'honneur qui suppose une certaine publicité et un impact négatif, le devoir d'exemplarité est violé par le comportement incriminé, que celui-ci ait eu ou non pour conséquence de flétrir l'image de l'institution. Ce manquement recouvre par ailleurs des actes extrêmement diversifiés dont la gravité varie. Il peut être aussi constitué par la violation d'une autre obligation.

L'usage des réseaux sociaux par un gendarme peut présenter des risques de dérives : atteinte au devoir de réserve, atteinte à la neutralité, diffamation, injures, discrimination portant de facto atteinte au renom de l'institution d'appartenance.

Il s'agit ici d'une extension du devoir de réserve à l'utilisation des médias sociaux. Elle se veut également une garantie indispensable pour la sécurité des gendarmes et de leur famille.

7 Quels sont les insignes de grades ?

Les insignes de grades de la Gendarmerie nationale sont calqués sur ceux de l'armée de terre. Il existe cependant une petite particularité : les insignes blancs sont ceux de la gendarmerie départementale. Pour la gendarmerie mobile et la garde républicaine, ils sont de couleur jaune.

Gendarme adjoint volontaire
Élève gendarme
Gendarme sous contrat
Gendarme de carrière
Maréchal des logis-chef
Adjudant
Adjudant-chef
Major
Élève officier
Aspirant
Sous-lieutenant
Lieutenant
Capitaine
Commandant
Lieutenant-colonel
Colonel
Général de brigade
Général de division
Général de corps d'armée
Général d'armée

PRÉSENTATION DES AUTRES FORCES DE SÉCURITÉ

Dans l'accomplissement de leurs missions, les gendarmes sont régulièrement amenés à travailler en complémentarité avec des effectifs de la Police nationale ou de la police municipale. La loi sur la sécurité intérieure de 2003 associe d'ailleurs ces trois composantes des forces de l'ordre d'où l'importance de connaître quelques informations sur ces sujets.

Dans de nombreuses communes, des contrats locaux de sécurité (CLS) sont mis en place afin de concerter et d'organiser l'action des forces de l'ordre avec celles d'institutions civiles (associations de prévention de la délinquance, collèges et lycées, bailleurs sociaux, municipalités, etc.).

1 La Police nationale

La Police nationale est composée d'environ 150 000 personnels actifs et administratifs. Ceux-ci se répartissent en trois corps distincts : les gardiens de la paix et gradés, les officiers et les commissaires, auxquels il faut ajouter les policiers adjoints (sous contrat).

L'article 1 du Code de déontologie de la Police nationale donne une définition simple des missions dévolues à la Police nationale : « La Police nationale concourt, sur l'ensemble du territoire, à la garantie des libertés et à la défense des institutions de la République, au maintien de la paix et de l'ordre public et à la protection des personnes et des biens. » Par la suite, les missions de la Police nationale ont été définies de manière plus précise par la loi du 21 janvier 1995. Son article 4 les énumère ainsi :

- la lutte contre les violences urbaines, la petite délinquance et l'insécurité routière ;
- le contrôle de l'immigration irrégulière et la lutte contre l'emploi des clandestins ;
- la lutte contre la drogue, la criminalité organisée et la grande délinquance économique et financière ;
- la protection du pays contre le terrorisme et les atteintes aux intérêts fondamentaux de la nation ;
- le maintien de l'ordre public.

Pour faire face à l'ensemble de ces missions, la Police nationale dispose de plusieurs directions spécialisées :

- la Direction nationale de la sécurité publique (DNSP) : les policiers de la sécurité publique sont chargés de lutter contre la petite et moyenne délinquance dans les communes de plus de 10 000 habitants (en dessous de 10 000 habitants et dans les campagnes, la gendarmerie sera compétente). Ces policiers exercent des missions d'investigation et de sécurisation de la voie publique ;

- la Direction centrale des compagnies républicaines de sécurité (DCCRS) : comme les gendarmes mobiles, les policiers des compagnies républicaines de sécurité (CRS) interviennent lors d'événements publics, d'opérations de maintien de l'ordre et de sécurisation de secteurs sensibles ;
- la Direction nationale de la police aux frontières (DNPAF) : la police aux frontières (PAF) s'occupe de la sécurisation des frontières et de la lutte contre l'immigration irrégulière ;
- la Direction nationale de la police judiciaire (DNPJ) : la police judiciaire (PJ) a pour mission la lutte contre toutes les formes de crime organisé et de grande délinquance (stupéfiants, vols à main armée, proxénétisme, infractions économiques) ;
- la Direction générale de la sécurité intérieure (DGSI) : issue de la fusion opérée entre les Renseignements généraux (RG) et la Direction de la surveillance du territoire (DST), la DGSI est investie de la lutte contre le terrorisme, l'espionnage, l'islam radical et tous les extrémismes de violences ;
- le Service de la protection (SDLP) : chargé de la protection des hautes personnalités françaises et étrangères (vivant en France ou en visite en France) ;
- la préfecture de police : pour Paris et les départements des Hauts-de-Seine, de la Seine-Saint-Denis et du Val-de-Marne, la préfecture de police (PP) est compétente. Placée sous l'autorité du préfet de police, elle assure les mêmes missions de sécurité intérieure que la Direction générale de la Police nationale dans sa compétence territoriale.

2 La police municipale et les gardes champêtres

La police municipale est placée sous l'autorité directe d'un maire et contribue à assurer les fonctions de police dont est responsable cet élu local. En effet, le maire, en France, est chargé d'importants pouvoirs de police administrative. Dans sa commune, le maire a la responsabilité d'assurer le bon ordre, la sûreté, la sécurité et la salubrité publique. Il y a environ 30 000 policiers municipaux en France.

3 Les douanes

La France compte un peu moins de 17 000 douaniers. Ceux-ci sont principalement chargés de la perception des droits et taxes dus à l'entrée des marchandises sur le territoire national, de la protection des consommateurs, de la lutte contre les trafics illicites, du contrôle des personnes aux frontières et du contrôle des contributions indirectes (taxes sur les produits pétroliers, les alcools, le tabac et la fiscalité écologique…).

QUESTIONS POSSIBLES COMMENTÉES

Vous trouverez ci-après une liste purement indicative de questions susceptibles de vous être posées lors de l'épreuve d'entretien : en aucun cas cette liste ne peut prétendre à l'exhaustivité, il ne s'agit que d'exemples. Cette liste doit simplement vous donner une indication et servir éventuellement de support à un entraînement filmé.

Soyez bien conscient qu'il n'y a pas de bonne ou de mauvaise réponse, l'essentiel est d'être sincère et naturel dans vos réponses. Les réponses et conseils donnés ici n'ont qu'une valeur purement indicative. En aucun cas ils ne doivent être considérés comme un corrigé-type de ces questions.

Le caractère « mélangé » des questions doit vous préparer à répondre à des questions n'ayant pas nécessairement de suite ou de cohérence entre elles.

Vous remarquerez que plusieurs questions sont identiques ou proches de questions posées lors des tests de personnalité.

Les candidats au recrutement de gendarme adjoint volontaire destiné à occuper un emploi particulier feront naturellement l'objet de questions liées directement à leur qualification particulière.

1 Exemples de questions personnelles

- **Appréciez-vous la solitude ?**

Il convient de répondre franchement à cette question. On peut apprécier la solitude, le retour sur soi, la méditation, le calme et le silence. Mais en souhaitant exercer un travail d'équipe, il est nécessaire de savoir s'intégrer à un tissu humain et, le cas échéant, de pouvoir abandonner, de temps à autre, une parcelle de liberté personnelle.

- **Quel est le dernier musée ou monument que vous avez visité ?**

Cette question a pour vocation principale de déterminer la curiosité intellectuelle du candidat. N'inventez pas votre réponse car vous risqueriez d'être sérieusement mis en difficulté.

- **Quelles responsabilités vous a-t-on déjà confiées ?**

En répondant à cette question, vous devez démontrer votre sens des responsabilités. Préparez cette question en repensant à vos activités professionnelles, associatives, caritatives, de scout… *A minima*, avoir eu la responsabilité des frères et sœurs plus jeunes est déjà un gage de confiance.

- **Que pensez-vous de la violence ?**

Bien entendu la violence gratuite est condamnable, qu'elle soit physique ou morale. Mais n'oubliez pas que, pour rétablir l'ordre et la sécurité, vous pourriez être conduit à employer la violence. Mais cette violence sera légitime et sera strictement encadrée par la loi.

- **Quelle musique écoutez-vous ?**

Pas de remarque particulière. Toutefois, elle peut être suivie d'une question sur le téléchargement illégal de musique et le respect du droit d'auteur.

- **Pratiquez-vous des sports de combat ?**

La pratique, même passée, d'un sport de combat est souvent considérée comme un « plus » pour le candidat. La maîtrise de soi, les capacités d'engagement physique et de discipline personnelle que procurent les sports de combat sont des qualités recherchées. Par extension, il est possible de considérer que le rugby est un sport de combat.

- **Quelle est votre situation familiale ?**

Aucune difficulté particulière mais l'impact du choix de la carrière de gendarme sur les éventuels conjoint et enfants est à considérer.

- **Quel bilan tirez-vous de vos études ?**

Quel que soit le bilan que vous en faites et quel que soit votre parcours, efforcez-vous de rester toujours positif dans votre présentation. Dans la mesure du possible, faites des liens entre vos études et la profession de gendarme (exemple : connaissances juridiques).

- **Quel est le dernier livre que vous avez lu ?**

Évitez de dire que vous ne lisez jamais, même si c'est le cas. Choisissez un livre ou deux et préparez-vous à en parler (sachez dire quelques mots sur l'auteur et sur le contenu du livre).

- **Que pensez-vous de tel fait d'actualité ?**

Soyez prêt à défendre une opinion, de manière à la fois nuancée et argumentée. Être ouvert ne signifie pas forcément renoncer à des convictions personnelles. Il est important de souligner que l'engagement de la gendarmerie face à la menace terroriste actuelle peut faire l'objet de questions lors de l'entretien. Il faut donc suivre cette actualité.

- **Qui est le maire de votre commune ?**

Vous pouvez être amené à être interrogé sur les institutions, notamment celles proches de vous (noms de vos maire et député).

- **Pratiquez-vous un sport d'équipe ?**

Un candidat sportif sera toujours avantagé par rapport à un candidat n'ayant aucune activité physique. Pour autant, ne mentez pas si vous ne faites jamais de sport.

- **Quel est le dernier film que vous ayez vu au cinéma ?**

Si vous n'allez jamais au cinéma, choisissez un film vu à la télévision ou en DVD. Sachez en parler (contenu du film, genre, réalisateur, acteurs principaux...).

- **Vous habitez rue Jean-Moulin. Qui était Jean Moulin ?**

Cette question est classique. Vous devez aussi connaître un minimum l'histoire et les caractéristiques principales de votre région (spécialités culinaires, monuments marquants, personnages historiques).

- **Quelles sont les dernières élections pour lesquelles vous avez voté ?**

Notez bien que l'on vous demande uniquement pour quelles élections vous avez voté, et non pour quel candidat... Au-delà, soyez prêt à dire quelques mots du rôle du député, du maire.

- **Citez-nous vos qualités ?**

Parlez franchement, sans être trop modeste ou trop excessif. Pour vous aider à distinguer vos qualités, demandez l'avis objectif de vos proches.

- **Quel est le défaut qui vous énerve le plus chez les autres ?**

Vous devez être capable de composer avec les autres et de travailler en équipe. Cependant, il est normal que tel ou tel défaut puisse vous irriter.

- **Quels enseignements tirez-vous de vos expériences professionnelles ?**

Quel que soit le bilan que vous en faites et quel que soit votre parcours, efforcez-vous de rester toujours positif dans votre présentation. Dans la mesure du possible, faites des liens entre votre parcours professionnel et la profession de gendarme (exemple : connaissances techniques). Si vous n'avez pas eu au préalable d'expérience professionnelle véritable, cela n'a pas d'importance particulière.

- **Avez-vous un but dans la vie ?**
  Soyez franc. Entrer dans la gendarmerie n'est pas forcément en soi un but dans la vie.
- **Possédez-vous un grand sens de l'adaptation ?**
  Soyez franc : si vous n'êtes pas vraiment capable d'adaptation, le chargé de recrutement le remarquera certainement. Le cas échéant, si vous en avez, soyez prêt à donner quelques exemples où vous avez fait preuve de sens de l'adaptation.
- **Quel fait récent d'actualité a retenu votre attention ?**
  La connaissance de l'actualité est importante pour un gendarme. Tenez-vous informé notamment des changements législatifs et institutionnels (réforme de la procédure pénale, rapprochement police-gendarmerie, etc.). Dans le choix d'un fait d'actualité, sentez-vous libre, mais sachez en parler (évolutions de la délinquance, menace terroriste) et soyez prêt à défendre votre opinion.
- **Pourquoi peut-on avoir confiance en vous ?**
  Répondre à cette question peut être délicat. Soyez prêt à citer des exemples où vous vous êtes montré digne de confiance (engagement associatif, scoutisme, responsabilités familiales).
- **Lisez-vous régulièrement un journal ou un magazine ?**
  Il est important de vous montrer curieux et d'être informé de l'actualité. Prenez l'habitude de lire un quotidien et un magazine d'actualité.
- **Que regardez-vous à la télévision ?**
  Pas de remarque particulière.
- **Selon vos proches, quels sont vos défauts ?**
  Interrogez au préalable vos proches et réfléchissez à la compatibilité de ces défauts avec un engagement en gendarmerie.
- **Vous arrive-t-il de boire de l'alcool ?**
  Répondez franchement. Le tout est de rester dans des limites raisonnables.
- **Avez-vous déjà vécu en collectivité ?**
  Les candidats ayant vécu en collectivité peuvent faire valoir cette expérience lors de l'entretien.
- **Avez-vous des activités associatives ?**
  Le sens du service est l'un des engagements forts de la Gendarmerie nationale. Si vos activités associatives sont tournées vers l'aide à autrui, faites-le savoir.
- **Comment occupez-vous vos loisirs ?**
  Pas de remarque particulière.

2 Exemples de questions professionnelles

- **Dans quelle mesure un gendarme doit-il respecter la morale ?**
  Le gendarme a pour mission essentielle de faire respecter les lois et l'ordre public. Aussi, il est normal et légitime que le gendarme soit conscient de son devoir de vivre en accord avec les valeurs de la société qu'il défend dans son travail. Dans sa vie privée, il devra s'attacher à présenter une image compatible avec ses fonctions.
- **Que pensez-vous des sanctions des infractions au Code de la route ?**
  Peut-être que l'un des moyens de faire davantage accepter la lutte contre la délinquance routière est de faire comprendre qu'en soi toute répression est aussi une prévention. En

effet, l'exemple de la sanction et sa certitude sont les meilleurs moyens de prévenir les comportements délinquants.

- **Qu'est-ce que le secret professionnel pour un gendarme ?**

Les informations couvertes par le secret professionnel ne sont pas seulement celles qui ont été confiées comme étant secrètes mais toutes celles dont le gendarme a eu connaissance à l'occasion de l'exercice de ses fonctions.

- **Qu'est-ce que la déontologie pour un gendarme ?**

La déontologie regroupe les règles morales propres à l'exercice d'une profession donnée. Son origine est légale ou réglementaire. Son absence de respect entraîne des sanctions professionnelles et, le cas échéant, judiciaires. Dans le cas des gendarmes, la déontologie se trouve contenue dans la Charte du gendarme.

- **Quelles sont les missions des gendarmes mobiles ?**

Les gendarmes mobiles sont chargés essentiellement du maintien de l'ordre lors des manifestations ou de phénomènes de violences urbaines, mais ils peuvent aussi assurer des missions de sécurisation. Il faut également préciser que les gendarmes mobiles peuvent être employés en outre-mer et à l'étranger (missions ponctuelles dites Opex, pour « opération extérieure »).

- **Quelle est selon vous la fonction du salut pour un gendarme ?**

En uniforme, le salut est une marque de respect, de politesse et de considération pour tout interlocuteur. Son exécution parfaite traduit la disponibilité et l'attention du gendarme qui l'exécute. Pour cette raison, le salut est à la fois une marque de respect due aux supérieurs et un signe de courtoisie à l'égard du public.

- **Quel sens donnez-vous au service public ?**

Restez simple et concret dans votre réponse.

- **Quels sont les principaux services de la Gendarmerie nationale ?**

La réponse à cette question se trouve dans l'introduction de ce manuel.

- **Que pensez-vous de la liberté d'expression pour un gendarme ?**

L'introduction de ce livre et des démarches personnelles de renseignement doivent vous permettre de vous construire votre opinion.

- **Comment séparez-vous votre travail et votre vie privée ?**

Donnez une réponse en fonction de votre tempérament et de votre expérience.

- **Selon vous, les gendarmes sont-ils suffisamment payés ?**

Répondez franchement, mais on n'entre pas dans la gendarmerie par attrait du gain…

- **Comment imaginez-vous vivre aux côtés de vos collègues et de leurs familles ?**

Donnez une réponse en fonction de votre tempérament et de votre expérience.

- **Que faites-vous si vous n'approuvez pas un ordre reçu ?**

Donnez une réponse que vous serez prêt à défendre.

- **Êtes-vous candidat à d'autres concours ?**

Répondez franchement.

- **Une arme est-elle toujours dangereuse ?**

Cette question implique une réflexion personnelle préalable sur l'arme et son usage. Il n'est pas exclu que le chargé de recrutement vous interroge sous la forme de « mises en situation ».

- **Que représente pour vous l'uniforme de gendarme ?**

Réfléchissez à l'avance à cette question, mais ne préparez pas une réponse toute prête que vous réciterez le jour de l'entretien.

- **Pourquoi avoir choisi la gendarmerie ?**

Toutes les motivations peuvent être légitimes. Elles dépendent des personnalités et des parcours.

- **Quelle carrière envisagez-vous au sein de la gendarmerie ?**

Il n'est pas besoin de prévoir un plan de carrière tout tracé pour répondre à cette question. Restez simple et modeste, sans oublier que l'accès aux services spécialisés (GIGN) est particulièrement exigeant. Restez conscient du fait que le statut de gendarme adjoint volontaire est précaire, puisque votre contrat durera cinq ans au maximum. Devenir sous-officier de gendarmerie doit demeurer votre optique principale.

- **Que pensez-vous du port de l'arme ?**

Réfléchissez à ce que peut impliquer le port de l'arme. Apprenez les conditions de la légitime défense.

- **Quel sens donnez-vous à l'expression « servir en gendarmerie » ?**

Sachez donner votre propre définition à cette expression.

- **Pourquoi avoir choisi la gendarmerie plutôt que la Police nationale ?**

Il n'est pas exclu de pouvoir légitimement candidater aux deux, mais il faut pouvoir défendre un choix et connaître les principales différences.

- **La hiérarchie est-elle toujours nécessaire ?**

C'est à chacun d'avoir son point de vue sur la question et de pouvoir le défendre, tout en sachant que la gendarmerie reste une institution fortement hiérarchisée.

- **Quels sont les avantages et les inconvénients du métier de gendarme ?**

Réfléchissez à cette question souvent posée. Le métier de gendarme comporte des inconvénients.

- **Que connaissez-vous de la gendarmerie ?**

L'introduction du livre et des démarches personnelles de renseignement doivent vous permettre de répondre.

- **Pensez-vous avoir les qualités requises pour être gendarme ?**

Restez franc, simple et concret dans votre réponse.

- **Comment gérez-vous la pression au travail ?**

Donnez une réponse en fonction de votre tempérament et de votre expérience personnelle.

- **Êtes-vous prêt à vivre en caserne ?**

Si les gendarmes ne vivent pas à proprement parler en caserne, ils demeurent néanmoins à proximité de leurs collègues et de leurs familles. Cela ne doit pas être un obstacle insurmontable pour vous.

- **Que pouvez-vous apporter à la gendarmerie ?**

Répondre à cette question peut être délicat. Interrogez au préalable vos proches et réfléchissez à la compatibilité de vos qualités avec un engagement en gendarmerie.

- **Selon vous, quelles sont les qualités d'un bon gendarme ?**

Restez simple et concret.

- **Quelles sont les principales difficultés que connaissent les gendarmes ?**

Réfléchissez au préalable à la question et cherchez à rencontrer des gendarmes pour mieux connaître leur travail.

- **Connaissez-vous des gendarmes ? Décrivez leur travail.**

Voir réponse précédente.

- **Pourquoi retenir votre candidature plutôt que celle d'un autre ?**
Cherchez ce qui, dans vos qualités, parcours et compétences, vous démarquent d'autres candidats.
- **Comment est née votre envie de devenir gendarme ?**
Répondez franchement, que votre envie soit récente ou ancienne.
- **Y a-t-il un service de gendarmerie que vous souhaitez particulièrement intégrer ?**
Restez simple et franc. L'introduction du livre vous présente les principaux services de gendarmerie.

SIMULATIONS D'ENTRETIEN AVEC LE RÉFÉRENT RECRUTEMENT

Les deux simulations d'entretien avec le référent recrutement ont été rédigées de manière parfaitement imaginaire par un référent recrutement de sélection de gendarme adjoint volontaire. Elles ont pour seul but d'illustrer la manière dont un oral peut se dérouler et les différents types de questions auxquelles un candidat peut être soumis. En aucun cas, les réponses indiquées n'ont une valeur de réponse type ou de réponse recommandée. Ces deux simulations d'oraux ont également pour rôle de vous servir de cadre à des entraînements à l'épreuve d'entretien avec le référent recrutement (idéalement filmés). Elles ont été classées par ordre de difficulté croissante.

Retrouvez ci-dessous les 4 étapes d'une simulation d'un entretien.

Entrée

http://lienmini.fr/219432-01

Valorisation du parcours

http://lienmini.fr/219432-02

Connaissances du métier

http://lienmini.fr/219432-03

Mise en situation

http://lienmini.fr/219432-04

SIMULATION N° 1

20 minutes

Le candidat (rentrant dans la salle) : Bonjour Madame, bonjour Messieurs. *(Évitez absolument de dire simplement « Bonjour », soyez poli en saluant de cette manière)*

Le président du jury : Bonjour Monsieur Da Silva. Veuillez vous asseoir *(Attendez d'être invité à vous asseoir avant de le faire)*. Merci de nous communiquer une pièce d'identité. *(Pensez à avoir avec vous un passeport ou une carte d'identité valable et en bon état)*

Le candidat : La voici.

Le président du jury : Merci à vous. Veuillez vous présenter en quelques mots devant le jury.

Le candidat : Je m'appelle Franck Da Silva *(Ne dites pas : « Je suis Monsieur Franck Da Silva » ; Annoncez toujours d'abord le prénom suivi du nom de famille)*. J'ai 23 ans et j'ai suivi un BEP Réalisation du gros œuvre *(Le recrutement de gendarme adjoint volontaire est ouvert aux personnes sans diplôme : ne soyez pas gêné si cela est votre cas)*. Je travaille actuellement dans une petite entreprise de ma région *(Si vous ne travaillez pas et si vous ne suivez pas d'études au moment de l'oral avec le jury, indiquez a minima que vous êtes en recherche d'emploi en parallèle de votre candidature aux sélections de gendarme adjoint volontaire)*. Je suis originaire du Mans et je vis actuellement seul au Mans.

Le président du jury : Je vous remercie. Je lis sur votre lettre de motivation que vous avez rédigé aujourd'hui *(Pensez toujours à bien soigner la rédaction de votre lettre de motivation et à vous préparer préalablement à cette rédaction)* que vous avez rencontré des gendarmes *(Il est essentiel que le candidat soit bien au fait des missions auxquelles il se destine)*. Dites-nous en davantage.

Le candidat : J'ai en effet un ami d'enfance qui est gendarme adjoint volontaire depuis deux ans. Il est affecté dans une brigade territoriale de la Sarthe. Il m'a présenté à plusieurs de ses collègues. Il travaille au contact de la population, notamment lors de ses missions d'accueil à la brigade. Il est également aussi amené à effectuer des patrouilles de sécurisation et des contrôles routiers aux côtés des sous-officiers de gendarmerie. Nous avons été amenés à discuter de son travail et de ses missions. Cela m'a inté

essé et donné davantage l'envie de me renseigner sur la gendarmerie nationale.

Un membre du jury : Qu'est-ce qui vous a intéressé dans la gendarmerie nationale ?

Le candidat : J'aime le travail en équipe. La solidarité entre collègues et le fait de se serrer les coudes dans les difficultés. Je veux aussi exercer un métier qui ait un sens et me sentir utile.

Le président du jury : Quelles sont les principales missions de la gendarmerie nationale ? *(Il est essentiel de bien connaître la gendarmerie nationale, ses principales missions et les grandes lignes de son organisation interne)*

Le candidat : Veiller à la sécurité des personnes et des biens. Cela implique de lutter à la fois contre la délinquance de droit commun, la délinquance routière et contre le terrorisme et la radicalisation d'une partie de la population. Les activités de la gendarmerie sont vraiment très nombreuses et il est très difficile de toutes les résumer.

Un membre du jury : Avez-vous validé votre BEP ? *(Ne soyez pas surpris si le jury passe d'un sujet à un autre de manière décousue et sans lien apparent)*

Le candidat : Oui, j'ai validé mon BEP et je travaille chez un patron depuis 3 ans.

Un membre du jury : Quel type de travaux réalisez-vous ?

Le candidat : Je travaille essentiellement sur des chantiers de gros œuvre, principalement en maçonnerie. L'entreprise dans laquelle je travaille réalise autant des constructions de maisons individuelles que des bâtiments publics, comme des écoles ou des crèches.

Un membre du jury : Tout à l'heure, vous nous avez parlé de votre ami qui est GAV et qui participe à des missions de contrôle routier. Selon vous, quel comportement doit adopter un gendarme adjoint volontaire lors d'un contrôle routier ?

Le candidat : Tout d'abord, le premier contact est déterminant : puisque le gendarme adjoint volontaire est en tenue d'uniforme, il se doit de saluer le contrevenant. Cette attitude de politesse et de respect peut conditionner en grande partie la relation positive se nouant entre le GAV et l'automobiliste en infraction.

De même, il conviendra également pour le gendarme adjoint volontaire de se montrer pédagogue. Il doit, en effet, indiquer au contrevenant quelle règle il vient d'enfreindre, quels sont les dangers éventuels auquel il s'expose ainsi ou qu'il fait courir aux autres usagers de la route, quelle va être sa sanction (amende, retrait de points, retrait de permis, ...).

Enfin, quelles que soient les récriminations du conducteur sanctionné, le gendarme adjoint volontaire doit garder son calme, son autorité et sa cour
oisie.

Un membre du jury : Que ferez-vous si vous échouez lors des sélections de gendarme adjoint volontaire ?

Le candidat : Je serais évidemment déçu mais je chercherais à comprendre les points qui m'ont fait défaut afin de pouvoir m'améliorer. Je continuerais mon emploi actuel, tout en préparant de nouveau les épreuves de sélection afin de pouvoir le repasser dès que possible.

Le président du jury : Selon vous, quel sens donner à l'engagement des gendarmes au service de leurs concitoyens ?

Le candidat : Servir en gendarmerie implique un engagement total au service de la collectivité. La mission principale étant la sécurité des personnes, il est bien évident que le métier comporte des risques physiques. Interpeller en flagrant délit des auteurs de vol à main armée conduira à se mettre en danger, quel que soit le niveau de professionnalisme des effectifs engagés.

Parfois, pour contrer la folie ou la violence des hommes, des gendarmes peuvent être conduits à mettre leur propre vie dans la balance.

De même, l'assistance des plus démunis, qui sont les plus faibles, les proies les plus faciles pour les groupes délinquants est une mission essentielle de la gendarmerie nationale. Les gendarmes sont parfois les seuls points de salut pour les populations souffrant au quotidien de la violence de leur propre environnement familial ou géographique.

Un membre du jury : Quelle est la durée du contrat de GAV ? *(Il est important de bien connaître le statut de gendarme adjoint volontaire)*

Le candidat : Le contrat est de 5 ans au maximum.

Le président du jury : Et quelles sont selon vous les conséquences de cette situation ?

Le candidat : Il est essentiel de travailler en vue soit de pérenniser un emploi dans la gendarmerie nationale en réussissant le concours de sous-officier réservé aux GAV, soit de préparer sa reconversion professionnelle. Pour ma part, mon optique est clairement de me porter candidat au concours de sous-officier de gendarmerie. Je sais que je pourrai candidater dès la fin de ma première année de contrat, mais je préfère attendre un peu afin de mieux connaître de l'intérieur la gendarmerie nationale et de me préparer aux épreuves du concours. *(Montrez toujours à la fois du sérieux dans vos démarches et une réelle motivation à rentrer dans la gendarmerie nationale)*

Un membre du jury : Est-ce qu'une arme dans les mains d'un gendarme peut être dangereuse ?

Le candidat : Utilisée dans un cadre légal, conforme à la légitime défense et utilisée par un gendarme régulièrement entraîné au tir, une arme n'est pas dangereuse. Il s'agit avant tout d'un outil de travail du gendarme, qui lui permet de se protéger et défendre la population, et aussi de se protéger lui-même. *(Préparez-vous à des questions sur le port de l'arme et sur la légitime défense)*

Le président du jury : Quelles qualités peut-on attendre d'un gendarme ?

Le candidat : Avoir l'esprit d'équipe, être robuste physiquement et moralement, honnête, loyal envers ses collègues et sa hiérarchie, avoir la volonté de rendre service. *(Cette liste n'est pas exhaustive)*

Un membre du jury : Selon votre entourage, quels sont vos défauts ?

Le candidat : Mes proches estiment que je suis parfois trop perfectionniste et que je suis de temps en temps en retard. *(Soyez franc, mais choisissez des défauts compatibles avec les missions de la gendarmerie nationale)*

Un membre du jury : Connaissez-vous les grandes directions de la gendarmerie nationale ?

Le candidat : Oui. Il y a la gendarmerie départementale, la gendarmerie mobile, la garde républicaine, ainsi que plusieurs unités spécialisées comme la gendarmerie maritime, la gendarmerie des transports aériens ou le GIGN. Toutes ces directions donnent une idée du grand nombre de missions que l'on peut exercer de la gendarmerie et de la variété des métiers. À mes yeux, tout cela constitue l'un des attraits fondamentaux du métier de gendarme.

Un membre du jury : Si vous devenez gendarme à l'issue de votre parcours de GAV, quel type de carrière envisagez-vous ?

Le candidat : Je souhaiterais débuter sur le terrain, en gendarmerie mobile Au terme de quelques années, je désirerais présenter l'examen d'officier de police judiciaire afin de pouvoir m'orienter vers l'investigation.

Le président du jury : Dans quel cas vous n'obéiriez pas à un chef hiérarchique ?

Le candidat : Je n'obéirais pas si mon chef me donne un ordre illégal.

Un membre du jury : Avez-vous un exemple d'un ordre qui serait illégal ?

Le candidat : Je pense notamment au fait d'exercer des violences illégitimes sur un individu qui a été arrêté.

Un membre du jury : Vous habitez avenue du Honoré de Balzac. Savez-vous qui était-il ? *(Cette question est une question classique de tout oral de jury)*

Le candidat : Oui. C'était un écrivain français du XIXe siècle. Il a écrit de nombreux romans et nouvelles qui ont composé La comédie humaine.

Le président du jury : Le temps consacré à nos échanges est désormais écoulé. Monsieur Da Silva, nous vous remercions et vous souhaitons une bonne journée.

Le candidat : Monsieur le président, Madame et Messieurs, je vous remercie de votre attention et je vous souhaite également une bonne journée. *(Partez sans serrer la main du jury – pour des raisons de neutralité de celui-ci – et ne manifestez rien : ni soulagement, ni déception, ni joie, ni relâchement physique)*

La candidate (entrant dans la salle) : Bonjour, Madame, *ou* bonjour, Monsieur.

Le référent recrutement : Bonjour, Mademoiselle Morel. Veuillez vous asseoir. Merci de me communiquer une pièce d'identité.

La candidate : La voici.

Le référent recrutement : Merci à vous. Veuillez vous présenter en quelques mots.

La candidate : Je m'appelle Anne-Laure Morel. Je suis originaire d'Auxerre. J'ai 23 ans. Je suis titulaire du baccalauréat. Je suis célibataire et je vis chez mes parents. J'ai fait deux ans d'études d'anglais à l'université, puis j'ai travaillé en intérim, principalement comme vendeuse en boutique.

Le référent recrutement : Que savez-vous de la Gendarmerie nationale ?

La candidate : Cela fait désormais plusieurs années que je m'intéresse à la Gendarmerie nationale et aux missions des gendarmes. Bien évidemment, j'ai suivi quelques émissions télévisées, mais cherché à aller au-delà, plus loin que les clichés journalistiques. Je lis la presse nationale et les hebdomadaires d'actualité, comme *Le Point*, pour mieux connaître l'actualité de la gendarmerie, de la délinquance, de la justice et de la sécurité, des réformes pénales et du terrorisme par exemple. J'ai également discuté avec un sous-officier de gendarmerie rencontré dans un salon d'orientation et de présentation des métiers. J'ai pu prendre rendez-vous avec lui pour parler de manière plus approfondie. Tout cela m'a conforté dans mon choix de devenir gendarme.

Le référent recrutement : Je vous remercie de cette présentation. Est-ce que c'est la première fois que vous vous présentez aux sélections de gendarme adjoint volontaire ?

La candidate : Non, c'est la deuxième fois que je candidate aux sélections de GAV. J'avais déjà candidaté il y a un an et demi. J'ai échoué lors de l'épreuve d'entretien car je ne m'étais pas assez bien préparée. Je ne m'étais notamment pas assez renseigné sur la Gendarmerie nationale et les missions d'un gendarme adjoint volontaire. J'ai donc pris le temps de bien me renseigner à la suite de cet échec. *(Ne soyez pas gêné d'un éventuel échec lors du concours de sous-officier de gendarmerie ou des sélections de GAV. Restez toujours positif et sachez démontrer que vous avez tiré les leçons de vos échecs.)*

Le référent recrutement : Quelles missions peuvent être confiées à un GAV ?

La candidate : Les GAV assistent les sous-officiers de gendarmerie dans leurs missions principales : accueil dans les brigades territoriales, patrouille de sécurisation, police secours, contrôles routiers, actions de prévention, services d'ordre à l'occasion d'événements locaux.

Le référent recrutement : Vous évoquez les contrôles routiers réalisés par la gendarmerie. Que faites-vous si, lors d'un contrôle routier avec vos collègues, vous contrôlez votre cousin et qu'il est en infraction ?

La candidate : J'ai conscience que cette situation est délicate, mais il est important d'être exemplaire, surtout lorsque l'on porte un uniforme. Mon cousin sera donc sanctionné, comme n'importe quel citoyen, s'il est en infraction. *(Veillez toujours au respect de la déontologie, de l'uniforme et de l'exemplarité dans vos réponses aux questions de mise en situation professionnelle.)*

Le référent recrutement : Les gendarmes adjoints volontaires effectuent souvent des missions d'accueil dans leurs unités d'affectation. Qu'est-ce qu'un bon accueil téléphonique ?

La candidate : Pour un gendarme adjoint volontaire, les qualités d'un bon accueil au téléphone sont les suivantes : savoir écouter son correspondant, être simple et concis, faire preuve de savoir-vivre et de courtoisie, être discret, être prêt à noter.

Le référent recrutement : Lisez-vous ?

La candidate : J'essaye de lire la presse quotidienne de temps en temps. Mes parents achètent des hebdomadaires d'actualité que je lis de temps à autre. J'aime aussi les polars contemporains et les bandes dessinées. *(Soyez franc avec le jury si vous ne lisez pas ou peu, n'inventez surtout pas de lecture car le jury risque fort de vous interroger à ce sujet.)*

Le référent recrutement : Selon vous, quels sont les inconvénients de la profession de gendarme ?

La candidate : Il y a évidemment les risques professionnels de blessure et potentiellement de mort. Gendarme est un métier difficile. Les récents événements terroristes ont démontré que les policiers, les gendarmes et les militaires sont des cibles privilégiées des ennemis de la France. De manière plus concrète, les horaires de travail parfois atypiques peuvent être fatigants et désocialisants. De même, la vie en unité, en étant logé à proximité immédiate de ses collègues, peut parfois être un peu gênante au départ. Je sais tout cela et je l'accepte car c'est le métier que je veux exercer pour servir mon pays, tout en m'épanouissant sur le plan personnel.

Le référent recrutement : Si votre chef d'unité vous demande de lui faire un café pour lui et pour un individu qu'il reçoit dans le cadre du service, que faites-vous ?

La candidate : Si effectivement mon chef reçoit un individu dans un cadre professionnel et qu'il me demande de préparer deux cafés, je le ferais. En revanche, il ne faut pas que ce genre de demandes soient dictées uniquement par le confort personnel de mon chef.

Le référent recrutement : Un gendarme adjoint volontaire peut-il réaliser une perquisition ? *(Vous devez connaître les principales prérogatives judiciaires d'un GAV.)*

La candidate : Le gendarme adjoint volontaire est agent de police judiciaire adjoint. Pour réaliser une perquisition, un gendarme doit disposer de la qualité d'officier de police judiciaire. Un gendarme adjoint volontaire ne pourra donc pas réaliser une perquisition. En revanche, un GAV pourrait assister un officier de police judiciaire qui réaliserait une perquisition.

Le référent recrutement : Est-ce qu'un GAV peut effectuer un contrôle d'identité ?

La candidate : Non car seul un agent de police judiciaire ou un officier de police judiciaire peuvent pratiquer un contrôle d'identité.

Le référent recrutement : Comment occupez-vous vos loisirs ?

La candidate : J'aime les promenades en forêt, la découverte du patrimoine français, la musique contemporaine et sortir avec des amis. *(Ne cherchez pas forcément l'originalité à tout prix et ne vous inventez surtout pas de loisirs, mais donnez quand même au jury l'impression que vous pouvez vous intéresser à des choses variées.)*

Le référent recrutement : Le temps consacré à nos échanges est désormais écoulé. Mademoiselle Morel, je vous remercie et vous souhaite une bonne journée.

La candidate : Madame ou Monsieur, je vous remercie de votre attention et je vous souhaite également une bonne journée.

IMPRIM'VERT®

Dépôt légal : janvier 2025
Achevé d'imprimer en décembre 2024 par SEPEC en France
N° d'éditeur : MAGSI20231035 - N° d'imprimeur : 09467241109

FABRIQUÉ EN FRANCE

PEFC
10-31-1470